Fit fürs Schöffenamt
Band 1

Hasso Lieber, Ursula Sens

FIT FÜRS SCHÖFFENAMT

Handbuch für ehrenamtliche Richterinnen und Richter in der Strafgerichtsbarkeit

2. überarb. Auflage

Band 1: Rechte, Pflichten und Gestaltungsmöglichkeiten im Schöffenamt

Berliner Wissenschafts-Verlag

Herausgeber

Partizipation in der Justiz (PariJus) – Gemeinnützige Gesellschaft zur Förderung zivilgesellschaftlicher Teilhabe mbH, Berlin (www.parijus.eu)

Autoren

Hasso Lieber
Rechtsanwalt und geschäftsführender Gesellschafter der PariJus gGmbH, ehem. Vorsitzender Richter am Landgericht Bochum, Staatssekretär für Justiz a. D., Gründer und bis 2017 Vorsitzender des Bundesverbandes ehrenamtlicher Richterinnen und Richter e. V., Gründer und erster Präsident des Europäischen Netzwerkes der Vereinigungen Ehrenamtlicher Richter (European Network of Associations of Lay Judges, ENALJ), seit 1989 Redaktionsleiter der Zeitschrift „Richter ohne Robe"

Ursula Sens
Diplom-Bibliothekarin, Geschäftsführerin der PariJus gGmbH, von 1994 bis 2018 Vorsitzende der Deutschen Vereinigung der Schöffinnen und Schöffen – Bund ehrenamtlicher Richterinnen und Richter – Landesverband Nordrhein-Westfalen e. V., seit 1995 Mitarbeit in der Redaktion der Zeitschrift „Richter ohne Robe"

Bibliografische Information der Deutschen Nationalbibliothek:
Die Deutsche Nationalbibliothek verzeichnet diese Publikation in der Deutschen Nationalbibliografie; detaillierte bibliografische Daten sind im Internet über http://dnb.d-nb.de abrufbar.

Dieses Werk einschließlich aller seiner Teile ist urheberrechtlich geschützt. Jede Verwertung außerhalb der engen Grenzen des Urheberrechtes ist unzulässig und strafbar.
Hinweis: Sämtliche Angaben in diesem Fachbuch/wissenschaftlichen Werk erfolgen trotz sorgfältiger Bearbeitung und Kontrolle ohne Gewähr. Eine Haftung der Autoren oder des Verlags aus dem Inhalt dieses Werkes ist ausgeschlossen.

© 2019 BWV | BERLINER WISSENSCHAFTS-VERLAG GmbH,
Markgrafenstraße 12–14, 10969 Berlin,
E-Mail: bwv@bwv-verlag.de, Internet: http://www.bwv-verlag.de

Druck: docupoint, Magdeburg
Gedruckt auf holzfreiem, chlor- und säurefreiem, alterungsbeständigem Papier.
Printed in Germany.

Umschlagabbildung: © sebra – stock.adobe.com

Satz/Umschlaggestaltung: Maria Ostrowski

ISBN Print   978-3-8305-3853-0
ISBN E-Book   978-3-8305-4023-6

Vorbemerkung

Das zweibändige Handbuch beabsichtigt nicht, Schöffen zu „Schmalspur"-Juristen auszubilden. Vielmehr soll durch Handlungskompetenz das Selbstbewusstsein im Verfahren gestärkt und „Mut zum Richten" vermittelt werden. Dazu bedarf es der notwendigen Kenntnisse über das „Handwerkszeug": Rechte, Pflichten und Gestaltungsmöglichkeiten einer gleichberechtigten Teilnahme an der Hauptverhandlung, Sinn und Zweck der Strafe, der Weg zu einer schuldangemessenen und gerechten Strafe. Schöffen sollen sich ihrer Verantwortung für eine bürgernahe, transparente und nachvollziehbare Rechtsprechung bewusst werden.

Der Text enthält Verweisungen auf Rechtsprechung und juristische Literatur. Die Hinweise dienen dem Nachweis für die Ausführungen und beantworten die häufig gestellte Frage: „Wo steht das?" Sie sollen die Leser nicht zu juristischer Denkweise verführen oder dem Buch einen wissenschaftlichen Anstrich geben.

Die Autoren haben die Erfahrung gemacht, dass auch unter Rechtsanwendern – ob in Verwaltung oder Justiz – über die Rechte der Schöffen und ihre Beteiligung im Verfahren häufig Unsicherheiten bestehen. Band 1 bereitet Schöffinnen und Schöffen umfassend auf das staatsbürgerliche Ehrenamt vor und ist praktischer Wegbegleiter während der Amtsausübung. Er vermittelt die erforderliche Handlungskompetenz, indem er über den Strafprozess aus der Perspektive der Beteiligung von Schöffinnen und Schöffen, ihrer Rolle und Verantwortung informiert. Band 2 führt in das Strafrechtssystem ein und befasst sich mit den Justiz- und Prozessgrundrechten für ein rechtsstaatliches und faires Verfahren, der Beweisaufnahme, dem Sanktionensystem sowie der Technik der Strafzumessung.

Im Text ist überwiegend von „Schöffen" die Rede. Fast 50 % der „Schöffen" bundesweit sind weiblichen Geschlechts. Der Lesbarkeit halber wird der Begriff „Schöffen" im Plural oder als sog. generisches Maskulinum verwendet. Schöffinnen sind (naturgemäß) in diesen Begriff eingeschlossen.

Inhaltsübersicht

Vorbemerkung V
Inhaltsverzeichnis IX
Abkürzungsverzeichnis. XV
Kurt Tucholsky – Merkblatt für Geschworene (1929) XVII

Teil A: Gesellschaftliche Teilhabe an der Rechtsprechung

Kapitel 1 Einführung in Recht und Gerechtigkeit 3
Kapitel 2 Richterliche Ehrenämter (außer Strafgerichtsbarkeit) 14
Kapitel 3 Das Schöffenamt 28

Teil B: Rechtsstellung der Schöffen

Kapitel 1 Funktion und Aufgaben der Schöffen 55
Kapitel 2 Exkurs: Gesunder Menschenverstand, gesundes Volksempfinden, praktische Vernunft 58
Kapitel 3 Allgemeine Rechtsstellung der Schöffen. 60
Kapitel 4 Verantwortung und ethisches Verhalten der Schöffen 69
Kapitel 5 Strafbarkeit der Schöffen. 71
Kapitel 6 Schutzrechte gegenüber dem Arbeitgeber 74

Teil C: Pflichten der Schöffen

Kapitel 1 Teilnahme an der Sitzung. 81
Kapitel 2 Weitere Obliegenheitspflichten und deren Verletzung 99
Kapitel 3 Pflicht zur Verschwiegenheit und Zurückhaltung 103
Kapitel 4 Pflicht zu Neutralität und Unparteilichkeit. 109
Kapitel 5 Bindung an Gesetz und Recht 110

Teil D: Mitwirkung der Schöffen in der Hauptverhandlung

Kapitel 1   Informationsgewinnung 117
Kapitel 2   Beweisaufnahme 131
Kapitel 3   Beweisanträge und Beweisanregungen 137
Kapitel 4   Verständigung über Verfahren und Urteil 138
Kapitel 5   Entscheidungen, die das Verfahren vor dem Urteil beenden 140
Kapitel 6   Aufrechterhaltung der Ordnung 141
Kapitel 7   Schlussvorträge als Erkenntnisquellen für Schöffen 143
Kapitel 8   Beratung über das Urteil 144

Teil E: Befreiung und Ausschluss vom Schöffendienst

Kapitel 1   Ausschluss von einzelnen Verfahren 153
Kapitel 2   Streichung von der Schöffenliste 161
Kapitel 3   Amtsenthebung 167

Teil F: Soziale Sicherung, Entschädigung, Steuern

Kapitel 1   Sozialversicherung 173
Kapitel 2   Entschädigung 176
Kapitel 3   Geltendmachung des Entschädigungsanspruchs 193
Kapitel 4   Beschwerde gegen die gerichtliche Festsetzung 197
Kapitel 5   Verlust des Anspruchs auf Entschädigung; Rückforderung .199
Kapitel 6   Besteuerung der Entschädigung 201

Glossar 203
Links zu weiteren Informationen 215
Partizipation in der Justiz (PariJus) 216
Sachverzeichnis 217

Inhaltsverzeichnis

Vorbemerkung V
Abkürzungsverzeichnis. XV
Kurt Tucholsky – Merkblatt für Geschworene (1929) XVII

Teil A: Gesellschaftliche Teilhabe an der Rechtsprechung   1

Kapitel 1 – Einführung in Recht und Gerechtigkeit   3

Kapitel 2 – Richterliche Ehrenämter (außer Strafgerichtsbarkeit)   14

  1 Ehrenamtliche Richter in der Verwaltungsgerichtsbarkeit. 18
  2 Ehrenamtliche Richter in den Flurbereinigungsgerichten 18
  3 Ehrenamtliche Richter in der Finanzgerichtsbarkeit. 19
  4 Ehrenamtliche Richter in der Sozialgerichtsbarkeit 20
  5 Ehrenamtliche Richter in der Arbeitsgerichtsbarkeit 21
  6 Handelsrichter 22
  7 Ehrenamtliche Landwirtschaftsrichter 22
  8 Ehrenamtliche Richter in den Verfassungsgerichten der Länder. . . . 23
  9 Ehrenamtliche Richter in Berufs- und Disziplinargerichten 23
     9.1 Disziplinargerichte für Beamte 23
     9.2 Richterdienstgerichte 24
     9.3 Wehrdienstgerichtsbarkeit. 24
     9.4 Berufsgerichte der freien Berufe 25

Kapitel 3 – Das Schöffenamt   28

  1 Geschichte der Schöffen 28
     1.1 Volksgerichte in der germanischen Zeit bis zum Ende
         des Mittelalters 28
     1.2 Schöffengerichte vom Beginn der Neuzeit bis zum Ende
         des Absolutismus 31
     1.3 Schöffen- und Schwurgerichte in der bürgerlichen Freiheits-
         bewegung 32

1.4 Schöffen- und Schwurgerichte im 20. Jahrhundert 34
2 Warum heute noch Schöffen? 37
   2.1 Argumente für die Beteiligung von Schöffen 38
   2.2 Argumente gegen die Beteiligung von Schöffen 40
3 Wahl der Schöffen und Jugendschöffen 42
4 Amtszeit, Art und Umfang der Heranziehung 43
   4.1 Amtszeit 43
   4.2 Art und Umfang der Heranziehung 44
5 Aufbau der Strafgerichtsbarkeit und Besetzung mit Schöffen 45
   5.1 Beginn des Verfahrens beim Amtsgericht 46
   5.2 Beginn des Verfahrens beim Landgericht 48
   5.3 Beginn des Verfahrens beim Oberlandesgericht. 48

Kontrollfragen   50

Teil B: Rechtsstellung der Schöffen   53

Kapitel 1 – Funktion und Aufgaben der Schöffen   55

Kapitel 2 – Exkurs: Gesunder Menschenverstand, gesundes Volksempfinden, praktische Vernunft   58

Kapitel 3 – Allgemeine Rechtsstellung der Schöffen   60

1 Gleichstellung mit dem Berufsrichter 61
2 Gleiches Stimmrecht 63
3 Entscheidungen während der Hauptverhandlung 64
4 Gesetzliche Ausnahmen von der Mitwirkung der Schöffen 64
5 Entscheidungen des Gerichts gegen Maßnahmen des Vorsitzenden. . 65
6 Zusammenarbeit mit den Berufsrichtern. 66

Kapitel 4 – Verantwortung und ethisches Verhalten der Schöffen   69

Kapitel 5 – Strafbarkeit der Schöffen   71

Kapitel 6 – Schutzrechte gegenüber dem Arbeitgeber   74

Kontrollfragen   77

Teil C: Pflichten der Schöffen 79

Kapitel 1 – Teilnahme an der Sitzung 81

1 Pünktliche, körperliche und geistige Anwesenheit. 81
2 Prinzip des gesetzlichen Richters 81
3 Einsatz der Hauptschöffen 82
    3.1 Bestimmung der Sitzungstage. 82
    3.2 Auslosung der Hauptschöffen 82
    3.3 Benachrichtigung und Ladung zum Termin. 83
4 Einsatz der Hilfsschöffen. 85
    4.1 Methode der Heranziehung 85
    4.2 Anlass der Heranziehung 85
    4.3 Wechsel des Hilfsschöffen in die Hauptschöffenliste;
        Ergänzungswahl 87
5 Befreiung von einzelnen Sitzungstagen 87
    5.1 Verhinderung 88
    5.2 Unzumutbarkeit des Sitzungsdienstes. 89
    5.3 Nichterreichbarkeit des Schöffen 94
6 Folgen unentschuldigten Ausbleibens oder einer Verspätung 95
7 Nachträgliche Entschuldigung und Beschwerde. 96

Kapitel 2 – Weitere Obliegenheitspflichten und deren Verletzung 99

1 Pflicht zur Eidesleistung 100
2 Pflicht zur Mitwirkung an Entscheidungen 101
3 Sicherstellung der Erreichbarkeit des Schöffen 101

Kapitel 3 – Pflicht zur Verschwiegenheit und Zurückhaltung 103

1 Beratungsgeheimnis 103
2 Besondere Geheimhaltungspflichten. 105
3 Umgang mit den Medien. 105
4 Kontakt zu Prozessbeteiligten 107

Kapitel 4 – Pflicht zu Neutralität und Unparteilichkeit 109

Kapitel 5 – Bindung an Gesetz und Recht 110

Kontrollfragen 112

Teil D: Mitwirkung der Schöffen in der Hauptverhandlung — 115

Kapitel 1 – Informationsgewinnung — 117

1 Information vor und während der Hauptverhandlung 117
   1.1 Beginn und Dauer der Hauptverhandlung. 119
   1.2 Arbeitsmittel der Schöffen. 120
   1.3 Beratungsbedarf während der Hauptverhandlung. 122
   1.4 Vernehmung des Angeklagten zur Person. 123
2 Aktenkenntnis 124
   2.1 Umfang der Akteneinsicht. 125
   2.2 Aushändigung des Anklagesatzes 127
   2.3 Selbstleseverfahren 129
   2.4 Entscheidungen nach Aktenlage, Freibeweis 129
   2.5 Sonstige Benutzung der Akten 130

Kapitel 2 – Beweisaufnahme — 131

1 Fragen an den Angeklagten zur Sache und an Zeugen. 131
2 Befragung des Sachverständigen. 134
3 Urkundenbeweis 134
4 Richterlicher Augenschein 135
5 Verbotene Beweismethoden und Beweisverbote. 135
6 Indizien. 135

Kapitel 3 – Beweisanträge und Beweisanregungen — 137

Kapitel 4 – Verständigung über Verfahren und Urteil — 138

Kapitel 5 – Entscheidungen, die das Verfahren vor dem Urteil beenden — 140

Kapitel 6 – Aufrechterhaltung der Ordnung — 141

Kapitel 7 – Schlussvorträge als Erkenntnisquellen für Schöffen — 143

Kapitel 8 – Beratung über das Urteil — 144

1 Nachweis der angeklagten Tat, freie Beweiswürdigung 144
2 Rechtsfolgen 145
3 Abstimmung 145
4 Stationen der Abstimmung – ein praktischer Fall 147

Kontrollfragen — 149

Teil E: Befreiung und Ausschluss vom Schöffendienst   151

Kapitel 1 – Ausschluss von einzelnen Verfahren   153

1 Gesetzlicher Ausschluss 153
2 Besorgnis der Befangenheit 154

Kapitel 2 – Streichung von der Schöffenliste   161

1 Streichung von Amts wegen 161
   1.1 … wegen Unfähigkeit zum Amt. 161
   1.2 … wegen Ungeeignetheit zum Amt 162
2 Streichung auf Antrag 164
   2.1 … wegen der Zahl von geleisteten Sitzungstagen. 164
   2.2 … wegen nachträglich eingetretener Ablehnungsgründe . . . 165
   2.3 Antragsberechtigung. 166
3 Zuständigkeit für die Entscheidung 166

Kapitel 3 – Amtsenthebung   167

Kontrollfragen   170

Teil F: Soziale Sicherung, Entschädigung, Steuern   171

Kapitel 1 – Sozialversicherung   173

1 Krankenversicherung. 173
2 Rentenversicherung 174
3 Unfallversicherung. 174

Kapitel 2 – Entschädigung   176

1 Entschädigung für Zeitversäumnis. 176
2 Entschädigung für Verdienstausfall 176
3 Fahrtkosten. 184
4 Entschädigung für Nachteile bei der Haushaltsführung 185
5 Entschädigung für Teilzeitbeschäftigte 187
6 Entschädigung für Aufwand 189
7 Entschädigung für sonstige Aufwendungen 189
8 Zeitliche Beschränkung der Entschädigung, Rundung 190

Kapitel 3 – Geltendmachung des Entschädigungsanspruchs   193

1 Antrag 193
2 Gerichtliche Festsetzung 194

Kapitel 4 – Beschwerde gegen die gerichtliche Festsetzung   197

1 Zulässigkeit der Beschwerde 197
2 Form und Frist der Beschwerde 197
3 Verschlechterungsverbot 198
4 Weitere Beschwerde 198

Kapitel 5 – Verlust des Anspruchs auf Entschädigung; Rückforderung   199

1 Erlöschen 199
2 Verjährung 199
3 Rückforderung gezahlter Entschädigung 200

Kapitel 6 – Besteuerung der Entschädigung   201

Glossar 203
Links zu weiteren Informationen 215
Partizipation in der Justiz (PariJus) 216
Sachverzeichnis 217

Abkürzungsverzeichnis

a. A.	anderer Ansicht	d. h.	das heißt
Abs.	Absatz	DRiG	Deutsches Richtergesetz
AG	Amtsgericht	EGMR	Europäischer Gerichtshof für Menschenrechte
ahd.	althochdeutsch		
Anm.	Anmerkung	EGStGB	Einführungsgesetz zum Strafgesetzbuch
ArbGG	Arbeitsgerichtsgesetz		
ArbZG	Arbeitszeitgesetz	EMRK	Europäische Menschenrechtskonvention
Art.	Artikel	EStG	Einkommensteuergesetz
Az.	Aktenzeichen	FG	Finanzgericht
BAG	Bundesarbeitsgericht	Fn.	Fußnote
Bd.	Band	GA	Goltdammer's Archiv für Strafrecht
BeckRS	Beck online Rechtsprechung		
		GG	Grundgesetz
BFH	Bundesfinanzhof	ggf.	gegebenenfalls
BGB	Bürgerliches Gesetzbuch	GVG	Gerichtsverfassungsgesetz
BGH	Bundesgerichtshof		
BGHSt	Entscheidungen des Bundesgerichtshofes in Strafsachen	incl.	inklusive
		JGG	Jugendgerichtsgesetz
		JMBl.	Justizministerialblatt
BSG	Bundessozialgericht	JR	Juristische Rundschau
BT-Drs.	Drucksache/Deutscher Bundestag	jurisPR-StrafR	juris PraxisReport Strafrecht
BT-PlPr.	Plenarprotokoll/ Deutscher Bundestag	JVEG	Justizvergütungs- und -entschädigungsgesetz
BVerfG	Bundesverfassungsgericht	KG	Kammergericht
BVerfGE	Entscheidungen des Bundesverfassungsgerichts	LG	Landgericht
		LSG	Landessozialgericht
BVerwG	Bundesverwaltungsgericht	LVerf Bbg	Landesverfassung Brandenburg
bzw.	beziehungsweise		

ABKÜRZUNGSVERZEICHNIS

m. w. N.	mit weiteren Nachweisen	Rpfleger	Der deutsche Rechtspfleger
MDR	Monatsschrift für deutsches Recht	S.	Seite
MuSchG	Mutterschutzgesetz	SGB	Sozialgesetzbuch
n. Z.	nach der Zeitrechnung	SGG	Sozialgerichtsgesetz
NJW	Neue juristische Wochenschrift	sog.	so genannte/n/r/s
		Sp.	Spalte
Nr.	Nummer	Std.	Stunde/n
NStZ	Neue Zeitschrift für Strafrecht	StGB	Strafgesetzbuch
		StPO	Strafprozessordnung
NStZ-RR	Neue Zeitschrift für Strafrecht, Rechtsprechungs-Report	StV	Strafverteidiger
		TVöD	Tarifvertrag für den öffentlichen Dienst
NZS	Neue Zeitschrift für Sozialrecht	u. a.	unter anderem
OLG	Oberlandesgericht	usw.	und so weiter
OVG	Oberverwaltungsgericht	v. Z.	vor der Zeitrechnung
RG	Reichsgericht	VG	Verwaltungsgericht
RGBl	Reichsgesetzblatt	VGH	Verwaltungsgerichtshof
RiStBV	Richtlinien für das Strafverfahren und das Bußgeldverfahren	VwVfG	Verwaltungsverfahrensgesetz
		z. B.	zum Beispiel
Rn.	Randnummer	ZRP	Zeitschrift für Rechtspolitik
RohR	Richter ohne Robe		

KURT TUCHOLSKY

Merkblatt für Geschworene (1929)

Wenn du Geschworener bist, dann glaube nicht, du seist der liebe Gott. Daß du neben dem Richter sitzt und der Angeklagte vor euch steht, ist Zufall – es könnte ebensogut umgekehrt sein.

Wenn du Geschworener bist, gib dir darüber Rechenschaft, daß jeder Mensch von Äußerlichkeiten gefangen genommen wird – du auch. Ein Angeklagter mit brandroten Haaren, der beim Sprechen sabbert, ist keine angenehme Erscheinung; laß ihn das nicht entgelten.

Wenn du Geschworener bist, denk immer daran, daß dieser Angeklagte dort nicht der erste und einzige seiner Art ist, tagtäglich stehen solche Fälle vor andern Geschworenen; fall also nicht aus den Wolken, daß jemand etwas Schändliches begangen hat, auch wenn du in deiner Bekanntschaft solchen Fall noch nicht erlebt hast.

Jedes Verbrechen hat zwei Grundlagen: die biologische Veranlagung eines Menschen und das soziale Milieu, in dem er lebt. Wo die moralische Schuld anfängt, kannst du fast niemals beurteilen – niemand von uns kann das, es sei denn ein geübter Psychoanalytiker oder ein sehr weiser Beicht-Priester. Du bist nur Geschworener: strafe nicht – sondern schütze die Gesellschaft vor Rechtsbrechern.

Bevor du als Geschworener fungierst, versuche mit allen Mitteln, ein Gefängnis oder ein Zuchthaus zu besichtigen; die Erlaubnis ist nicht leicht zu erlangen, aber man bekommt sie. Gib dir genau Rechenschaft, wie die Strafe aussieht, die du verhängst – versuche, mit ehemaligen Strafgefangenen zu sprechen, und lies: Max Hölz, Karl Plättner und sonstige Gefängnis- und Zuchthauserinnerungen. Dann erst sage deinen Spruch.

Wenn du Geschworener bist, laß nicht die Anschauung deiner Klasse und deiner Kreise als die allein mögliche gelten. Es gibt auch andre – vielleicht schlechtere, vielleicht bessere, jedenfalls andre.

Glaub nicht an die abschreckende Wirkung eures Spruchs; eine solche Abschreckung gibt es nicht. Noch niemals hat sich ein Täter durch angedrohte Strafen abhalten lassen, etwas auszufressen. Glaub ja nicht, daß du oder die Richter die Aufgabe hätten, eine Untat zu sühnen – das überlaß den himmlischen Instanzen. Du hast nur, nur, nur die Gesellschaft zu schützen. Die Absperrung des Täters von der Gesellschaft ist ein zeitlicher Schutz.

Wenn du Geschworener bist, vergewissere dich vor der Sitzung über die Rechte, die du hast: Fragerechte an den Zeugen und so fort.

KURT TUCHOLSKY – Merkblatt für Geschworene (1929)

Die Beweisaufnahme reißt oft das Privatleben fremder Menschen vor dir auf. Bedenke: wenn man deine Briefe, deine Gespräche, deine kleinen Liebesabenteuer und deine Ehezerwürfnisse vor fremden Menschen ausbreitete, sähen sie ganz, ganz anders aus, als sie in Wirklichkeit sind. Nimm nicht jedes Wort gleich tragisch – wir reden alle mehr daher, als wir unter Eid verantworten können. Sieh nicht in jeder Frau, die einmal einen Schwips gehabt hat, eine Hure; nicht in jedem Arbeitslosen einen Einbrecher; nicht in jedem allzuschlauen Kaufmann einen Betrüger. Denk an dich.

Wenn du Geschworener bist, vergiß dies nicht -: echte Geschworenengerichte gibt es nicht mehr. Der Herr Emminger aus Bayern hat sie zerstört, um den Einfluß der „Laien" zu brechen. Nun sitzt ihr also mit den Berufsrichtern zusammen im Beratungszimmer. Sieh im Richter zweierlei: den Mann, der in der Maschinerie der juristischen Logik mehr Erfahrung hat als du – und den Fehlenden aus Routine. Der Richter kennt die Schliche und das Bild der Verbrechen besser als du – das ist sein Vorteil; er ist abgestumpft und meist in den engen Anschauungen seiner kleinen Beamtenkaste gefangen – das ist sein Nachteil. Du bist dazu da, um diesen Nachteil zu korrigieren.

Laß dir vom Richter nicht imponieren. Ihr habt für diesen Tag genau die gleichen Rechte; er ist nicht dein Vorgesetzter; denke dir den Talar und die runde Mütze weg, er ist ein Mensch wie du. Laß dir von ihm nicht dumm kommen. Gib deiner Meinung auch dann Ausdruck, wenn der Richter mit Gesetzesstellen und Reichsgerichtsentscheidungen zu beweisen versucht, daß du unrecht hast – die Entscheidungen des Reichsgerichts taugen nicht viel. Du bist nicht verpflichtet, dich nach ihnen zu richten. Versuche, deine Kollegen in diesem Sinne zu beeinflussen, das ist dein Recht. Sprich knapp, klar und sage, was du willst – langweile die Geschworenen und die Richter während der Beratung nicht mit langen Reden.

Du sollst nur über die Tat des Angeklagten dein Urteil abgeben – nicht etwa über sein Verhalten vor Gericht. Eine Strafe darf lediglich auf Grund eines im Strafgesetzbuch angeführten Paragraphen verhängt werden; es gibt aber kein Delikt, das da heißt „Freches Verhalten vor Gericht". Der Angeklagte hat folgende Rechte, die ihm die Richter, meistens aus Bequemlichkeit, gern zu nehmen pflegen: der Angeklagte darf leugnen; der Angeklagte darf jede Aussage verweigern; der Angeklagte darf „verstockt" sein. Ein Geständnis ist niemals ein Strafmilderungsgrund -: das haben die Richter erfunden, um sich Arbeit zu sparen. Das Geständnis ist auch kein Zeichen von Reue, man kann von außen kaum beurteilen, wann ein Mensch reuig ist, und ihr sollt das auch gar nicht beurteilen. Du kennst die menschliche Seele höchstens gefühlsmäßig, das mag genügen; du würdest dich auch nicht getrauen, eine Blinddarmoperation auszuführen – laß also ab von Seelenoperationen.

Wenn du Geschworener bist, sieh nicht im Staatsanwalt eine über dir stehende Persönlichkeit. Es hat sich in der Praxis eingebürgert, daß die meisten Staatsanwälte ein Interesse daran haben, den Angeklagten „hineinzulegen" – sie machen damit Karriere. Laß den Staatsanwalt reden. Und denk dir dein Teil.

Vergewissere dich vorher, welche Folgen die Bejahung oder Verneinung der an euch gerichteten Fragen nach sich zieht.
  Hab Erbarmen. Das Leben ist schwer genug.

Aus: Kurt Tucholsky, Gesammelte Werke, 157.–181. Tsd., Bd. 7.,
Reinbek bei Hamburg: Rowohlt Taschenbuch Verl., 1993, S. 158–160

TEIL A

Gesellschaftliche Teilhabe an der Rechtsprechung

Teil A erläutert die Begriffe Recht, Rechtsstaat und Gerechtigkeit und in welchem Verhältnis sie zueinander stehen. Recht geht uns alle an. Bürger nehmen mit unterschiedlichen Voraussetzungen und Qualifikationen in den einzelnen Gerichtsbarkeiten als ehrenamtliche Richter an der Rechtsprechung teil. Das Schöffenamt mit der längsten Tradition wird in Geschichte und unterschiedlichen Formen der Mitwirkung vorgestellt.

TEIL A

KAPITEL 1

Einführung in Recht und Gerechtigkeit
„Wir wollten Gerechtigkeit und bekamen den Rechtsstaat"

Bärbel Bohley (*24. Mai 1945, †11. September 2010), Bürgerrechtsaktivistin der DDR und Mitbegründerin des Neuen Forums wollte mit diesem Satz zum Ausdruck bringen, dass sie von der Vereinigung der deutschen Staaten und der Hinwendung zur Demokratie mehr erwartet hatte als nur die Herrschaft des Rechts und einen (formalen) Rechtsstaat. Dem hielt *Marianne Birthler* – mit derselben Vita – entgegen, dass sie zwei Kategorien miteinander vermische: Gerechtigkeit sei eine moralische, Rechtsstaat eine rechtliche Kategorie. Was steht hinter den Auffassungen der beiden Bürgerrechtlerinnen?

Über Recht, Gerechtigkeit, Rechtsstaat, das Verhältnis von „Gesetz und Recht" sowie „Recht und Gerechtigkeit" haben Generationen von (Rechts-)Philosophen, Juristen und Politikern nachgedacht. Dabei handelt es sich nicht bloß um abstrakt theoretische Erörterungen; es geht immer auch um staatliche Macht und den Schutz vor deren übermäßiger, rechtswidriger oder vielleicht nur intransparenter Ausübung.

Um Missverständnissen vorzubeugen: Kenntnisse von Zusammenhängen des Rechts und der Rechtsordnung zu haben, setzt nicht stets eine juristische Ausbildung voraus. Recht bestimmt unseren Alltag, unseren Beruf, unsere Freizeit. Von jedem – ob Verkehrsteilnehmer, Verbraucher, Arbeitnehmer oder Steuerzahler – wird erwartet, dass er sich an das geltende Recht hält. Recht ist aber nie nur schwarz oder weiß; es eröffnet Handlungs- und Entscheidungsspielräume. Der Jurist hat eine Methode gelernt, sich der Entscheidung zu nähern, ob ein Verhalten Gesetz und Recht entspricht und ein Urteil darüber gerecht ist. Auch der Nichtjurist kann sich eine Meinung bilden, was Recht und Unrecht, was gerecht und ungerecht ist.

(a) Was verstehen wir unter **Recht**? Ist Recht nur die Gesamtheit aller Gesetze, die die Parlamente erlassen haben, oder gibt es übergeordnete Prinzipien, die ein Gesetz erst zu „Recht" machen? Kann Recht jeden beliebigen Inhalt haben oder gibt es Kriterien für das (von der Gesellschaft so empfundene) richtige Recht? Sprachlich hat „Recht" denselben Ursprung wie „richtig" (ahd., *reht*). Es bleibt die Frage, ob stets richtig ist, was dem Wortlaut eines Gesetzes entspricht, oder ob auch ein Verhalten, das mit dem Gesetzestext übereinstimmt, Unrecht bzw. ein dem Wortlaut widersprechendes Verhalten im Einzelfall Recht sein kann. Ist ein Gesetz selbst Unrecht (z. B. die Nürnberger Rassengesetze), kann seine

Beachtung nicht Recht sein. Desgleichen kann ein Verhalten, das dem Wortlaut eines rechtmäßigen Gesetzes entspricht, aber seinem Sinn und Zweck zuwiderläuft, ebenfalls nicht Recht sein.

Hinzu kommt, dass Recht einem Wandel unterliegt, der früher als „Recht" Empfundenes zu „Unrecht" werden lässt. Den Menschen des 19. Jahrhunderts etwa war die Sklaverei in vielen Staaten eine Selbstverständlichkeit; heute ist sie national wie völkerrechtlich geächtet. Selbst „göttliches Recht" scheint vor Änderungen nicht gefeit. 873 erklärte Papst *Johannes VIII.* die Sklaverei mit der Lehre Christi für unvereinbar. Mit den päpstlichen Bullen von 1452 und 1455 wurde es Christen erlaubt, Feinde des Christentums zu versklaven, während *Pius II.* den Sklavenhandel ein großes Verbrechen nannte und in einer Bulle vom 7. Oktober 1462 verdammte. Recht ändert sich mit den gesellschaftlichen Anschauungen. Bis 1968 (DDR) bzw. 1969 (BRD) war in Deutschland der Ehebruch noch strafrechtlich sanktioniert, was heutige Generationen kaum verstehen können.

(b) Was Recht ist, kann aus der **Funktion des Rechts** gefolgert werden. In seiner **ordnenden Funktion** sorgt Recht für Sicherheit, indem es verbindliche Verhaltensnormen für eine Vielzahl von Betroffenen vorhersehbar regelt, wobei es oft weniger auf den Inhalt als auf die Einheitlichkeit ankommt (dass z. B. im Straßenverkehr rechts – oder links – gefahren wird). Diese Ordnung muss nicht unbedingt durch staatliche Regeln vorgeschrieben werden. Auch private Normen können diese ordnende Funktion bewirken. Die Standards des Deutschen Instituts für Normung (DIN) ermöglichen bei der Beurteilung von Fahrlässigkeit, ob der Hersteller eines Produkts die allgemein anerkannten Regeln der Technik beachtet und somit die verkehrsübliche Sorgfalt eingehalten hat.

Zur Ordnung gehört die **Rechtssicherheit**. Sie schützt das Vertrauen des Bürgers in die Existenz von klaren, beständigen und verlässlichen Pflichten und Rechten. Dieser Grundsatz, formal besonders ausgeprägt in den Prozessordnungen der einzelnen Gerichtsbarkeiten, garantiert dem Einzelnen die gleiche rechtliche Behandlung gleichartiger Einzelfälle, die Vorhersehbarkeit von Rechtsfolgen sowie das Vertrauen darauf, dass eine von den Gerichten getroffene Entscheidung durchgesetzt wird. Zu den Merkmalen der Rechtssicherheit gehören das Verbot der Rückwirkung belastender Gesetze, die Wahrung des Vertrauensgrundsatzes und die Garantie der Rechtskraft. Rechtssicherheit beinhaltet – gerade im Strafrecht – vor der Staatsgewalt schützende Kriterien, wie etwa die Verfolgungsverjährung. Rechtssicherheit soll Rechtsfrieden bewirken.

Recht trägt zum **sozialen Frieden** bei, indem Streitigkeiten durch materielles Recht und Verfahren kanalisiert und durch bindende Entscheidungen beendet werden, z. B. durch das Urteil des staatlichen Gerichts, eines privaten Schiedsgerichts (etwa die Sportgerichtsbarkeit) oder durch Einigung der Beteiligten. Seine Friedensfunktion erfüllt Recht insbesondere dann, wenn es den Parteien Gestaltungsmöglichkeiten für einvernehmliche Lösungen anstelle streitiger Entscheidungen einräumt. Handelsrichter und ehrenamtliche Richter in der Arbeitsgerichtsbarkeit wissen, dass gegenseitiges Nachgeben (Vergleich) oft sinnvoller ist als ein Urteil, wenn man nach der Verhandlung weiter miteinander umgehen muss (will).

Die **Freiheitsfunktion** des Rechts sichert dem Einzelnen Freiräume zu, die ihn vor Beeinträchtigungen durch Private ebenso wie vor staatlicher Machtausübung schützen. Der Schutz kann durch Ansprüche (z. B. aus Vertrag), Abwehrrechte (der Eigentümer kann andere von seinem Eigentum ausschließen) oder Statusrechte (z. B. als Angeklagter oder Nebenkläger) bewirkt werden. Freiheit hat auch ihre Grenzen. Sie endet dort, wo das Recht des anderen beginnt. Der Mieter hat ein Hausrecht an der von ihm gemieteten Wohnung auch gegenüber dem Eigentümer. Der Geschädigte einer Straftat hat eigene Rechte im Verfahren gegenüber Gericht und Staatsanwalt wie gegenüber dem Angeklagten. Die freiheitssichernde Funktion gilt gegenüber der staatlichen Macht vor allem durch das Prinzip der Verhältnismäßigkeit der Mittel. Staatliche Gewalt kann nur soweit in Grundrechte der Bürger eingreifen, wie aus einer Abwägung der in Konkurrenz stehenden Rechte unbedingt erforderlich; z. B. kann der Strafanspruch des Staates hinter das Recht auf Privatheit des Beschuldigten zurücktreten, wenn es darum geht, ob ein Tagebuch als Beweismittel zulässig ist.

Moderne Gesellschaften zeichnen sich durch individuelle Vielfalt aus, in der Recht seine **Integrationsfunktion** entfalten muss. Dass Menschen unterschiedlicher Neigungen, Veranlagungen, Kultur und Herkunft die gleichen Rechte genießen, basiert auf einem gemeinsamen Rechtsbewusstsein und der Überzeugung von der Gleichheit der Menschen vor dem Gesetz sowie der Unverletzlichkeit der Würde eines jeden Menschen. Diese Funktion bewirkt im Gegenzug, dass Auffassungen, die Einzelnen oder Gruppen diese Gleichheit verwehren, in der demokratischen Rechtsordnung keinen Raum beanspruchen können.

Recht soll das Verhalten gesellschaftlicher Akteure **gestalten und steuern**, z. B. das Verhältnis von Arbeitnehmer und Unternehmer, Mieter und Vermieter, Produzent und Verbraucher. Politische Programme werden im parlamentarischen und außerparlamentarischen Willensbildungsprozess in Recht umgesetzt. Dabei kann die Gestaltung des Rechts einen sozialen Wandel nachvollziehen, der im gesellschaftlichen Bewusstsein bereits besteht, oder einen solchen Wandel initiieren. Als der Gesetzgeber die Strafbarkeit von Homosexualität und Ehebruch beseitigte, hat er lediglich ein seit Jahrzehnten verändertes öffentliches Bewusstsein in Gesetzesform gegossen.

Die **Kontrollfunktion** des Rechts ermöglicht die Überprüfung und dadurch Begrenzung der Ausübung staatlicher Macht. Diese Kontrolle kann *innerhalb* der Staatsorganisation z. B. durch Verfassungsgericht, Rechnungshof, ehrenamtliche Richter bzw. von *außerhalb* durch die Freiheit der Presse, die Koalitionsfreiheit von Tarifparteien oder die Arbeit von Interessenverbänden ausgeübt werden. Die Kontrollfunktion kommt am deutlichsten in Art. 19 Abs. 4 GG zum Ausdruck, wonach jeder Bürger, der durch staatliche Akte benachteiligt wird, ein Gericht anrufen kann.

Die Herrschaft des Rechts bedarf der **Legitimation.** Die Ausübung der (politischen, rechtlichen und administrativen) Staatsmacht muss den formellen und materiellen verfassungsrechtlichen Ansprüchen genügen. Gesetze müssen nicht nur in dem vorgeschriebenen Verfahren (etwa durch Parlamentsbeschluss) zustande gekommen sein, sondern auch inhaltlichen Anforderungen entsprechen, die sich z. B. aus den Grundrechten ergeben.

(c) Recht kann auf unterschiedlichen Ebenen und in unterschiedlicher Weise entstehen. **Rechtsquellen** sind

– das geschriebene Gesetz (Parlamentsgesetz, Rechtsverordnung, Satzung, Verwaltungsvorschrift);

– das (ungeschriebene) Gewohnheitsrecht, das sich durch langjährige Übung entwickelt und aufgrund der übereinstimmenden Auffassung der Beteiligten anerkannt wird, z. B. Handelsbräuche unter Kaufleuten;

– in der globalisierten Welt europäisches, internationales und Völkerrecht (völkerrechtliche Verträge, Völkergewohnheitsrecht, von den Kulturvölkern akzeptierte allgemeine Rechtsgrundsätze).

Keine Rechtsquellen – aber Rechts*erkenntnis*quellen – sind das Richterrecht und die anerkannten Lehrmeinungen der Wissenschaft. Allerdings können bestimmte Entscheidungen des BVerfG Gesetzeskraft entfalten. Auch Private können Recht schaffen, etwa durch Verträge, einseitige Rechtsgeschäfte (z. B. ein Testament, das abweichend vom Gesetz den Erben bestimmt) oder privatrechtliche Satzungen (z. B. eines Vereins oder einer Gesellschaft).

Über die Frage, ob es über dem geschriebenen (sog. positiven) Recht Rechtsquellen gibt, wird in der Rechtswissenschaft seit Jahrhunderten gestritten. Die sog. **Rechtspositivisten** erkennen nur das mit staatlicher Autorität zustande gekommene Gesetz als „Recht" an. Eine Rechtsanwendung ist positivistisch, wenn sie sich streng am vorgegebenen Gesetzeswortlaut orientiert und gegenüber außerrechtlichen Prinzipien undurchlässig ist. Im Gegensatz dazu fragt die soziologische Jurisprudenz bzw. die juristische Hermeneutik (griech., Auslegung und Verstehen) nach den konkreten gesellschaftlichen Rahmenbedingungen der Gesetzesauslegung. Dieser Gegensatz ist bereits dem alten Begriffspaar „recht und billig" eigen. „Recht" umfasst das geschriebene und ungeschriebene Gesetz; „billig" entspricht der Gerechtigkeit im Einzelfall, der vom Gesetz nicht immer vorhergesehen und geregelt werden kann. Recht und Billigkeit gelten als zwei Säulen der Gerechtigkeit.

Die **Naturrechtslehre** behauptet ein ewig gültiges, dem menschlichen Einfluss entzogenes (sog. überpositives) Recht, das seine Gültigkeit von der Natur des Menschen oder einer höheren Macht (Vernunft, Natur, Gott) ableitet und legitim selbst durch staatliche Gesetzgebung nicht geändert werden kann. Was als „vernünftig", „gottgegeben" oder „natürlich" erachtet wird, müssen die Vertreter der Naturrechtslehre zwangsläufig daraus ableiten, was sie zuvor als Vernunft,

Gott(eswillen) oder Natur definiert haben, begründen letztlich das Ergebnis mit sich selbst (sog. Zirkelschluss). Gleichwohl kann nicht geleugnet werden, dass es in der modernen Demokratie oberste Werte wie die Grundrechte gibt, die in ihrem Kern unveränderbar Geltung beanspruchen. Obwohl beispielsweise das Strafrecht unter dem strengen Grundsatz steht, dass eine Strafbarkeit nicht rückwirkend gesetzlich bestimmt werden darf, wird in besonderen Fällen auf „überrechtliche" Grundsätze zurückgegriffen, etwa bei den „Nürnberger Prozessen" gegen NSDAP-Größen, den sog. Mauerschützen-Prozessen und den Verfahren gegen hohe DDR-Funktionäre. Das BVerfG hat entschieden, dass es an der besonderen Vertrauensgrundlage für das strikte Rückwirkungsverbot fehlt, wenn die Staatsmacht die in der Völkergemeinschaft allgemein anerkannten Menschenrechte in schwerwiegender Weise missachtet.[1]

Auch für Rechtspositivisten stellt sich die Frage, ob staatlich gesetztes Recht „Unrecht" sein kann, ob man dieses auf jeden Fall befolgen muss und wo die Grenze zwischen Gehorsam und Widerstand liegt. Mit einer überstarken Betonung der Gesetzesbindung geben Rechtspositivisten diktatorischen und autoritären Systemen die Möglichkeit, Unrecht durch „Recht" zu legitimieren.

In dem Merkblatt „Fünf Minuten Rechtsphilosophie", das *Gustav Radbruch* seinen Studenten aushändigte, schrieb er: „Wenn Gesetze den Willen zur Gerechtigkeit bewußt verleugnen, z. B. Menschenrechte Menschen nach Willkür gewähren und versagen, dann fehlt diesen Gesetzen die Geltung, dann schuldet das Volk ihnen keinen Gehorsam, dann müssen die Juristen den Mut finden, ihnen den Rechtscharakter abzusprechen."[2] Die Auffassung, dass man dem Tyrannen keine Treue schulde, entspricht alter germanischer Rechtstradition. Der frühere hessische Generalstaatsanwalt *Fritz Bauer,* der in seinem Plädoyer des ersten Auschwitz-Prozesses den Begriff des „Unrechtsstaates" geprägt hat, erläutert das so: „Das germanische Recht kannte keinen blinden und unbedingten Gehorsam, es kannte auch keinen unbedingt bindenden Eid. Der Eid verpflichtete nicht zur Treue gegenüber einem Menschen, sondern zur Treue gegenüber einem ewigen Recht, und er erlosch automatisch, wenn der Herrscher aufhörte, das Rechte zu tun. Dergleichen steht in der Edda, es findet sich in allen germanischen Rechtsquellen, besonders im Sachsenspiegel (...). Dort lesen wir: *„Der Mann muß wohl auch seinem König, wenn dieser Unrecht tut, widerstehen und sogar helfen, ihm zu wehren in jeder Weise, selbst wenn dieser sein Verwandter und Lehnsherr ist. Und damit verletzt er seine Treuepflicht nicht."* [3]

---

1 BVerfG, Beschluss vom 24.10.1996, Az.: 2 BvR 1851/94 u.a., BVerfGE 95, S. 96 (Leitsatz 3).
2 *Gustav Radbruch,* Rechtsphilosophie, 4. Aufl., Stuttgart 1950, S. 336.
3 *Fritz Bauer,* Die Wurzeln faschistischen und nationalsozialistischen Handelns, Frankfurt/M. 1965, S. 18.

(d) Alle Rechtsquellen zusammen bilden die **Rechtsordnung**. Das Prinzip der Einheit der Rechtsordnung besagt, dass sie sich nicht widersprechen darf. Die Vielzahl der Rechtsnormen wird als widerspruchsfreies System betrachtet. Ein augenfälliges Beispiel liefert der digitale Umbruch der Gesellschaft, bei dem eine unbeschränkte „Freiheit des Netzes" propagiert wird. Es wird jedoch zunehmend deutlich, dass die Freiheit, sich weltweit zu äußern und unbeschränkt zu informieren, ihre Grenze an den Persönlichkeitsrechten anderer Teilnehmer oder Nichtteilnehmer findet. Dem Rückgriff auf die Rechtsordnung lag z. B. die Entscheidung des BGH zugrunde, dass der Facebook-Account einer Verstorbenen ebenso den erbrechtlichen Regeln unterliegt wie analoge Gedankenverkörperungen (Tagebuch).[4] Durch elektronische Medien werden keine Sonderrechte kreiert.

(e) Ein wesentliches (ungeschriebenes) Element der Rechtsordnung ist die **Gerechtigkeit.** Ihr grundsätzlicher Ausgangspunkt ist die Gleichheit, wonach Gleiches nicht ungleich und Ungleiches nicht willkürlich gleichbehandelt werden darf. Willkür liegt vor, wenn es für die Gleich- oder Ungleichbehandlung keinen vernünftigen und einleuchtenden Grund gibt.[5] Darauf aufbauend kommt es zu Differenzierungen, soweit man nicht einer egalitären Gerechtigkeit zuneigt (alles ist gleich, jeder hat Anspruch auf das Gleiche). Die *soziale* Gerechtigkeit berücksichtigt die unterschiedlichen gesellschaftlichen Bedingungen („verteilende und ausgleichende Gerechtigkeit" bei *Aristoteles*[6]; „Jeder nach seinen Fähigkeiten, jedem nach seinen Bedürfnissen!" bei *Marx*[7]). Die *Leistungs*gerechtigkeit will dem, der mehr für die Gemeinschaft leistet, auch mehr an (materieller wie immaterieller) Gegenleistung gewähren. Die *ökologische* Gerechtigkeit garantiert, dass nicht mehr Ressourcen verbraucht werden als nachwachsen (Nachhaltigkeit). *Generationen*gerechtigkeit will Benachteiligungen aufgrund von Jugend oder Alter vermeiden. *Vertrags*gerechtigkeit bedeutet, dass geleistet wird, was vereinbart wurde, und *Verfahrens*gerechtigkeit sorgt für Waffengleichheit (fair trial).

Bei der **Vielzahl der Gerechtigkeitsbegriffe** und dem Wandel, dem die Auffassung von Gerechtigkeit in verschiedenen Staats- und Gesellschaftsformen im Laufe der Jahrhunderte unterworfen war, besteht die Gefahr – so der österreichische Philosoph und Soziologe *Ernst Topitsch* –, dass Gerechtigkeit nur deshalb als fundamentales Prinzip anerkannt wird, weil sie keinen oder keinen näher be-

---

4   BGH, Urteil vom 12.07.2018, Az.: III ZR 183/17, MDR 2018, S. 1002.
5   BVerfG, Beschluss vom 30.09.1987, Az.: 2 BvR 933/82, BVerfGE 76, S. 256, 329.
6   *Aristoteles,* Nikomachische Ethik, V. Buch.
7   *Karl Marx,* Zur Kritik des sozialdemokratischen Parteiprogramms, 1875, erstmals veröffentlicht in: Die Neue Zeit 9 (1890/91) Bd. 1, H. 18, S. 567.

stimmbaren Regelungsgehalt besitze.⁸ Es zeige sich, „dass es keine ewigen und unverbrüchlichen Grundsätze der Gerechtigkeit gibt und nicht einmal eine [...] allgemeine Meinung über die Rahmenbedingungen, innerhalb derer diese bestimmt werden könnten. Also gehört dieser Ausdruck nicht in den Bereich wissenschaftlicher Argumentation, sondern in denjenigen der politischen Rhetorik".⁹ In einer freiheitlichen Staats- und Gesellschaftsordnung existiere Gerechtigkeit nur im Plural, nämlich als Abbild der unterschiedlichen Gerechtigkeitsideale in der Gesellschaft und als Wettbewerb um mehrheitsfähige Lösungen von Gestaltungs- und Regelungsproblemen.

Muss deshalb auf eine gemeinsame **Vorstellung von Gerechtigkeit** verzichtet werden? Gerechtigkeit hat nach allen Erklärungsmodellen – wenn man sie auf grundlegende Übereinstimmungen zurückführt – zwei wesentliche Komponenten. Sie garantiert die Gleichbehandlung aller Menschen, die jedoch durch soziale (im Sinne von „gesellschaftliche") Komponenten ihre Korrektur oder Differenzierung erfährt. „Ius est ars boni et aequi" – Recht ist die Kunst des Guten (Gerechten) und Gleichen – findet sich schon als erster Satz in den Digesten unter Kaiser *Justinian*. In moderneren Begriffen unterscheidet *Lumer*¹⁰ zwischen einer **formalen** Gerechtigkeit, die sich an personenunabhängigen Prinzipien orientiert, also unparteiisch ist, und einer **materialen,** wonach diese Prinzipien bestimmten inhaltlichen Standards genügen müssen, die entweder ideale Verhältnisse postulieren oder zur Korrektur nichtidealer Verhältnisse dienen.

Besonders schwierig ist die Frage nach **Gerechtigkeit im Strafverfahren** zu beurteilen, da der Straftäter selbst gegen grundlegende ethische Prinzipien verstoßen hat. Die Strafe allein mit dem Ausgleich (Kompensation) der Schuld des Täters durch Vergeltung zu rechtfertigen, würde bedeuten, dass Staat und Gesellschaft selbst wiederum gegen ethische Prinzipien verstießen, wenn nach dem Grundsatz „Auge um Auge" (sog. Talionsprinzip) vorgegangen wird. Die Todesstrafe ist auch dann nicht gerecht, wenn Taten abzuurteilen sind, durch die (vorsätzlich) der Tod einer Person herbeigeführt wurde. Erst durch die zusätzlichen Elemente der Prävention und Resozialisierung wird eine „gerechte" Strafe gefunden, zumal – empirisch nachgewiesen – ein auf Resozialisierung aufbauendes Sanktionensystem die allgemeine Rechtssicherheit erhöht.

---

8   *Ernst Topitsch,* Über Leerformeln, in: E. Topitsch (Hrsg.), Probleme der Wissenschaftstheorie, Wien 1960, S. 233; genauso *Hans Kelsen,* Was ist Gerechtigkeit?, 2. Aufl., Wien 1975, S. 18; *Max Weber,* Der Sinn der „Wertfreiheit" der soziologischen und ökonomischen Wissenschaften, in: M. Weber, Gesammelte Aufsätze zur Wissenschaftslehre, 7. Aufl., Tübingen 1988, S. 505.
9   *Ernst Topitsch,* Sprache als Waffe, www.bundesheer.at/pdf_pool/publikationen/topitsch.pdf, S. 2.
10 *Christoph Lumer,* Gerechtigkeit, in: Hans Jörg Sandkühler (Hrsg.), Enzyklopädie Philosophie, Bd. 1, Hamburg 1999, S. 464, www.lumer.info/wp-content/uploads/2012/04/A049_Lumer_Gerechtigkeit_FinalMs.pdf.

Eine Erkenntnis lässt sich jedenfalls aus den unterschiedlichen Vorstellungen von Gerechtigkeit ableiten: Sie müssen in Diskussion treten. Gegen die Dominanz einzelner Auffassungen von Gerechtigkeit, die ihre wahren Motive auch verdecken können, hilft nur Transparenz und Diskurs. Diese sind – und insoweit kann man an *Topitsch* anknüpfen – nur durch Verfahren herzustellen. Die Feststellung hat für die Justiz besondere Bedeutung. Eine Auseinandersetzung mit der Frage der Gerechtigkeit im Einzelfall kann nur in einem Kollegium geführt werden. Seit Jahrzehnten werden die Kollegialgerichte vom Gesetzgeber auf Einzelrichter reduziert, die zudem teilweise im schriftlichen Verfahren entscheiden.

(f) Das Begriffspaar **Recht und Gerechtigkeit,** das positives Recht und Einzelfallgerechtigkeit verbindet, hat eine „institutionelle Gerechtigkeit" im Auge. Aufgabe des Staates ist es, die Herstellung der materiellen Gerechtigkeit im Einzelfall durch ein gerechtes Verfahren zu sichern. Das Parlament muss mit einem „gerechten" Gesetz die Grundlage für eine Rechtsanwendung schaffen, die im Einzelfall unter Abwägung der besonderen Umstände diese Gerechtigkeit für die Beteiligten real werden lässt. Ein klassisches Beispiel hierfür stellt die Entwicklung des BGB dar. Bei dessen Inkrafttreten am 1. Januar 1900 war die Vertragsfreiheit (§ 311 Abs. 1 BGB) das zentrale Prinzip. Diese Freiheit war aber keine unter Gleichen; schon in der Entstehung des BGB wurde sie als Freiheit des „freien Fuchses im freien Hühnerstall" bespöttelt. Weil sich vertragschließende Parteien aufgrund ökonomischer Ungleichheit rechtlich nicht auf Augenhöhe begegnen können, wurden etwa für Verbraucher oder Mieter besondere Schutzrechte eingeführt (z. B. gegen Kündigungen und Mieterhöhungen, Beweislastumkehr beim Nachweis einer defekten Ware, Schutz bei sog. Haustürgeschäften). Die Gerichte entscheiden dann im Einzelfall, ob z. B. für den Vermieter ein berechtigtes Interesse an der Kündigung besteht (Eigenbedarf, Unzumutbarkeit der Fortsetzung des Mietverhältnisses usw.).

Zwischen den einzelnen Elementen von „Recht" und „Gerechtigkeit" kann ein Spannungsverhältnis bestehen. Die Rechtssicherheit fördert die Anwendung des positiven Rechts, weil der Adressat eines Rechtssatzes die Pflichten und Rechtsfolgen abschätzen kann; die gleichmäßige Anwendung kann selbst bei Unrichtigkeit des Rechts ein Wert an sich sein. Der Rechtsphilosoph und Reichsjustizminister *Gustav Radbruch* bezeichnet die Auflösung dieses Widerspruchs als eine Frage des Maßes: „Wo die Ungerechtigkeit positiven Rechts ein solches Maß erreicht, dass die durch das positive Recht garantierte Rechtssicherheit gegenüber der Ungerechtigkeit nicht mehr ins Gewicht fällt – in einem solchen Fall hat das ungerechte positive Recht der Gerechtigkeit einem überpositiven Recht zu weichen."[11] Nicht nur rechtswissenschaftlich, auch literarisch ist dieses Thema aufgearbeitet worden, am bekanntesten wohl in *Schillers* Wilhelm Tell, wo er den

---

11 *Gustav Radbruch/Konrad Zweigert*, Einführung in die Rechtswissenschaft, 10. Aufl., Stuttgart 1961, S. 42.

Stauffacher sagen lässt: „Eine Grenze hat Tyrannenmacht. Wenn der Gedrückte nirgends Recht kann finden, wenn unerträglich wird die Last, greift er hinauf getrosten Mutes in den Himmel und holt herunter seine ew'gen Rechte, die droben hangen unveräußerlich und unzerbrechlich wie die Sterne selbst."[12]

(g) Das andere Begriffspaar **Gesetz und Recht** spielt in diesem Zusammenhang eine Rolle. Art. 20 Abs. 3 GG formuliert: „Die Gesetzgebung ist an die verfassungsmäßige Ordnung, die vollziehende Gewalt und die Rechtsprechung sind an Gesetz und Recht gebunden." Die Mütter und Väter des Grundgesetzes wollten mit der Doppelung der Begriffe zum Ausdruck bringen, dass es auch Unrecht in Gesetzesform geben kann, sodass alle staatlichen Gewalten gehalten sind, sich über die „Gerechtigkeit" eines Gesetzes zu vergewissern. *Gustav Radbruch* hat das in seiner nach ihm benannten Formel so zum Ausdruck gebracht, dass sich ein Richter bei einem Konflikt zwischen dem positiven (vom Gesetzgeber erlassenen) Recht und der Gerechtigkeit immer dann – und nur dann – gegen das Gesetz und stattdessen für die materielle Gerechtigkeit zu entscheiden hat, wenn das fragliche Gesetz als „unerträglich ungerecht" anzusehen ist oder die im Recht grundsätzlich angelegte Gleichheit aller Menschen „bewusst verleugnet" wird. Denn man könne Recht gar nicht anders definieren als eine Ordnung und Satzung, die ihrem Sinne nach bestimmt ist, der Gerechtigkeit zu dienen.[13] Im demokratischen Rechtsstaat wird vielfach der Dualismus zwischen Gesetz und Recht als aufgehoben betrachtet, indem „Gesetz" als geschriebenes = gesetztes Recht, „Recht" als Gewohnheitsrecht oder Fortentwicklung des Rechts durch Rechtsprechung (Richterrecht) verstanden wird.

(h) Ist der **Rechtsstaat** – um noch einmal an *Bohley* anzuknüpfen – lediglich eine Förmlichkeit, die mit Gerechtigkeit wenig oder nichts zu tun hat? Sie hat mit ihrer Kritik übersehen, dass der Rechtsstaat eine formelle und eine materielle Komponente hat. Als *formeller* Rechtsstaat gilt ein Staat, der die Gewaltenteilung, die Unabhängigkeit der Gerichte, die Gesetzmäßigkeit der Verwaltung, Rechtsschutz gegen Akte öffentlicher Gewalt und eine öffentlich-rechtliche Entschädigung (Staatshaftung) als unverzichtbare Institute anerkennt. **Materielle** Rechtsstaatlichkeit beinhaltet, dass fundamentale Elemente des Rechtsstaates und die Rechtsstaatlichkeit im Ganzen gewahrt bleiben müssen, die nicht nur den Gesetz-, sondern auch den Verfassungsgeber binden.[14] Der Grundsatz der Rechtsstaatlichkeit enthält die Idee der Gerechtigkeit.[15] Auch der Gesetzgeber kann Unrecht setzen, sodass die Möglichkeit gegeben sein muss, den Grund-

---

12 *Friedrich Schiller,* Wilhelm Tell, 2. Aufzug, 2. Szene.
13 *Gustav Radbruch,* Gesetzliches Unrecht und übergesetzliches Recht, in: Süddeutsche Juristen-Zeitung 1946, S. 105, 107.
14 BVerfG, Beschluss vom 24.07.1957, Az.: 1 BvL 23/52, BVerfGE 7, S. 89, 92.
15 BVerfG, Beschluss vom 19.07.1972, Az.: 2 BvL 7/71, BVerfGE 33, S. 367, 383; Beschluss vom 08.10.1985, Az.: 2 BvR 1150/80, 2 BvR 1504/82, BVerfGE 70, S. 297, 308.

satz der materiellen Gerechtigkeit höher zu werten als den der Rechtssicherheit. Oder wie schon der Kirchenvater *Augustinus* (354–430 n. Z.) formulierte: „Ohne Gerechtigkeit sind die Staaten nur große Räuberbanden."[16] Ebenso wie der ursprüngliche Verfassungsgeber darf auch der verfassungsändernde Gesetzgeber grundlegende Gerechtigkeitspostulate nicht außer Acht lassen,[17] sodass materielle Rechtsstaatlichkeit die formelle ergänzt und erweitert.

Der Grundsatz der Rechtsstaatlichkeit gehört zu den elementaren – im GG mit „Ewigkeitsgarantie" ausgestatteten – Verfassungsgrundsätzen. Dazu zählen insbesondere die Gewaltentrennung, die Gewährleistung persönlicher Grundrechte, die Bindung der Gesetzgebung an die verfassungsmäßige Ordnung sowie der vollziehenden und der rechtsprechenden Gewalt an Gesetz und Recht. Weiter folgt aus dem Rechtsstaatsprinzip der Grundsatz der Verhältnismäßigkeit von Mittel und Zweck (Übermaßverbot) und schließlich die möglichst umfassende Gewährung von Rechtsschutz durch unabhängige Gerichte bei Rechtsverletzungen durch die öffentliche Gewalt.

Das Grundgesetz enthält zudem rechtsstaatliche Mindestgarantien in Form der sog. **Justizgrundrechte** (Art. 101 bis 104 GG) als Ausprägungen des Rechtsstaatsprinzips in Verfahren und Rechtsanwendung, die in ihrem Kerngehalt in der Menschenwürde wurzeln.

Der Glaube, dass Rechtsstaatlichkeit automatisch durch die demokratische Verfasstheit des Rechtsstaates gesichert sei, wäre leichtfertig. Sie muss durch eine ausgewogene gegenseitige Kontrolle nicht nur der staatlichen Organe, sondern auch durch Instrumente der Zivilgesellschaft ständig überprüft werden.

(i) Ein wesentliches Element des Rechtsstaates ist das **Gewaltmonopol des Staates.** Die Befugnis zur zwangsweisen Durchsetzung von Ansprüchen und Strafen steht allein den staatlichen Organen zu. In der Demokratie stellt sich die Frage nach der **Legitimation** dieser dem Staat übertragenen Macht. Deshalb regelt Art. 20 Abs. 2 GG: „Alle Staatsgewalt geht vom Volke aus. Sie wird vom Volke in Wahlen und Abstimmungen und durch besondere Organe der Gesetzgebung, der vollziehenden Gewalt und der Rechtsprechung ausgeübt." Die Verfassung legt diesem Gewaltmonopol Fesseln an. Die Grundrechte binden Gesetzgebung, vollziehende Gewalt und Rechtsprechung als unmittelbar geltendes Recht (Art. 1 Abs. 3 GG); der Rechtsweg steht jedem offen, der durch die öffentliche Gewalt in seinen Rechten verletzt wird (Art. 19 Abs. 4 GG). Zudem wird das Recht auf ein **faires Verfahren** garantiert (Art. 6 EMRK).

Historisch geht die Entwicklung des Gewaltmonopols auf den Ewigen Landfrieden vom 7. August 1495 des späteren Kaisers *Maximilian I.* (1508–1519) zurück, der für das Heilige Römische Reich Deutscher Nation das unbefristete Verbot des mittelalterlichen Fehderechts auf dem Reichstag zu Worms verkündete.

---

16 *Augustinus,* Zweiundzwanzig Bücher über den Gottesstaat, 4. Buch Nr. 4.
17 BVerfG, Urteil vom 23.04.1991, Az.: 1 BvR 1170/90 u. a., BVerfGE 84, S. 90, 121.

Zur Durchsetzung des Landfriedens wurde das Reichskammergericht – ein aus Juristen wie Nichtjuristen bestehendes Gericht – als oberste Instanz geschaffen.

Das Gewaltmonopol, das dem Staat von seinen Bürgern übertragen worden ist, setzt eine funktionierende Justiz voraus. Die aktive Mitgestaltung an der Ausübung von Staatsgewalt vollzieht sich insbesondere durch die Beteiligung ehrenamtlicher Richter an der Rechtsprechung.

KAPITEL 2

Richterliche Ehrenämter (außer Strafgerichtsbarkeit)

(a) Art. 92 GG bestimmt: „Die rechtsprechende Gewalt ist den Richtern anvertraut ..." **Richter** sind unabhängige Organe der Rechtspflege, die Streitigkeiten im Einzelfall weisungsfrei mit Letztverbindlichkeit entscheiden. Die Entscheidungen können nur durch ein anderes Gericht korrigiert werden. Richter im Sinne des Grundgesetzes sind auch die in den einzelnen Verfahrensordnungen vorgesehenen ehrenamtlichen Richter. Hauptamtliche oder **Berufsrichter** sind in aller Regel ausgebildete Juristen mit zwei Staatsexamina, die die im Deutschen Richtergesetz genannten Voraussetzungen der „Befähigung zum Richteramt" erfüllen. Beim Bundespatentgericht wirken als hauptamtliche Richter auch technische Mitglieder mit, die in einem Zweig der Technik sachverständig sein müssen. Die entscheidenden Merkmale des Richters sind seine Unabhängigkeit und die Verbindlichkeit der Entscheidung.

(b) Neben den Berufsrichtern nehmen auch **ehrenamtliche Richter** an den Entscheidungen teil. Art. 92 GG enthält keine ausdrückliche Aussage über die Zulässigkeit oder gar Notwendigkeit der Beteiligung ehrenamtlicher Richter, erkennt das richterliche Ehrenamt aber als traditionelle Institution der Gerichtsverfassung stillschweigend an.[18] Das BVerfG hält nicht nur die Teilhabe von Nichtjuristen als ehrenamtliche Richter für zulässig, sondern hat auch keine verfassungsrechtlichen Einwände gegen Gerichte (in weniger schwierigen Bagatellverfahren[19]), die ausschließlich mit ehrenamtlichen Richtern besetzt sind. Voraussetzung ist, dass die typischen Merkmale eines Richters im Übrigen gewahrt sind (Unabhängigkeit, Trennung von Rechtsprechung und Verwaltung, Bestimmung des gesetzlichen Richters usw.).[20]

(c) Anders als das Grundgesetz sehen zwölf der 16 **Landesverfassungen** die Beteiligung von „Frauen und Männern aus dem Volke" an der Rechtsprechung

---

18   BVerfG, Beschluss vom 30.05.1978, Az.: 2 BvR 685/77, BVerfGE 48, S. 300.
19   Zum Einsatz ehrenamtlicher Richter in Bagatellverfahren vgl. *Hasso Lieber*, Kostendeckung und Ehrenamt in der Justiz – Antinomie oder Symbiose, in: Martin Wolmerath (Hrsg.) u. a.: Recht – Politik – Geschichte, Festschrift für Franz Josef Düwell zum 65. Geburtstag, Baden-Baden 2011, S. 420.
20   BVerfG, Beschluss vom 09.05.1962, Az.: 2 BvL 13/60, BVerfGE 14, S. 56 (Zulässigkeit der Gemeindegerichte in Baden-Württemberg).

„im Rahmen der Gesetze" verbindlich vor.[21] Die Länder können im Rahmen ihrer grundgesetzlichen Kompetenz weitere Regelungen über die Teilhabe ehrenamtlicher Richter treffen (Art. 110 LVerf Bbg enthält den Schutz ehrenamtlicher Richter und einen Fortbildungsanspruch). Sowohl die Verwaltungsgerichtsordnung (§ 9 Abs. 3 Satz 1 und 2 VwGO) als auch die Finanzgerichtsordnung (§ 5 Abs. 4 Satz 1 FGO) sehen Öffnungsklauseln für landesrechtliche Regelungen vor. Davon haben die Länder unterschiedlich Gebrauch gemacht. Bayern, Baden-Württemberg, Sachsen, Thüringen und das Saarland haben von dieser Öffnungsklausel keinen Gebrauch gemacht. Die Länder Sachsen, Thüringen und Bayern folgen damit nicht dem Auftrag ihrer Landesverfassungen, die die Beteiligung ehrenamtlicher Richter im Rahmen der Gesetze vorschreiben. Hessen besetzt hingegen sogar die Normenkontrollsenate und die Senate, die über großtechnische Anlagen entscheiden, mit ehrenamtlichen Richtern. Die Öffnungsklausel der Finanzgerichtsordnung ist von keinem Bundesland in Landesrecht umgesetzt worden. Insoweit folgt keines der zwölf Länder dem Auftrag seiner jeweiligen Verfassung zur Beteiligung ehrenamtlicher Richter. Im Personalvertretungs-, Heilberufe- und Disziplinarrecht sind aufgrund insoweit gleichlautender Landesgesetze die Senate von OVG/VGH als zweite Instanz mit ehrenamtlichen Richtern besetzt.

(d) Einfachgesetzlich regelt das Deutsche Richtergesetz Bestellung, Hindernisse der Berufung und Abberufung (§§ 44 bis 44b DRiG), die Garantie der Unabhängigkeit sowie die besonderen Pflichten (§ 45 DRiG, Eid, Verschwiegenheit) der ehrenamtlichen Richter. Im Übrigen ergeben sich ihr Einsatz und Status aus den Verfahrensgesetzen der jeweiligen Gerichtsbarkeit. Sie üben das Amt nicht berufsmäßig aus und werden für ihre Tätigkeit nicht besoldet. Auch Juristen können das richterliche Ehrenamt ausüben. Lediglich Berufsrichter und Staatsanwälte dürfen – natürlich – nicht zu ehrenamtlichen Richtern berufen werden (ausgenommen in den Disziplinar- und Richterdienstgerichten). Rechtsanwälte und Notare sind als Organe der Rechtspflege je nach Gerichtsbarkeit in unterschiedlichem Umfang vom richterlichen Ehrenamt ausgeschlossen.

Nach den **Voraussetzungen**, die ehrenamtliche Richter für ihr Amt mitbringen müssen, ist zu unterscheiden zwischen denjenigen,

– die als reine Vertreter des Volkes außer der allgemeinen Lebenserfahrung, Menschenkenntnis, Fähigkeit zu logischem Denken und dem Mut zum Richten keine weiteren fachlichen Voraussetzungen erfüllen müssen, z.B. Schöffen in Strafsachen gegen Erwachsene, ehrenamtliche Richter an den Verwaltungsgerichten;

---

21 Bayern Art. 88, Berlin Art. 79 Abs. 2, Brandenburg Art. 108 Abs. 2, Bremen Art. 135 Abs. 2, Hamburg Art. 62, Mecklenburg-Vorpommern Art. 76 Abs. 2, Niedersachsen Art. 51 Abs. 2, Nordrhein-Westfalen Art. 72 Abs. 2, Rheinland-Pfalz Art. 123 Abs. 1, Sachsen Art. 77 Abs. 3, Sachsen-Anhalt Art. 83 Abs. 1, Thüringen Art. 86 Abs. 3.

- die über besondere (nichtjuristische) Sachkunde und Erfahrungen verfügen müssen, z. B. Handelsrichter, Jugendschöffen, ehrenamtliche Richter in der Arbeits- oder Finanzgerichtsbarkeit, ehrenamtliche Landwirtschaftsrichter;

- die als Vertreter eines bestimmten Berufszweiges an den Verfahren und Entscheidungen in der Berufs- und Disziplinargerichtsbarkeit teilnehmen.

Die Anforderungen an das richterliche Ehrenamt sind genauso unterschiedlich wie die Verfahren der Wahl bzw. Berufung der Bewerber. Einige **Gemeinsamkeiten** zeichnen alle ehrenamtlichen Richter aus: Ihre Mitwirkung ist auf die Hauptverhandlung bzw. mündliche Verhandlung begrenzt. Sie wirken weder bei der Vorbereitung der Verhandlung noch bei der schriftlichen Abfassung oder der Vollstreckung des Urteils mit. Sie werden unter den gerichtsverfassungsrechtlichen Voraussetzungen der jeweiligen Gerichtsbarkeit tätig, wirken in allen Verfahren grundsätzlich in gleichem Umfang und mit gleichem Stimmrecht wie die Berufsrichter mit. Die ehrenamtlichen Richter aller Gerichtsbarkeiten werden auf die Dauer von fünf Jahren gewählt.

Ehrenamtliche Richter als reine Vertreter des Volkes	Ehrenamtliche Richter mit besonderer Sachkunde	Ehrenamtliche Richter als Vertreter einer Berufsgruppe
Schöffen	Jugendschöffen	Disziplinargerichte für Beamte
Ehrenamtliche Richter in der Verwaltungsgerichtsbarkeit	Handelsrichter	Richterdienstgerichte
	Ehrenamtliche Richter in Landwirtschaftsverfahren	Wehrgerichte
	Ehrenamtliche Richter in Flurbereinigungsgerichten	Berufsgerichte der freien Berufe für: – Rechtsanwälte – Notare – Heilberufe – Architekten und Stadtplaner – (beratende) Ingenieure – Wirtschaftsprüfer – Steuerberater und -bevollmächtigte
	Ehrenamtliche Richter in der Arbeitsgerichtsbarkeit	
	Ehrenamtliche Richter in der Finanzgerichtsbarkeit	
Ehrenamtliche Richter in Landesverfassungsgerichten		
Ehrenamtliche Richter in der Sozialgerichtsbarkeit		

Abbildung 1 Kategorien der ehrenamtlichen Richter

Die **Bezeichnung** als „ehrenamtliche Richter" regelt § 45a DRiG. Aus Tradition führen die ehrenamtlichen Richter in der Strafgerichtsbarkeit den besonderen Namen „Schöffen" und die ehrenamtlichen Richter in den Kammern für Handelssachen die Bezeichnung „Handelsrichter". Früher gab es in der deutschen Strafgerichtsbarkeit auch Geschworene (wie heute noch in Staaten des französischen und anglo-amerikanischen Rechtskreises). Der Unterschied zwischen Schöffen und Geschworenen besteht darin, dass Geschworene als Mitglieder einer Jury in Strafsachen nur über die Frage zu entscheiden haben, ob der Angeklagte schuldig im Sinne der Anklage ist oder nicht; das Strafmaß setzt der Berufsrichter fest. Dagegen sind Schöffen Mitglieder des erkennenden Gerichts und wirken an allen Entscheidungen mit, insbesondere über die Schuld des Angeklagten sowie Art und Höhe der Strafe. Auch in Deutschland gibt es noch einen Spruchkörper, der Schwurgericht heißt und eine besondere Zuständigkeit für Verhandlungen wegen vorsätzlicher Tötungsdelikte hat. Den Namen führt das Schwurgericht nur aus traditionellen Gründen; tatsächlich ist es eine Große Strafkammer mit drei Berufsrichtern und zwei Schöffen.

(e) Umgangssprachlich werden ehrenamtliche Richter ohne juristische Ausbildung häufig auch **Laienrichter** genannt. Unausgesprochen wird der kirchenrechtliche Gedanke übernommen, dass Laien zwar zur Teilhabe berufen sind, jedoch nicht die „höheren Weihen" besitzen. Dieses Verständnis entspricht nicht der Geschichte und dem Geist des richterlichen Ehrenamtes. Das altgriechische Wort laikós bedeutet „aus dem Volke stammend". Es handelt sich um Richter, die das Volk im Sinne des Art. 20 GG repräsentieren und „Im Namen des Volkes" an der Rechtsprechung mitwirken.

Alle Richter, die zur Entscheidung berufen sind, bilden das **Gericht.** Da der Begriff mehrdeutig ist und auch das Gebäude oder die (gerichts)verfassungsrechtliche Funktion (Instanz oder Gerichtsbarkeit) bezeichnet, wird für das erkennende Gericht auch der Begriff **Spruchkörper** verwendet.

(f) Die Teilhabe ehrenamtlicher Richter kann als Strukturprinzip der europäischen Rechtssysteme bezeichnet werden. In den **Verfassungen vieler europäischer Staaten** ist die Beteiligung des Volkes an der Rechtsprechung verankert.[22] Das Europäische Netzwerk der Vereinigungen ehrenamtlicher Richter (European Network of Associations of Lay Judges, ENALJ) beklagt seit Jahren auch in diesen Staaten eine Zurückdrängung der Beteiligung der Zivilgesellschaft durch die Rechtspolitik – zumeist aus ökonomischen Gesichtspunkten, teilweise wegen der zunehmenden Regulierung (Gesetzesflut), die für den Nichtjuristen nicht zu durchschauen sei.

---

22 Vgl. die Verfassungen von Belgien Art. 150, Dänemark Art. 65, Griechenland Art. 97, Italien Art. 102, Österreich Art. 91, Spanien Art. 125; die meisten anderen Staaten haben einfachgesetzliche Regelungen getroffen.

TEIL A   KAPITEL 2 – Richterliche Ehrenämter

1 Ehrenamtliche Richter in der Verwaltungsgerichtsbarkeit

Aufgabe der Verwaltungsgerichte ist es, dem Bürger, der durch Maßnahmen der öffentlichen Gewalt, d. h. der hoheitlich handelnden Verwaltung, in seinen Rechten verletzt wird, Rechtsschutz zu gewähren. Sie entscheiden über Rechtsstreitigkeiten aus vielen Lebensbereichen, z. B. dem Ausländer- und Asylrecht, Beamtenrecht, Ausbildungsförderungs-, Schul- und Hochschulrecht, Bau- und Ordnungsrecht. Die Gerichtsverfassung und Prozessordnung der Verwaltungsgerichtsbarkeit sind in der Verwaltungsgerichtsordnung (VwGO) geregelt.

Die **Wahlen** der ehrenamtlichen Richter an den Verwaltungsgerichten finden selbst innerhalb eines Landes in den einzelnen Gerichtsbezirken oft zu unterschiedlichen Zeiten statt. Die Vertretungen der (Land)Kreise und kreisfreien Städte stellen Vorschlagslisten im jeweiligen Verwaltungsgerichtsbezirk auf. Soweit ehrenamtliche Richter nach Landesrecht auch an Verfahren der OVG/VGH teilnehmen, ist für die Aufstellung der Vorschlagsliste der Landtag bzw. ein von ihm bestimmter Ausschuss zuständig. Die Listen enthalten die doppelte Zahl der erforderlichen Bewerber. Wählbar sind deutsche Staatsangehörige, die mindestens 25 Jahre alt sind und ihren Wohnsitz im Gerichtsbezirk haben. Ausgeschlossen sind vor allem Beamte und Beschäftigte des öffentlichen Dienstes. Die Wahl erfolgt mit Zwei-Drittel-Mehrheit durch einen Ausschuss aus dem Präsidenten des Gerichts, einem Verwaltungsbeamten und sieben Vertrauensleuten aus den Einwohnern des Verwaltungsgerichtsbezirks.

Ehrenamtliche Richter kommen in den Kammern der Verwaltungsgerichte und – soweit durch Landesrecht vorgesehen – in den Senaten der OVG/VGH zum **Einsatz**. Sie sind jedoch aufgrund einer die Beteiligung immer weiter einschränkenden Rechtspolitik nur noch an etwa einem Viertel aller erstinstanzlichen Entscheidungen der Verwaltungsgerichte beteiligt und werden im Durchschnitt nur ca. dreimal im Jahr herangezogen. Die Kammer des Verwaltungsgerichts verhandelt in der **Besetzung** mit drei Berufs- und zwei ehrenamtlichen Richtern. Die Senate des OVG/VGH entscheiden mit drei Richtern; das Landesrecht kann Senate mit fünf Richtern vorsehen, von denen zwei auch ehrenamtliche Richter sein können. Sie sind zum einen Rechtsmittelgerichte gegen die Urteile des Verwaltungsgerichts, zum anderen erstinstanzlich für die Prüfung der Rechtmäßigkeit von Satzungen und Rechtsverordnungen des Landes (Normenkontrolle), Vereinsverbote und die Errichtung von technischen Großanlagen (Kraftwerke, Flughäfen, Eisenbahnen, Bundeswasserstraßen und -autobahnen) zuständig.

2 Ehrenamtliche Richter in den Flurbereinigungsgerichten

Flurbereinigung ist die Umgestaltung landwirtschaftlich genutzter Grundstücke, um nachhaltig Eigentumsstrukturen zur Verbesserung der Produktions- und Arbeitsbedingungen zu verändern. Das Verfahren richtet sich nach der Verwaltungsgerichtsordnung (VwGO) mit der Gerichtsbesetzung nach dem Flurbereinigungsgesetz (FlurbG). In jedem Land wird bei dem obersten Verwaltungsgericht (OVG/VGH) ein Senat als Flurbereinigungsgericht gebildet. Es verhandelt in der **Besetzung** mit zwei Berufs- und drei ehrenamtlichen Richtern. Ein ehrenamtlicher Richter und dessen Stellvertreter müssen zum höheren Dienst der Flurbereinigungsbehörden befähigt und sollen mindestens drei Jahre in Flurbereinigungsangelegenheiten tätig gewesen sein; von dem letzteren Erfordernis kann abgesehen werden, wenn geeignete Personen mit diesen Voraussetzungen nicht vorhanden sind.

Die **Ernennung** des ehrenamtlichen Richters und dessen Stellvertreters erfolgt auf Vorschlag der für die Landwirtschaft zuständigen obersten Landesbehörde. Die anderen ehrenamtlichen Richter und ihre Stellvertreter müssen Inhaber eines landwirtschaftlichen Betriebes sein und besondere Erfahrungen in der landwirtschaftlichen Betriebswirtschaft haben. Ihre Berufung richtet sich nach Landesrecht; wird die Berufung von einem Wahlgremium vorgenommen, können ihm nur Land- und Forstwirte angehören.

3 Ehrenamtliche Richter in der Finanzgerichtsbarkeit

Die Finanzgerichtsbarkeit ist zuständig in Abgaben- und sonstigen Angelegenheiten der Finanzbehörden. Die Finanzgerichtsordnung (FGO) regelt die Gerichtsverfassung und das Verfahren. Die Gerichtsbarkeit ist zweistufig aufgebaut: die Finanzgerichte in den Ländern und der Bundesfinanzhof als Revisionsinstanz. Ehrenamtliche Richter wirken nur bei den Finanzgerichten mit. Die **Wahl** erfolgt durch einen Ausschuss, bestehend aus dem Präsidenten des Finanzgerichts als Vorsitzenden, einem Beamten der Landesfinanzverwaltung und sieben Vertrauensleuten aus einer vom Präsidenten aufgestellten Vorschlagsliste mit der doppelten Zahl von Bewerbern. Vor Aufstellung der Liste sollen die Berufsvertretungen (Gewerkschaften, Industrie- und Handelskammern, Handwerkskammern, Vertretungen der freien Berufe, Bauernverbände usw.) gehört werden. Voraussetzung für die Wahl sind Vollendung des 25. Lebensjahres und Wohnsitz oder gewerbliche bzw. berufliche Niederlassung innerhalb des Finanzgerichtsbezirks. Ehrenamtliche Richter müssen keine Steuerexperten sein, sollten sich aber mit den Gebräuchen im allgemeinen Geschäftsleben auskennen. Im Steuerrecht Tätige wie Steuerberater, Steuerbevollmächtigte, Wirtschaftsprüfer, vereidigte Buchprüfer können nicht gewählt werden.

Die Senate verhandeln in der **Besetzung** mit drei Berufs- und zwei ehrenamtlichen Richtern, die zu den Terminen in der Reihenfolge einer Liste herangezogen werden, die jährlich vor Beginn des Geschäftsjahres durch das Präsidium des Finanzgerichts aufgestellt wird. Der Senat kann in einfach gelagerten Fällen den Rechtsstreit einem seiner Mitglieder als Einzelrichter übertragen. Die Länder können durch Gesetz die Mitwirkung von zwei ehrenamtlichen Richtern an den Entscheidungen des Einzelrichters vorsehen. Von dieser Ermächtigung hat kein Land Gebrauch gemacht.

4 Ehrenamtliche Richter in der Sozialgerichtsbarkeit

Die Sozialgerichte entscheiden sozialrechtliche Streitigkeiten z. B. in Angelegenheiten der Sozialversicherung, Sozialhilfe, Arbeitsförderung, Grundsicherung für Arbeitsuchende und des sozialen Entschädigungsrechts. Gerichtsverfassung und Verfahren sind im Sozialgerichtsgesetz (SGG) geregelt. Die ehrenamtlichen Richter für die Sozial- und Landessozialgerichte werden von den nach Landesrecht zuständigen Stellen **berufen,** in aller Regel von dem für Soziales zuständigen Ministerium. Für die Berufung der ehrenamtlichen Richter des Bundessozialgerichts ist das Bundesministerium für Arbeit und Sozialordnung zuständig. Welche Organisation vorschlagsberechtigt ist und wer als ehrenamtlicher Richter berufen werden kann, richtet sich weitgehend danach, in welchem Rechtsgebiet des Sozialrechts der Bewerber zum Einsatz kommen soll. Beim Sozialgericht besteht der Spruchkörper aus dem Berufsrichter als Vorsitzenden und zwei ehrenamtlichen Richtern als Beisitzern. Der Senat des Landessozialgerichts besteht aus dem Vorsitzenden, zwei weiteren Berufsrichtern und zwei ehrenamtlichen Richtern. In der gleichen Besetzung tagt auch der Senat beim Bundessozialgericht. In den Sitzungen des Großen Senates des Bundessozialgerichts, der über zwischen den Senaten streitige Rechtsfragen entscheidet, sind die ehrenamtlichen Richter mit mindestens sechs, höchstens acht Personen vertreten.

In den **Spruchkörpern** für Angelegenheiten der Sozialversicherung und der Arbeitsförderung muss je ein ehrenamtlicher Richter dem Kreis der Versicherten und dem Kreis der Arbeitgeber angehören; in Angelegenheiten des Vertrags(zahn)-arztrechts wirken je ein ehrenamtlicher Richter aus den Kreisen der Krankenkassen, Vertrags(zahn)ärzte und Psychotherapeuten mit. In Angelegenheiten des sozialen Entschädigungs- und Schwerbehindertenrechts wirken je ein ehrenamtlicher Richter aus dem Kreis der mit dem sozialen Entschädigungsrecht oder dem Recht der Teilhabe behinderter Menschen vertrauten Personen und dem Kreis der Versorgungsberechtigten, der behinderten Menschen im Sinne des SGB IX und der Versicherten mit.

Vorgeschlagen werden die ehrenamtlichen Richter aus dem Kreis der Versicherten in Angelegenheiten der Sozial- und Arbeitslosenversicherung von den Gewerkschaften und selbstständigen Vereinigungen von Arbeitnehmern mit sozial- und berufspolitischer Zwecksetzung. Versicherter ist, wer einer Sozialversicherung angehört und Bezieher einer Rente aus eigener Versicherung ist (nicht aus der Versicherung eines anderen, etwa einer Hinterbliebenenrente). Versicherter ist auch, wer arbeitslos ist. Bei Gerichten, in deren Bezirken wesentliche Teile der Bevölkerung in der Seeschifffahrt tätig sind, kann ehrenamtlicher Richter aus Kreisen der Versicherten auch ein befahrener Schifffahrtskundiger sein. Vorschläge für ehrenamtliche Richter aus dem Kreis der Arbeitgeber werden von den Vereinigungen der Arbeitgeber und den zuständigen obersten Bundes- und Landesbehörden gemacht.

Die Organisationen der Krankenkassen bzw. der kassen(zahn)ärztlichen Vereinigungen schlagen die ehrenamtlichen Richter für das Vertragsarztrecht vor. Mit dem sozialen Entschädigungsrecht oder dem Recht der Teilhabe behinderter Menschen vertraute Personen werden von Landesversorgungsämtern oder nach Landesrecht gleichartigen Stellen vorgeschlagen. Vorschläge für Versorgungsberechtigte, behinderte Menschen und Versicherte machen Vereinigungen, die die gemeinschaftliche Interessenvertretung, Beratung und Vertretung der Leistungsempfänger nach dem Recht der sozialen Entschädigung oder der behinderten Menschen zur Aufgabe haben.

Voraussetzungen: Ehrenamtliche Richter beim Sozialgericht müssen das 25. Lebensjahr vollendet haben; beim Landessozialgericht müssen sie mindestens 30 Jahre alt und sollen mindestens fünf Jahre ehrenamtlicher Richter bei einem Sozialgericht gewesen sein. Die ehrenamtlichen Richter beim Bundessozialgericht müssen das 35. Lebensjahr vollendet haben und sollen mindestens fünf Jahre bei einem Sozial- oder Landessozialgericht tätig gewesen sein. Der ehrenamtliche Richter soll seinen Wohn- oder Betriebssitz im Bezirk des Gerichts haben oder in diesem Bezirk beschäftigt sein.

5 Ehrenamtliche Richter in der Arbeitsgerichtsbarkeit

Die Arbeitsgerichtsbarkeit ist eine besondere Zivilgerichtsbarkeit für Streitigkeiten zwischen Tarifvertragsparteien sowie Arbeitgeber und Arbeitnehmer aus dem Arbeitsverhältnis. Gerichtsverfassung und Verfahren sind im Arbeitsgerichtsgesetz (ArbGG) und ergänzend in der Zivilprozessordnung (ZPO) geregelt. Die **Berufung** der ehrenamtlichen Richter erfolgt durch das zuständige Ministerium (je nach Organisation der Landesregierung das Ressort für Arbeit oder Rechtspflege) aus Vorschlagslisten. Vorschlagsberechtigt sind Gewerkschaften, selbstständige Arbeitnehmer- und Arbeitgebervereinigungen sowie öffentlich-rechtliche Körperschaften. Das Ministerium ist an die vorgelegten Vorschlagslisten grundsätzlich gebunden und prüft nur, ob die vorgeschlagenen Personen die **Voraussetzungen** der Berufung erfüllen. Die ehrenamtlichen Richter müssen im Bezirk des jeweiligen Gerichts für Arbeitssachen, bei dem sie eingesetzt sind, wohnen oder arbeiten. Beim Arbeitsgericht müssen sie das 25., beim Landesarbeitsgericht das 30. Lebensjahr vollendet haben und mindestens fünf Jahre ehrenamtlicher Richter bei einem Arbeitsgericht gewesen sein, beim Bundesarbeitsgericht mindestens 35 Jahre alt sein, besondere Kenntnisse und Erfahrungen auf dem Gebiet des Arbeitsrechts und des Arbeitslebens besitzen und mindestens fünf Jahre ehrenamtlicher Richter eines Gerichts für Arbeitssachen sowie längere Zeit in Deutschland als Arbeitnehmer oder als Arbeitgeber tätig gewesen sein.

Ehrenamtliche Richter aus Kreisen der Arbeitnehmer müssen in einem Arbeitsverhältnis stehen. Ausnahmsweise können auch arbeitslose Personen in dieses Amt berufen werden. Auch Angestellte von Gewerkschaften oder selbstständigen Arbeitnehmervereinigungen mit sozial- oder berufspolitischer Zwecksetzung können berufen werden, ebenso Vorstandsmitglieder und Angestellte von Zusammenschlüssen von Gewerkschaften, wenn diese Personen zur Vertretung befugt sind.

Der **Einsatz** ehrenamtlicher Richter ist in allen Instanzen der Arbeitsgerichtsbarkeit vorgesehen. An den Verfahren nehmen immer je ein Vertreter der Arbeitnehmer und der Arbeitgeber teil. Da sowohl beim Arbeits- wie beim Landesarbeitsgericht jeweils nur der Vorsitzende Berufsrichter ist, haben die ehrenamtlichen Richter in zwei Instanzen die Mehrheit gegenüber dem Berufsrichter. Im Rahmen der jährlichen Geschäftsverteilung beschließt das Präsidium, welche ehrenamtlichen Richter den einzelnen Kammern zugewiesen werden.

6 Handelsrichter

Bei den Landgerichten entscheiden „Kammern für Handelssachen" über Streitigkeiten zwischen Kaufleuten. In diesen Kammern sind jeweils neben einem Berufsrichter zwei Kaufleute als „Handelsrichter" tätig. Sie bringen kaufmännisches Denken und Sachkunde in die Verfahren ein (z. B. über die gesetzlich nicht geregelten Handelsbräuche). Ihr Status ist im Gerichtsverfassungsgesetz (GVG) geregelt. Geschichtlich lässt sich das kaufmännisch-richterliche Ehrenamt bis auf das Jahr 1517 zurückverfolgen.

Die **Ernennung** der Handelsrichter erfolgt auf gutachterlichen Vorschlag der Industrie- und Handelskammern. Handelsrichter kann jeder Deutsche werden, der das 30. Lebensjahr vollendet hat und Kaufmann, Vorstandsmitglied bzw. Geschäftsführer eines (auch öffentlichen) Unternehmens oder als Prokurist in das Handels- oder Genossenschaftsregister eingetragen ist oder war. Weitere **Voraussetzung** ist, dass der Handelsrichter in dem Bezirk der Kammer für Handelssachen wohnt, in diesem Bezirk eine Handelsniederlassung hat oder einem Unternehmen angehört, das in diesem Bezirk seinen Sitz oder seine Niederlassung hat. Bei den Handelsrichtern ist es Tradition, dass sie – wie die Berufsrichter – in der Verhandlung eine Robe tragen.

7 Ehrenamtliche Landwirtschaftsrichter

In Verfahren nach dem Landwirtschaftsverfahrensgesetz (LwVfG) an den Amts- und Oberlandesgerichten sowie beim BGH kommen jeweils zwei Landwirte als ehrenamtliche Richter zum Einsatz. Im Wesentlichen entscheiden sie in Angelegenheiten des Landpachtrechts, des Grundstücksverkehrsrechts und nach dem Höferecht. Die **Berufung** der ehrenamtlichen Beisitzer beim AG und OLG nimmt der Präsident des OLG nach einer Vorschlagsliste der landwirtschaftlichen Organisationen im Zentralausschuss der Deutschen Landwirtschaft vor (vor allem Landwirtschaftskammern und Bauernverbände). Die Liste soll das Eineinhalbfache der erforderlichen Zahl ehrenamtlicher Richter enthalten. Scheidet ein ehrenamtlicher Richter nach seiner Berufung aus, kann der Präsident für die restliche Amtszeit einen neuen ehrenamtlichen Richter aus der Vorschlagsliste berufen.

Voraussetzungen für die ehrenamtlichen Richter sind die deutsche Staatsangehörigkeit, die Vollendung des 25. Lebensjahres, dass sie nicht älter als 69 Jahre sind und die Landwirtschaft in dem Bezirk des Gerichts selbstständig im Haupt- oder Nebenberuf ausüben oder ausgeübt haben.

Der **Einsatz** der ehrenamtlichen Richter erfolgt nach einer vom Vorsitzenden des Spruchkörpers vor Beginn des Geschäftsjahres aufgestellten Liste. Es wird auch eine Liste erstellt, aus der im Verhinderungsfall ein anderer ehrenamtlicher Richter herangezogen wird. Sind etwa bei einer Verhandlung in Pachtsachen beide ehrenamtlichen Richter entweder Pächter oder Verpächter, gilt der als zweiter herangezogene ehrenamtliche Richter von Gesetzes wegen als gehindert, an der Sitzung teilzunehmen. In diesem Fall zieht der Vorsitzende einen ehrenamtlichen Richter der jeweils anderen Gruppe hinzu.

8 Ehrenamtliche Richter in den Verfassungsgerichten der Länder

Die Zuständigkeiten der Landesverfassungsgerichte sind in unterschiedlichem Umfang über Verfassungsbeschwerden, Streitigkeiten zwischen den Verfassungsorganen und der Prüfung der Übereinstimmung von Landesgesetzen mit der Landesverfassung geregelt. Die Richter der Verfassungsgerichte der Länder sind generell ehrenamtlich tätig, wobei sie sich im Wesentlichen in drei Gruppen gliedern: aktive Berufsrichter, Mitglieder mit der Befähigung zum Richteramt und Mitglieder, die diese Voraussetzung nicht erfüllen müssen. In einigen Ländern wie Baden-Württemberg, Brandenburg oder Thüringen haben diese Gruppen eine Drittelparität, in anderen ist ein geringerer Anteil an Richterstellen auch Nichtjuristen zugänglich. Derzeit wird die Parität nur in Baden-Württemberg eingehalten. In Brandenburg sind seit dem Bestehen des Verfassungsgerichts 1993 nur drei Nichtjuristen in das Verfassungsgericht gewählt worden.

9 Ehrenamtliche Richter in Berufs- und Disziplinargerichten

9.1 Disziplinargerichte für Beamte

In der Verwaltungsgerichtsbarkeit bestehen Spruchkörper für Disziplinarsachen, die in der mündlichen Verhandlung in der **Besetzung** mit drei Berufs- und zwei ehrenamtlichen Richtern (Beamtenbeisitzer) verhandeln. Einer der Beamtenbeisitzer soll dem Verwaltungszweig und der Laufbahngruppe des betroffenen Beamten angehören, gegen den sich das Disziplinarverfahren richtet. Das Landesrecht kann die Besetzung beim Verwaltungsgericht abweichend regeln, z.B. Bayern mit einem Berufsrichter, zwei ehrenamtlichen Richtern. NRW sieht zwei Berufsrichter und einen Beamtenbeisitzer vor, soweit nicht der Einzelrichter entscheidet; bei besonders schwierigen Rechtssachen kann der Beamtenbeisitzer auch außerhalb der mündlichen Verhandlung mitwirken.

Die Beamtenbeisitzer müssen Beamte (auf Lebenszeit, auf Zeit, kommunale Wahlbeamte) des jeweiligen Landes sein und ihren dienstlichen Wohnsitz[23] im Zuständigkeitsbereich ihres Gerichts haben. Die Beisitzer werden aus einer Vorschlagsliste gewählt, deren Zustandekommen sich nach dem Landesrecht richtet. Zur Erstellung der Listen werden Vorschläge der Ministerien, der kommunalen Spitzenverbände und der Berufsverbände der Beamten eingeholt. Nach einigen Landesdisziplinargesetzen muss einer der Beamtenbeisitzer die Befähigung zum Richteramt haben.

9.2 Richterdienstgerichte

Für Richter bestehen spezielle Dienstgerichte für disziplinarische Verfahren. Für die Richter im **Bundesdienst** wird ein besonderer Senat des BGH gebildet, der in den meisten Verfahren abschließend entscheidet. Das Gericht verhandelt in der Besetzung mit einem Vorsitzenden, zwei ständigen Beisitzern und zwei nichtständigen Beisitzern. Der Vorsitzende und die ständigen Beisitzer müssen dem BGH, die nichtständigen Beisitzer als Richter auf Lebenszeit dem Gerichtszweig des betroffenen Richters angehören. Ehrenamtliche Richter im eigentlichen Sinn gibt es also nicht, da auch die nichtständigen Beisitzer Richter sind, die für diese Verhandlungen von ihrem regulären Dezernat freigestellt werden.

Für die Richter im **Landesdienst** werden in erster Instanz die Aufgaben durch das Richterdienstgericht, in der zweiten Instanz durch den Richterdienstgerichtshof wahrgenommen. Die Dienstgerichte entscheiden in der Besetzung mit einem Vorsitzenden und je zur Hälfte mit ständigen und nichtständigen Beisitzern. Alle Mitglieder müssen auf Lebenszeit ernannte Richter sein. Die nichtständigen Mitglieder sollen dem Gerichtszweig des betroffenen Richters angehören.

Nach Landesrecht können ehrenamtliche Richter aus der Anwaltschaft als ständige Beisitzer mitwirken, meistens im Richterdienstgerichtshof. Lediglich Baden-Württemberg und Brandenburg/Berlin[24] sehen in beiden Instanzen die Mitwirkung anwaltlicher Beisitzer im Ehrenamt vor. Die anwaltlichen ehrenamtlichen Richter bilden ein gewisses Gegengewicht zu den aus dem Richterdienst stammenden Mitgliedern des Gerichts. Damit soll sichergestellt werden, dass das beanstandete Verhalten eines Richters auch aus einer Perspektive von außen betrachtet wird.

9.3 Wehrdienstgerichtsbarkeit

Die Disziplinargerichtsbarkeit der Soldaten umfasst zwei Truppendienstgerichte und das BVerwG mit zwei Wehrdienstsenaten. Die Verfahren richten sich gegen Soldaten nach der Wehrdisziplinarordnung, bei Anträgen und Beschwerden

---

23 Dienstlicher Wohnsitz eines Beamten oder Richters ist der Ort, an dem die Behörde oder Dienststelle ihren Sitz hat.
24 Die beiden Länder haben sich auf ein gleichlautendes Landesrichtergesetz geeinigt.

von Soldaten nach der Wehrbeschwerde- und der Wehrdisziplinarordnung sowie nach dem Soldatenbeteiligungsgesetz und dem Soldatinnen- und Soldatengleichstellungsgesetz. Als ehrenamtliche Richter wirken Soldaten mit, die mit dem Alltag und den Erfordernissen des militärischen Dienstes vertraut sind.

Die **Berufung** der ehrenamtlichen Richter erfolgt bei den Truppendienstgerichten jeweils für ein Jahr und bei den Wehrdienstsenaten des BVerwG für zwei Jahre. Benannt werden sie von den Kommandeuren der Truppenteile und Leitern der militärischen Dienststellen, für die das jeweilige Truppendienstgericht zuständig ist. Die Kreiswehrersatzämter benennen die erforderliche Anzahl von Angehörigen der Reserve. Zum ehrenamtlichen Richter kann jeder Soldat oder Reservist berufen werden, der mindestens sechs Monate Wehrdienst geleistet hat, soweit er nicht von der Übernahme des Ehrenamtes ausgeschlossen ist.

Das Truppendienstgericht verhandelt in der **Besetzung** mit einem (zivilen) Berufsrichter als Vorsitzenden und zwei (militärischen) ehrenamtlichen Richtern, der Wehrdienstsenat mit drei (zivilen) Berufsrichtern und ebenfalls zwei (militärischen) ehrenamtlichen Richtern. Dabei müssen beide ehrenamtlichen Richter der Teilstreitkraft (Heer, Luftwaffe, Marine) des angeschuldigten bzw. beschwerdeführenden Soldaten angehören, davon einer aus seiner Dienstgradgruppe (sog. Kameradenbeisitzer); der andere muss grundsätzlich Stabsoffizier sein und im Dienstgrad über dem angeschuldigten oder beschwerdeführenden Soldaten stehen. Ist der von dem Verfahren Betroffene ein Reservist, muss der Kameradenbeisitzer Reservist mit dessen Dienstgradgruppe sein.

9.4 Berufsgerichte der freien Berufe

Die Berufsgerichte freier Berufe sind Disziplinargerichte einzelner Berufsstände zur Ahndung von Verletzungen standesrechtlicher Regeln oder eines Verhaltens, das dem Ansehen des Berufsstandes schadet. Sie sind in der Regel bei den ordentlichen Gerichten eingerichtet und mit Berufsrichtern und Vertretern des Berufsstandes als ehrenamtlichen (nichtständigen) Mitgliedern besetzt. Das Verfahren ist dem Strafprozess angeglichen.

Die **Anwaltsgerichtsbarkeit** fußt auf der verfassungsrechtlichen Unabhängigkeit des Rechtsanwalts gegenüber den übrigen staatlichen Gerichtsbarkeiten. Sie umfasst das Anwaltsgericht (für Disziplinarangelegenheiten), den Anwaltsgerichtshof beim OLG und den Anwaltssenat des BGH.

Das Anwaltsgericht besteht ausschließlich aus Anwälten, die der Rechtsanwaltskammer für den Bezirk des Anwaltsgerichts angehören. Dem Anwaltsgerichts*hof* beim jeweiligen OLG gehören drei Anwälte und zwei Berufsrichter an; den Vorsitz hat ein Anwalt. Er entscheidet über Rechtsmittel gegen Urteile des Anwaltsgerichts und erstinstanzlich über verwaltungsrechtliche Anwaltssachen.

Der Anwaltssenat des BGH besteht aus fünf Richtern, davon zwei Anwälte und drei Berufsrichter. Vorsitzender ist der Präsident des BGH. Der Senat entscheidet in zweiter Instanz vor allem über Berufungen gegen Urteile des Anwaltsgerichtshofes, in erster und letzter Instanz über Entscheidungen des Bundesministeriums der Justiz und der Rechtsanwaltskammer beim BGH sowie über die Nichtigkeit von Wahlen und Beschlüssen der Bundesrechtsanwaltskammer und der Rechtsanwaltskammer beim BGH.

Als Disziplinargerichte für **Notare** sind im ersten Rechtszug das OLG und im zweiten Rechtszug der BGH zuständig. Das OLG entscheidet in Disziplinarsachen in der Besetzung mit dem Vorsitzenden, einem Beisitzer, der planmäßig angestellter Richter ist, sowie einem Notar als Beisitzer. Die Beisitzer aus den Reihen der Notare werden von der Landesjustizverwaltung ernannt. Sie müssen im Zuständigkeitsbereich des Disziplinargerichts als Notare bestellt sein. Sie werden einer Vorschlagsliste entnommen, die der Vorstand der Notarkammer der Landesjustizverwaltung einreicht. Zum Beisitzer kann nur ein Notar ernannt werden, der das 35. Lebensjahr vollendet hat und seit mindestens fünf Jahren ohne Unterbrechung als Notar tätig ist.

Das berufsgerichtliche Verfahren für die **Heilberufe** richtet sich nach den Gesetzen der einzelnen Länder. Die Berufsgerichte sind zuständig für die Ahndung von Verstößen gegen Berufspflichten der Ärzte, Zahnärzte, Tierärzte, Apotheker, psychologischen Psychotherapeuten sowie der Kinder- und Jugendlichen-Psychotherapeuten. Zumeist sind die Berufsgerichte bei den Verwaltungsgerichten angegliedert. In Baden-Württemberg, Niedersachsen und im Saarland sind die Berufsgerichte selbstständige Spruchkörper, die den Kammern angegliedert sind. Die Berufsgerichte sind in der Regel mit einem (in Berlin mit zwei) Berufs- und zwei ehrenamtlichen Richtern aus dem Beruf des Beschuldigten besetzt. Ehrenamtlicher Beisitzer kann werden, wer Mitglied der jeweiligen Kammer ist.

Das Berufsgericht für **Architekten und Stadtplaner** verhandelt in Kammern, die mit einem Berufsrichter als Vorsitzenden und zwei Mitgliedern der Architektenkammer als ehrenamtlichen Beisitzern besetzt sind. Ein Beisitzer soll der Fachrichtung des Beschuldigten angehören und seinen Beruf in derselben Tätigkeitsart wie der Beschuldigte ausüben. Das Berufsgericht für **beratende Ingenieure** sowie Ingenieure im Bauwesen verhandelt in Kammern mit einem Berufsrichter als Vorsitzenden und zwei Mitgliedern der Ingenieurkammer-Bau als ehrenamtlichen Beisitzern. Ein Beisitzer soll der Fachrichtung des Beschuldigten angehören und seinen Beruf in derselben Tätigkeitsart wie der Beschuldigte ausüben.

In berufsgerichtlichen Verfahren gegen **Wirtschaftsprüfer** entscheidet im ersten Rechtszug eine Kammer des Landgerichts, in dessen Bezirk die Wirtschaftsprüferkammer ihren Sitz hat. In der Hauptverhandlung ist sie mit dem Vorsitzenden und zwei Berufsangehörigen als Beisitzern besetzt. Im zweiten Rechtszug entscheidet ein Senat des OLG in der Hauptverhandlung mit drei Berufsrichtern und zwei Berufsangehörigen. Im dritten Rechtszug entscheidet ein Senat des BGH in der Besetzung mit einem Vorsitzenden, zwei Richtern des BGH und zwei Berufsangehörigen als Beisitzern. Die ehrenamtlichen Richter werden für den ersten und zweiten Rechtszug von der Landesjustizverwaltung berufen, für den BGH vom Bundesministerium der Justiz. Sie werden Vorschlagslisten entnommen, die der Vorstand der Wirtschaftsprüferkammer im Einvernehmen mit der Aufsichtsstelle der Landesjustizverwaltung für die Gerichte des ersten und zweiten Rechtszuges und dem Bundesministerium der Justiz für den BGH einreicht.

In berufsgerichtlichen Verfahren der **Steuerberater und -bevollmächtigten** entscheidet in der Hauptverhandlung im ersten Rechtszug eine Kammer des Landgerichts mit dem Vorsitzenden und zwei Beisitzern, im zweiten Rechtszug ein Senat des OLG mit drei Mitgliedern einschließlich des Vorsitzenden und zwei Beisitzern sowie im dritten Rechtszug ein Senat des BGH, bestehend aus einem Vorsitzenden, zwei Mitgliedern des BGH und zwei Beisitzern. Die ehrenamtlichen Beisitzer müssen Steuerberater bzw. -bevollmächtigte sein. Die ehrenamtlichen Richter werden für die Gerichte des ersten und zweiten Rechtszugs von der Landesjustizverwaltung aus Vorschlagslisten der Vorstände der Steuerberaterkammern ernannt. Die ehrenamtlichen Richter beim BGH ernennt das für Justiz zuständige Bundesministerium.

TEIL A

KAPITEL 3

Das Schöffenamt

1 Geschichte der Schöffen

Historisch war im Laufe der Kulturentwicklung das Volk an Entstehung und Anwendung des Rechts beteiligt. Mit dem Aufkommen des geschriebenen Rechts wurde es zum Gegenstand wissenschaftlicher Betrachtung und berufsmäßiger Pflege von Juristen. Am Anfang dieser Entwicklung handelte es sich nicht so sehr um neu geschaffene Rechtssätze, sondern um die systematisierte Zusammenfassung von überliefertem Gewohnheitsrecht, wie z.B. den germanischen Stammesrechten. Die Übernahme des römischen Rechts in Kontinentaleuropa bildet die Quelle des wissenschaftlichen Juristenrechts. Dieses ist – so *Georg Beseler*[25] – zwar ein geschichtliches Faktum, das aber deswegen nicht aufhöre, ein Volksrecht, d.h. ein von der Überzeugung des Volkes getragenes Recht zu sein. Recht ist also immer sowohl in seiner Entstehung als in seiner Ausübung durch Rechtsprechung eine Angelegenheit der Bevölkerung. Deshalb bindet Art. 20 Abs. 2 GG jede Staatsgewalt – auch die dritte – an die Legitimation durch das Volk. Recht ist im ursprünglichen Sinne politisch.[26]

1.1 Volksgerichte in der germanischen Zeit bis zum Ende des Mittelalters

(a) In der Zeit zwischen ca. 100 v. Z. bis 500 n. Z. war bei den germanischen Stämmen die Rechtsprechung Angelegenheit des Volkes. Im **Thing** (Versammlung, Ding) wurde über Krieg und Frieden beraten sowie über Rechtsstreitigkeiten entschieden. Das Thing ist typisch für das Gerichtswesen der germanischen Stämme und basierte auf einer Versammlung aller freien[27], waffentragenden Männer (sog. Umstand).[28] Getagt wurde unter freiem Himmel an Thingstätten,

---

25 *Georg Beseler,* Volksrecht und Juristenrecht, Leipzig 1843, S. 299. Mit dieser Schrift stellte sich Beseler gegen die sog. historische Rechtsschule (Hauptvertreter: *Friedrich Carl von Savigny*) und deren Dogma, allein der Jurist könne rechtsschöpfend tätig sein. Beseler widerlegte diese Lehre durch den Gedanken des Volksrechts in Form der Genossenschaftslehre.
26 Von altgriech., *politiká* = alles, was das Gemeinwesen – die Polis – betrifft.
27 Nach damaligem Verständnis galt derjenige als frei, der voll rechts- und waffenfähig war und bei der Regelung der öffentlichen, die Allgemeinheit betreffenden Belange mitwirken durfte.
28 Ausführlich zur Geschichte der Volksgerichte und der Schöffen: *Friederike Charlotte Grube,* Richter ohne Robe, Frankfurt/M. 2005.

die landschaftliche Besonderheiten aufwiesen. Der „Richter" leitete die Verhandlung und erfragte das Urteil von einem Thinggenossen. Diesem Urteilsvorschlag konnte ein anderer Vorschlag entgegengesetzt werden. Die gesamte Gerichtsversammlung musste einem Urteilsvorschlag zustimmen (sog. Vollbort), damit das Urteil Rechtskraft erlangte.

(b) Etwa im 6. Jahrhundert setzte eine Entwicklung ein, wonach die Befugnis zum Urteilsvorschlag auf ein Gremium angesehener und erfahrener Männer – sog. **Rachinburgen** (Rachinbürgen, Ratbürgen) – überging, die für jede Gerichtsversammlung neu bestimmt wurden (z. B. in der Lex Salica, 507 bis 511 verfasst).[29] Ihr Urteilsvorschlag bedurfte weiterhin der Akzeptanz aller Thinggenossen.

Zwischen 770 und 780 griff *Karl der Große* diese Entwicklung auf und führte eine Reform des Gerichtswesens durch, die vor allem zur Entlastung der thingpflichtigen Freien beitragen sollte. Die „echten" Thinge, an denen alle Freien der Gerichtsgemeinde anwesend sein mussten, wurden auf drei Sitzungen pro Jahr beschränkt. Daran hatten auch sieben Schöffen **(scabini)** teilzunehmen, die das Urteil vorschlagen mussten. Zur Rechtskraft bedurfte es der Zustimmung der Gerichtsversammlung. Zu den „gebotenen" Thingen, die nur bei Bedarf stattfanden, mussten die Thingpflichtigen nicht mehr erscheinen. Zur ordnungsgemäßen Besetzung des Gerichts waren die sieben Schöffen erforderlich, die auf Lebenszeit bestellt und nunmehr allein für die Urteilsfindung zuständig waren. Die Schöffen waren mit dem Recht vertraut, von einwandfreiem Charakter und wirtschaftlich unabhängig (Grundbesitzer, städtische Bürger, Adlige).[30] Die Funktionsteilung zwischen prozessleitendem Richter und urteilenden Schöffen blieb erhalten. Damit entstand ein institutionalisiertes Kollegialgericht mit amtlich bestellten Schöffen.

Neben diesen Volksgerichten gab es **Königsgerichte** am jeweiligen Aufenthaltsort des Königs, die grundsätzlich Rechtsstreitigkeiten gegen höhergestellte Personen entscheiden konnten; als „zweite Instanz" wurden sie bei Rechtsverweigerung oder -verzögerung der Volksgerichte, gelegentlich auch bei Urteilsschelte tätig. Richter war der König selbst, der jede nicht erledigte Sache an sich ziehen konnte; die am Hof lebenden Freien bildeten den Umstand.

(c) Das Recht des Reiches im Hochmittelalter war durch eine starke Zersplitterung in den einzelnen Ländern, Städten, in Zünften, Gilden, Universitäten und an den Höfen geprägt, die sich sowohl in unterschiedlichem materiellen Recht (Erbrecht, Lehnsrecht usw.) als auch der Besetzung der Gerichte (sieben, zwölf oder jeweils die doppelte Zahl an Schöffen je nach den örtlichen Besonderheiten)

---

29 G. v. Olberg, Rachinbürgen, in: Handwörterbuch zur deutschen Rechtsgeschichte, Bd. 4, Berlin 1990, Sp. 127.
30 Beispiele bei: F. Battenberg, Schöffen, Schöffengericht, in: Handwörterbuch zur deutschen Rechtsgeschichte, Bd. 4, Berlin 1990, Sp. 1463, 1465.

niederschlug. Wissen und Bewusstsein über Recht wurden mündlich überliefert; schriftliche Rechtsquellen gab es kaum. Seit dem 13. Jahrhundert zeichneten erste **Rechtsbücher** das Gewohnheitsrecht einzelner Gebiete auf, z. B. der Sachsen-, Deutschen-, Schwaben- und Frankenspiegel – und formulierten auch Anforderungen an das Schöffenamt. Bei der Urteilsfindung war es somit möglich, sich an Rechtsbüchern und -aufzeichnungen zu orientieren. Das berühmteste deutschsprachige Rechtsbuch ist der **Sachsenspiegel** (1220/35), in dem *Eike von Repgow* als rechtskundiger Freier das in seiner Heimat angewandte Recht und die Gerichtspraxis „spiegelt".[31] Danach gehörte die Fähigkeit, das Schöffenamt auszuüben, zum Standesrecht der „schöffenbar" freien Grundeigentümer. **Schöffenbarfreie** mussten ein Stammgut von mindestens drei Hufen Land besitzen und konnten das Schöffenamt vererben.[32] Auch der Sachsenspiegel unterschied noch zwischen echtem und gebotenem Thing; die Aufgaben zwischen Richter und urteilenden Schöffen waren weiterhin getrennt. Der Sachsenspiegel fand weite Verbreitung in den Niederlanden, wanderte mit den deutschen Siedlern in den Magdeburger, Breslauer und Krakauer Raum und wurde Grundlage für dort neu entstehende Rechtsbücher.

Bedeutung entfalteten aufgrund der Entstehung von Stadtrechten die sog. **Schöffenstühle** (Schöppenstühle).[33] In Städten, die ihr Recht von den Mutterstädten ableiteten, konnten sich Schöffen in Zweifelsfragen an den Schöffenstuhl ihrer Mutterstadt als Oberhof wenden, der über eine größere Erfahrung in der Anwendung des Stadtrechts verfügte. Die Rechtsprechung der Schöffenstühle orientierte sich insbesondere an Sammlungen von Rechtssprüchen der Schöffen, die von Stadtschreibern angelegt wurden.

(d) Ende des 13. Jahrhunderts entstanden aus den westfälischen Freigrafengerichten besondere **Femegerichte** (Feme, Veme = Strafe) für schwere Delikte. Femegerichte breiteten sich im ganzen Reich aus und stellten eine echte Beteiligung des (freien) Volkes dar. Unmittelbar dem König unterstellt, beanspruchten sie Kompetenz für das ganze Reichsgebiet. Sie tagten mit einem Freigrafen (Inhaber des Freistuhls) und sieben Freischöffen mit gutem Leumund. Standesunterschiede spielten keine Rolle; sowohl Adelige als auch Bauern (in Westfalen gab es ein starkes freies Bauerntum) konnten zum Schöffenamt zugelassen werden. Jeder Schöffe konnte Anklage vor dem Femegericht erheben, wenn er Kenntnis von einer Straftat erlangt hatte, am Urteil mitwirken und anschließend das Urteil vollstrecken. Angehörige der Femegerichte wurden in feierlicher Form in die Geheimnisse der Feme eingeweiht und bildeten eine Art Geheimbund der „Wis-

---

31 *G. v. Olberg,* Schöffenbarfreie, in: Handwörterbuch zur deutschen Rechtsgeschichte, Bd. 4, Berlin 1990, Sp. 1469; *Adolf Laufs,* Rechtsentwicklungen in Deutschland, 6. Aufl., Berlin 2006, S. 1.
32 *Heinrich Mitteis,* Deutsche Rechtsgeschichte, 19. Aufl., München 1992, S. 215.
33 *F. Battenberg,* Schöffenstuhl, in: Handwörterbuch zur deutschen Rechtsgeschichte, Bd. 4, Berlin 1990, Sp. 1474, 1477.

senden". Neben dem offenen (echten) und heimlichen (gebotenen) Thing konnte sogar ein mit drei Schöffen besetztes „Notgericht" im Eilverfahren Verbrecher am Tatort verurteilen und sofort durch den Strang hinrichten. Zunächst als wirksames Instrument der Verbrechensbekämpfung eingesetzt, ging der Einfluss der Femegerichte im 15. Jahrhundert merklich zurück.

(e) Die formalen Beweisregeln des alten Anklageprozesses waren Eid bzw. Eideshilfe oder Gottesurteil. Im Spätmittelalter rückte die Erforschung der materiellen Wahrheit durch das Gericht mehr und mehr in den Mittelpunkt. In diesem sog. **Inquisitionsprozess** (lat., inquirire = befragen, untersuchen) traten an die Stelle der Eideshelfer Zeugen, die eigene Wahrnehmungen bekundeten, sowie das Geständnis des Angeklagten. Das Geständnis als „sicherster Beweis" wurde häufig in einem Vorverfahren durch die Folter erzwungen. Falls der Angeklagte ein abgelegtes Geständnis im öffentlichen Verfahren vor dem Volk („endlicher Rechtstag") widerrief, mussten zwei Schöffen das Geständnis bestätigen. Dieser neue Strafprozess sorgte damit für einen Bedeutungsverlust der Schöffen. Zugleich wurde eine stärkere Differenzierung zwischen Zivil- und Strafprozess bewirkt.

1.2 Schöffengerichte vom Beginn der Neuzeit bis zum Ende des Absolutismus

Die zunehmenden Handelsbeziehungen in Europa, das Fehlen einer starken Zentralgewalt, die ein einheitliches Recht schaffen konnte, und die Bewunderung der Antike (Renaissance) führten zu einer **Rezeption** (Übernahme) des römischen Rechts. Diese bewirkte einen tiefen Einschnitt in der Rechtskultur und der Beteiligung des Volkes an der Rechtsprechung. An die Stelle der Richter aus dem Volk traten rechtsgelehrte Juristen von den italienischen Universitäten, die die Urteilsfindung maßgeblich bestimmten. Das schriftliche Verfahren setzte voraus, dass die Richter lesen und schreiben konnten. Diese Fähigkeit fehlte den meisten Schöffen. Zunächst noch von Nutzen, weil die Richter mit dem lokalen Recht nicht vertraut waren, wurden sie nach und nach durch rechtsgelehrte, beamtete Richter ersetzt. Das fremde Recht verursachte eine tiefe Kluft zwischen den Juristen und dem Volk, das die meisten Regelungen nicht verstand. Während des Bauernkrieges (1523/25) forderten die Bauern, die „doctores" aus den Gerichten zu verbannen und das fremde Recht zu beseitigen.

Der Geist der Rezeption beschleunigte auch die Reform des Strafprozesses mit der „Peinlichen Halsgerichtsordnung" Kaiser *Karls V.* von 1532, lateinisch als „Constitutio Criminalis Carolina" (abgekürzt: Carolina oder CCC) bezeichnet. In dem nunmehr gesetzlich geregelten **Inquisitionsprozess** wurden Schöffen wiederum zu Gerichtszeugen degradiert, die den Verlauf der Voruntersuchung (z.B. die Folter) zu beurkunden hatten. Die Stellung des Richters wurde weiter gestärkt, indem dieser nicht mehr nur die Verhandlung leitete, sondern stimmberechtigtes Mitglied im Kollegialgericht wurde. Die Carolina sah ausdrücklich das Institut der Aktenversendung vor. Wenn ungelehrten Richtern und Schöffen die erforderlichen Rechtskenntnisse fehlten, wurden die Akten mit der Bitte um

Rechtsbelehrung an ein Kollegium von geschulten Juristen an den Höfen, juristischen Fakultäten oder den Schöffenstühlen geschickt. Die Ratsuchenden bekamen die Rechtsauskunft zunächst in Form von Gutachten, später als Urteil, das nur noch formell zu verkünden war. Da die Richter als Beamte von ihren Landesherren abhängig waren, konnten die Fürsten Recht und Gericht als Instrumente der Machtausübung missbrauchen und Einfluss auf die Rechtsprechung nehmen. Der Absolutismus beseitigte im 17. Jahrhundert die letzten Schöffengerichte; bis ins 19. Jahrhundert hinein regierte der Wille des Monarchen die Gerichte.

1.3 Schöffen- und Schwurgerichte in der bürgerlichen Freiheitsbewegung

(a) Die demokratischen Bewegungen des 18. und 19. Jahrhunderts hatten zur Begrenzung der Macht beamteter, d.h. weisungsunterworfener Richter die Beteiligung des Volkes an der Rechtsprechung auf ihre Fahnen geschrieben. Die Forderungen beschränkten sich nicht allein auf das Strafrecht, fanden hier aber ihre deutlichste politische Ausprägung. Neben der Laienbeteiligung konzentrierten sich die Forderungen nach einem demokratischen Prozess auf die Einführung der Mündlichkeit und Öffentlichkeit der Verhandlung, das Prinzip der freien Beweiswürdigung sowie die Trennung von Richterfunktion und Anklagebehörde durch die Bildung von Staatsanwaltschaften. Der Kampf um die Mitwirkung des Volkes an der Strafjustiz war also immer verbunden mit dem politischen Kampf um Bürgerrechte und gegen die Willkür landesherrlicher Justiz. 1791 wurden in Frankreich das Schwurgericht und die Anklage durch die Staatsanwaltschaft durchgesetzt. In England war schon 1215 mit der „Magna Charta Libertatum" die Macht des Königs vertraglich begrenzt und die Beteiligung der Freien an der Gerichtsbarkeit eingeführt worden. Diese vom Kontinent abgekoppelte Entwicklung ist auch heute noch in Großbritannien zu spüren; ehrenamtliche Magistrates bearbeiten dort rund 80 bis 90 % der Strafverfahren.

(b) Mit der **Paulskirchenverfassung** von 1849 war die Beteiligung des Volkes an der Rechtsprechung erstmals in Deutschland verfassungsrechtlich erkämpft worden.[34] Die Verfassung für den preußischen Staat vom 31. Januar 1850 übernahm diese Garantie.[35] Die folgenden Jahrzehnte waren rechtspolitisch von der Frage beherrscht, ob die Beteiligung in Form der Schwur- oder Schöffengerichte erfolgen sollte. Die „Amtliche Denkschrift über die Schöffengerichte" von 1873 formulierte, „daß kein Strafurtheil ohne die Mitwirkung von Laien gefällt werden kann".[36] Fast alle deutschen Staaten übernahmen in der Folge die Volksbeteiligung in der Strafrechtspflege.

---

[34] Verfassung des Deutschen Reiches vom 28.03.1849, Art. 143 (Zuständigkeit der Schwurgerichte für Preßvergehen), Art. 179 (Zuständigkeit der Schwurgerichte in schwereren Strafsachen und bei allen politischen Vergehen).
[35] Verfassungs-Urkunde für den Preußischen Staat, Art. 94.
[36] In: Archiv für gemeines deutsches und für preußisches Strafrecht 21 (1873), S. 40, 42.

(c) Das **Gerichtsverfassungsgesetz** vom 27. Januar 1877, das am 1. Oktober 1879 einheitlich für das Deutsche Reich in Kraft trat, entschied sich für ein Nebeneinander beider Formen, sodass es sowohl das klassische Schwurgericht gab, in dem zwölf Geschworene über die Schuldfrage und drei Berufsrichter über das Strafmaß entschieden, als auch das Schöffengericht am Amtsgericht für Fälle der leichteren Kriminalität in der Besetzung mit einem Berufsrichter und zwei Schöffen, die alle Fragen gemeinsam zu entscheiden hatten.[37] Die Zuständigkeit des Schwurgerichts erstreckte sich auf alle Verbrechen, die nicht ausdrücklich einer Strafkammer zugewiesen waren. Die (nur mit Berufsrichtern besetzten) Strafkammern befassten sich mit schwereren Vergehen, die mit mehr als drei Monaten Freiheitsstrafe bedroht waren, und den ihnen ausdrücklich zugewiesenen Verbrechen (bei denen es sich im Wesentlichen um solche mit einer Höchststrafe von fünf Jahren handelte). Die Schöffengerichte bei den Amtsgerichten waren mit Übertretungen (heute Ordnungswidrigkeiten) und Vergehen befasst, für die nicht mehr als drei Monate Freiheitsstrafe drohten.

(d) Für das periodisch tagende echte **Schwurgericht** wurden aus einer „Spruchliste" mit 30 Hauptgeschworenen für jede Hauptverhandlung zwölf Geschworene durch Los bestimmt. Anklage wie Verteidigung durften jeweils eine bestimmte Anzahl ausgeloster Geschworener ohne Angabe von Gründen ablehnen. In der Beweisaufnahme beschränkte sich die Beteiligung der Geschworenen auf das Fragerecht. Der Umfang der Beweisaufnahme wurde durch den Vorsitzenden bzw. die Berufsrichter entschieden. Nach Schluss der Beweisaufnahme richteten die Berufsrichter Haupt-, Hilfs- und Nebenfragen an die Geschworenen. Danach erfolgten die auf die Schuldfrage beschränkten Plädoyers; schließlich belehrte der Vorsitzende die Geschworenen über die Rechtslage und die Geschworenen begaben sich mit den schriftlich abgefassten Fragen in Klausur.

Die Hauptfragen lauteten z. B.: „Ist der Angeklagte schuldig, am 12.12.1912 in Musterstadt einen anderen Menschen, nämlich G., getötet zu haben, ohne Mörder zu sein?" Diese Fragen mussten die Geschworenen mit „Ja" oder „Nein" beantworten; die gesetzlich vorgesehene Mehrheit entschied. Eine Begründung war für die Entscheidung nicht erforderlich. In der Folge schlossen sich im Falle eines Schuldspruchs die erneuten Plädoyers und das Urteil des Gerichts zum Strafmaß an.

Notwendigerweise waren die Urteilsgründe in Schwurgerichtssachen stark reduziert und die Entscheidung einer Überprüfung im Revisionsverfahren im Wesentlichen entzogen, da der einer Entscheidung der Geschworenen zugrunde liegende Sachverhalt wie auch Beweiswürdigung und rechtliche Würdigung dem Gericht unbekannt blieben. Stattdessen wurde der „Wahrspruch" der Geschworenen dem Urteil, das sich damit vorrangig auf die Strafzumessungserwägungen beschränkte, beigefügt. Die Revision war folgerichtig fast ausschließlich auf Ver-

---

37 RGBl 1877, S. 41 (§ 26 GVG Schöffengerichte, § 81 Schwurgerichte).

fahrensrügen beschränkt. Ein Gegengewicht dazu ergab sich daraus, dass die Berufsrichter einstimmig zu dem Schluss gelangen konnten, dass sich die Geschworenen zum Nachteil des Angeklagten geirrt hätten. Dann konnte die Sache – ohne jede Begründung! – an das nächste Schwurgericht verwiesen werden; eine solche Entscheidung war jedoch nur einmal möglich.

1.4 Schöffen- und Schwurgerichte im 20. Jahrhundert

(a) Nicht alle Bevölkerungsschichten hatten (faktisch oder rechtlich) gleichen Zugang zum Schöffenamt. Eine Entschädigung war bis 1913 nicht vorgesehen, sodass die Beteiligung der **Arbeiter** gering blieb.[38] Man wollte die Last der ehrenamtlichen Tätigkeit denen ersparen, die sie sich am wenigsten leisten konnten. Ab 1913 gab es als Entschädigung lediglich ein Tagegeld in Höhe von fünf Mark.[39] Erst 1922 wurde eine gesetzliche **Entschädigung** für Verdienstausfall eingeführt, um möglichst viele Bürger an der Rechtsprechung zu beteiligen und nicht nur vermögende.[40]

(b) Nach Gründung der Weimarer Republik 1918 lebte die Diskussion über die Gerichtsverfassung und die Beteiligung des Volkes wieder auf. Insbesondere die Diskriminierung eines wesentlichen Teils der Bevölkerung wurde beseitigt. 1922 wurden **Frauen** als Schöffinnen und Geschworene zugelassen[41] – kurz bevor auch ihre Zulassung zum Richteramt und zu anderen juristischen Berufen gesetzlich geregelt wurde.

Das Schwurgericht in der Weimarer Republik kämpfte aufgrund der national-konservativen Einstellung vieler Geschworener mit Problemen; Geschworene wurden für politisch motivierte Fehlurteile verantwortlich gemacht.[42] In seinem „Merkblatt für Geschworene" appellierte *Kurt Tucholsky* 1929 an die Unabhängigkeit und Unvoreingenommenheit der Geschworenen, auch gegenüber dem Richter („Laß' dir vom Richter nicht imponieren") und den eigenen Anschauungen.

---

38 Beispiel für die Zusammensetzung des Schwurgerichts in Bartenstein (Ostpreußen) für die Sitzungsperiode ab 04.07.1921: zehn Rittergutsbesitzer, ein Rittergutspächter, vier Gutsbesitzer, ein Mühlenbesitzer, ein Fabrikbesitzer, ein Administrator, ein Majoratsbesitzer, ein Stadtgutsbesitzer, ein Oberinspektor, fünf Grundbesitzer, zwei Kaufleute, ein Stellmachermeister, zitiert in: *Erich Kuttner,* Warum versagt die Justiz?, Berlin 1921, S. 31, http://nbn-resolving.de/urn:nbn:de:101:1-2012092312906.
39 Gesetz, betreffend die Entschädigung der Schöffen und Geschworenen, vom 29.07.1913, RGBl 1913, S. 617; Bekanntmachung, betreffend die Tagegelder und Reisekosten der Schöffen und Geschworenen, vom 02.08.1913, RGBl 1913, S. 618.
40 Gesetz über die Entschädigung der Schöffen, Geschworenen und Vertrauenspersonen, vom 04.07.1922, RGBl I 1922, S. 561.
41 Gesetz über die Heranziehung der Frauen zum Schöffen- und Geschworenenamte, vom 25.04.1922, RGBl I 1922, S. 465.
42 Vgl. *Günther Hadding,* Schwurgerichte in Deutschland, Kassel 1974, S. 73.

1924 wurde das traditionelle Schwurgericht durch Notverordnung[43] des Reichsjustizministers *Erich Emminger* – vorrangig aus finanziellen Gründen – abgeschafft. Initiativen im Ermächtigungsausschuss auf die Beibehaltung fanden ebenso wenig eine Mehrheit wie spätere Versuche, das Schwurgericht wieder einzuführen. Aus dem Schwurgericht wurde eine Große Strafkammer, die den Namen „Schwurgericht" beibehielt. Drei Berufsrichter und sechs Geschworene hatten nun gemeinsam – mit einer Zwei-Drittel-Mehrheit – über Schuld und Strafe zu entscheiden. Dies sicherte den Einfluss der Geschworenen in den Strafkammern, die eine Verurteilung gegen die Stimmen der Berufsrichter durchsetzen konnten. Die gemeinsame Entscheidung ermöglichte eine Begründung des Urteils, das in der nächsten Instanz überprüft werden konnte.

Die Zuständigkeit des Schwurgerichts beschränkte sich nunmehr im Wesentlichen auf Tötungsdelikte, ergänzt um Hoch- und Landesverrat, Parlamentssprengung (d. h. gewaltsame Auflösung des Parlaments), Meineid, Richterbestechung, Rechtsbeugung und unzulässige Strafvollstreckung. Daneben gab es mit zwei Schöffen besetzte Schöffengerichte sowie Strafkammern für Berufungen gegen Urteile des Amtsgerichts und des Schöffengerichts. Gleichzeitig wurde mit der Verordnung der Einzelrichter (Strafrichter) beim Amtsgericht eingeführt, der heute über 90 % der Strafverfahren beim Amtsgericht erledigt.

Schwurgerichte waren insbesondere autoritären Systemen ein Dorn im Auge. In Spanien, Italien und Portugal haben die faschistischen Regierungen ab den 1920er-Jahren als jeweils erste justizpolitische Maßnahme die Jury im Schwurgericht beseitigt. Wo einmal das klassische Schwurgericht abgeschafft war, ist man später nicht mehr zu ihm zurückgekehrt.

(c) Die Nationalsozialisten tauschten bereits unmittelbar nach der „Machtergreifung" 1933 die Schöffen aus[44] und beseitigten am 1. September 1939, dem Tag des Überfalls auf Polen, „kriegsbedingt" die Schöffenbeteiligung vollständig – mit Ausnahme der beim Volksgerichtshof.[45] Dem gehörten nur handverlesene linientreue NSDAP-Mitglieder mit der Bezeichnung „Volksrichter" an. Der Widerstand des 20. Juli hielt bewusst an der Beteiligung des Volkes fest, wie sich aus dem Entwurf der Regierungserklärung *Carl Friedrich Goerdelers* ergibt: „Um das Vertrauen des Volkes in die Rechtspflege wiederherzustellen, werden Laien bei der Urteilsfindung in allen Strafsachen mitwirken."[46]

---

43 Verordnung über Gerichtsverfassung und Strafrechtspflege, vom 04.01.1924, RGBl I 1924, S. 15.
44 Gesetz über die Neuwahl der Schöffen, Geschworenen und Handelsrichter, vom 07.04.1933, RGBl I 1933, S. 188.
45 Verordnung über Maßnahmen auf dem Gebiete der Gerichtsverfassung und der Rechtspflege, vom 01.09.1939, RGBl I 1939, S. 1658.
46 Gedenkstätte Deutscher Widerstand (Hrsg.), Erklärung der Regierung Beck/Goerdeler, Entwurf, Sommer 1944, Berlin 2008, www.gdw-berlin.de/fileadmin/themen/b13/pdf/13_3_Faksimile_d.pdf.

(d) Nach Kriegsende wurde die rechtsstaatlich-demokratische Beteiligung der Bevölkerung an der Rechtsprechung wieder aufgegriffen. Die Änderungen des Gerichtsverfassungsgesetzes in der Bundesrepublik mit dem „Gesetz zur Wiederherstellung der Rechtseinheit auf dem Gebiete der Gerichtsverfassung, der bürgerlichen Rechtspflege, des Strafverfahrens und des Kostenrechts" vom 12. September 1950[47] geht im Wesentlichen auf das GVG von 1924[48] zurück und übernahm das reine Schöffensystem der Emminger-Verordnung. Damit wurde auch die kurze Nachkriegsepisode des klassischen Schwurgerichts in Bayern beendet.[49] Die Großen Strafkammern waren erstinstanzlich wieder mit drei Berufsrichtern und zwei Schöffen zuständig.

Nach 1945 wurde die Laienbeteiligung in zahlreiche Landesverfassungen aufgenommen, z. B. Art. 72 Abs. 2 der Verfassung für das Land Nordrhein-Westfalen: „An der Rechtsprechung sind Männer und Frauen aus dem Volke nach Maßgabe der Gesetze zu beteiligen."

(e) Seit den 1970er-Jahren haben alle Justizreformen – ohne es je auszusprechen – kontinuierlich eine Reduzierung der Beteiligung der Schöffen bewirkt. Das „Erste Gesetz zur Reform des Strafverfahrensrechts" (1. StVRG) vom 9. Dezember 1974[50] gestaltete das alte Schwurgericht in seiner seit 1924 bestehenden Besetzung mit sechs Geschworenen in eine normale Große Strafkammer mit zwei Schöffen um. Die Begründung für diese Reduzierung lautete, dass das Argument überholt sei, zahlreiche Geschworene schafften ein wirksames Gegengewicht gegen abhängige richterliche Beamte.[51] Tatsächlich war jetzt die Möglichkeit beseitigt, dass die Schöffen eine Verurteilung gegen die Berufsrichter durchsetzen konnten, da sie die erforderliche Zwei-Drittel-Mehrheit verloren hatten. Im 1. StVRG wurden zahlreiche Vorschriften über die Schöffen geändert (z. B. Herabsetzung des Mindestalters auf 25 Jahre, Höchstaltersgrenze von 70 Jahren, Verlängerung der Amtsperiode auf vier Jahre). Bereits 1972 wurde die einheitliche Bezeichnung „Schöffe" für die ehrenamtlichen Richter in der Strafgerichtsbarkeit eingeführt.[52]

Das Rechtspflegeentlastungsgesetz von 1993[53] erweiterte die Zuständigkeit des Einzelrichters auf Freiheitsstrafen bis zu zwei Jahren (vorher ein Jahr), sodass schlagartig die Zahl der Verfahren mit Schöffenbeteiligung an den Amtsgerichten

---

47 BGBl 1950, S. 455.
48 Bekanntmachung der Texte des Gerichtsverfassungsgesetzes und der Strafprozeßordnung, vom 22.03.1924, RGBl I 1924, S. 299.
49 Vgl. Bundesminister der Justiz *Dr. Thomas Dehler*, BT-PlPr. 1/43 vom 01.03.1950, S. 1435A, dipbt.bundestag.de/doc/btp/01/01043.pdf.
50 1. StVRG, BGBl I 1974, S. 3393, 3404.
51 BT-Drs. 7/551 vom 02.05.1973, S. 54, dipbt.bundestag.de/doc/btd/07/005/0700551.pdf.
52 Gesetz zur Änderung der Bezeichnungen der Richter und ehrenamtlichen Richter und der Präsidialverfassung der Gerichte, vom 26.05.1972, BGBl I 1972, S. 841.
53 Gesetz zur Entlastung der Rechtspflege, vom 11.01.1993, BGBl I 1993. S. 50.

bundesweit um 50% zurückging.⁵⁴ Gleichzeitig wurde die Strafgewalt des Amtsgerichts von drei auf vier Jahre Freiheitsstrafe erhöht und die Kleine Strafkammer für alle Berufungen gegen die Urteile des Amtsgerichts (Strafrichter und Schöffengericht) zuständig. Damit verfügen in beiden Tatsacheninstanzen für kleine bis mittelschwere Kriminalität die Schöffen über eine Zwei-Drittel-Mehrheit.⁵⁵

Zahlenmäßig ist die Beteiligung der Schöffen gemessen an allen Strafverfahren zurückgegangen. Die Strafrichter erledigten im Jahre 2016 in allgemeinen Strafsachen 443.698 Verfahren, die Schöffengerichte 37.696, was einem Anteil von 7,83% an allen amtsgerichtlichen Verfahren gegen Erwachsene entspricht. Bei den Amts- und Landgerichten zusammen finden nur noch gut 13,31% aller Strafprozesse mit Schöffen statt.⁵⁶ Das bedeutet, dass die demokratische Legitimation der Justiz langsam ausblutet, zumal die Entwicklung in den anderen Gerichtsbarkeiten ähnlich verläuft.

2 Warum heute noch Schöffen?

Nach dem 2. Weltkrieg formulierte *Eduard Kern* vor dem Konstanzer Juristentag 1947: „Die Frage, ob in Deutschland das Volk an der Rechtspflege mitwirken soll, ist eigentlich gar keine Frage; ihre Bejahung ist selbstverständlich. In der Demokratie darf das Volk nicht bloß Objekt der Rechtsprechung sein, sondern es muß auch ihr Subjekt sein; es muß wie an allen anderen Teilen der staatlichen Willensbildung – also an der Gesetzgebung und an der Verwaltung – so auch an der Rechtsprechung mitwirken."⁵⁷ 35 Jahre später schreibt der Münchener Rechtsprofessor *Klaus Volk:* „... das einzige Argument, das für die Laienbeteiligung spricht, ist die Tatsache, daß es sie gibt."⁵⁸ Und noch drastischer *Hans-Heiner Kühne* 1985: „Der Schöffe hat für das Strafverfahren allenfalls noch Symbolwert."⁵⁹ Kühne hat allerdings seine Meinung insofern modifiziert, als er in Anlehnung an die englischen Magistrates' Courts oder die spanischen Friedensrichter eine Übertragung der in der Mehrzahl einfach ge-

---

54 *Hasso Lieber,* Drastischer Rückgang der Verfahren an den Schöffengerichten, in: RohR 1998, S. 80.
55 Einzelheiten bei *Peter Rieß,* Über das Schwurgericht im deutschen Strafprozess, in: Heinz Schöch (Hrsg.) u. a., Strafverteidigung, Revision und die gesamten Strafrechtswissenschaften, Festschrift für Gunter Widmaier zum 70. Geburtstag, Neuwied 2008, S. 473.
56 Vgl. Statistisches Bundesamt (Hrsg.), Fachserie 10 Rechtspflege, Reihe 2.3 Strafgerichte, Ausg. 2016, Wiesbaden 2017, S. 16, 54, www.destatis.de/DE/Publikationen/Thematisch/Rechtspflege/GerichtePersonal/Strafgerichte2100230167004.pdf?__blob=publicationFile.
57 *Eduard Kern,* Die Beteiligung des Volkes an der Strafrechtspflege, in: Der Konstanzer Juristentag, Tübingen 1947, S. 135.
58 *Klaus Volk,* Der Laie als Strafrichter, in: Ernst-Walter Hanack (Hrsg.) u. a., Festschrift für Hanns Dünnebier zum 75. Geburtstag am 12. Juni 1982, Berlin 1982, S. 373, 389.
59 *Hans-Heiner Kühne,* Laienrichter im Strafprozeß?, in: ZRP 1985, S. 237, 239.

lagerten Verfahren der Amtsgerichte auf eine Laiengerichtsbarkeit für denkbar und wünschenswert hält.[60]

2.1 Argumente für die Beteiligung von Schöffen[61]

– Die Beteiligung des Volkes als politische Forderung sollte zunächst individuellen Schutz gegen Richterwillkür und Kabinettsjustiz durch freie, politisch und ökonomisch unabhängige Laienrichter gewährleisten. Sie ist ein Akt **staatsbürgerlicher Emanzipation** des liberalen Bürgertums. Die Willkür der Weisung durch Regierung und Justizverwaltung hat das Grundgesetz inzwischen durch die verfassungsrechtlich abgesicherte Unabhängigkeit der Richter beseitigt. Es gibt aber eine Art von **Experten-Willkür** unter den Berufsjuristen, von der auch die Justiz nicht frei ist und die der Kontrolle innerhalb der Gerichte bedarf. Deshalb haben die Schöffen ihre Funktion als internes Kontrollinstrument gegenüber den Berufsrichtern nicht verloren. Die Mitglieder eines Kollegialgerichts werden mit unterschiedlichen Auffassungen konfrontiert, während man beim Einzelrichter dessen alleiniger Wertung ausgesetzt ist. Im Schöffengericht herrscht selbst dann ein anderes Klima, wenn die Schöffen während der Hauptverhandlung durch Fragen nicht sonderlich in Erscheinung treten.

– Das Verfassungsrecht begründet die Mitwirkung der Bürger an der Rechtsprechung mit dem Gedanken der repräsentativen **Demokratie**. Dieser beruht auf der Vorstellung, dass der Bürger an allen Gewalten der Staatsmacht aktiv teilhaben und sie gestalten soll (Art. 20 GG: „Alle Staatsgewalt geht vom Volke aus"); die Partizipation sei ein Bindeglied zwischen Staat und Bürger. Der ehrenamtliche Richter in der Justiz trägt somit zur demokratischen **Legitimation** des gesamten Justizsystems bei. Als Vermittler zwischen Justiz und Bevölkerung stärkt er das Vertrauen in die Justiz sowie die Bereitschaft zu gesetzeskonformem Verhalten.

– Im Strafverfahren herrscht der Grundsatz der Öffentlichkeit; Geheimjustiz soll unmöglich sein. Schöffen stellen die Öffentlichkeit auch im Beratungszimmer dar, das nur dem Gericht zugänglich ist.

---

60 *Hans-Heiner Kühne,* Laienrichter im Strafverfahren, in: Martin Böse (Hrsg.) u. a., Grundlagen des Straf- und Strafverfahrensrechts, Festschrift für Knut Amelung zum 70. Geburtstag, Berlin 2009, S. 656, 667.

61 Argumente für und gegen die Schöffenbeteiligung: *Ulrike Benz,* Zur Rolle der Laienrichter im Strafprozeß, Lübeck 1982, S. 200; *George Andoor,* Laien in der Strafrechtsprechung, Berlin 2013, S. 62, 91; *Rudolf Wassermann,* Bürgermitwirkung an der Rechtsprechung, in: Hasso Lieber (Hrsg.) u. a., Ehrenamtliche Richter – Demokratie oder Dekoration am Richtertisch?, Wiesbaden 1999, S. 38; *Beate Linkenheil,* Laienbeteiligung an der Strafjustiz, Berlin 2003, S. 178.

- Die Anwesenheit des Nichtjuristen steigert die **Qualität der Rechtsprechung.** Der Berufsrichter wird gezwungen, verständlich zu formulieren und zu argumentieren. Die Schöffen üben eine **Plausibilitätskontrolle** aus, wachen über Transparenz und Verständlichkeit von Verfahren und Urteil, indem sie sich z. B. Fachtermini erläutern lassen. Ein verständliches Verfahren schafft Vertrauen in die Justiz und schützt den Angeklagten. Was der Schöffe nicht versteht, versteht in aller Regel der Angeklagte auch nicht.

- Der (nicht juristisch vorgebildete) Bürger besitzt gleichwohl aufgrund eines natürlichen **Rechtsempfindens** die Fähigkeit, Gerechtigkeit in den Normen zu erkennen und anzuwenden. Dem Rechtspositivismus vieler Berufsrichter und ihrer Abhängigkeit vom bloßen Wortlaut des geschriebenen Rechts soll der Einfluss der konkreten Lebenserfahrung entgegengesetzt werden.

- Die Mehrzahl aller in einem Strafverfahren zu klärenden Fragen ist rein tatsächlicher Natur. Die Beurteilung, ob ein Zeuge irrt, lügt oder die Wahrheit sagt, wird weniger mit juristischen Mitteln als mit **Menschenkenntnis** und **Lebenserfahrung** vorgenommen. Die juristische Herausforderung, das Ergebnis entsprechend der Beratung und Beschlussfassung richtig zu begründen, ist berufsrichterliche Aufgabe.

- Eine wesentliche Bedeutung für das Verfahren hat der Schöffe dort, wo er dem Berufsrichter **Wissen über Realität** vermitteln kann. Er stellt somit ein Korrektiv gegen die ausschließlich juristisch geprägte Sicht dar. Der Sachverstand über Dinge des täglichen Lebens und der Arbeitswelt, über Erfahrungen anderer gesellschaftlicher Schichten soll dem nur-akademischen Richter zur Seite gestellt werden. Die Bedeutung des ehrenamtlichen Richters ist nach der Wiedervereinigung in den ostdeutschen Ländern deutlich zum Ausdruck gekommen. Da die meisten Berufsrichter aus den westdeutschen Ländern kamen, hatten Schöffen die Funktion, die gesellschaftliche Realität auch aus DDR-Zeiten in das Verfahren einzubringen. Die Sozialisation junger Menschen, die Lebensumstände, die Situation in Betrieben und Schulen der DDR – all dies war den Berufsrichtern aus dem Westen fremd.

- Die Beteiligung von Schöffen hat einen **volkspädagogischen Effekt,** da sie aufgrund ihrer Funktion als Multiplikatoren die Rechtskenntnisse der Bürger verbessern, die Akzeptanz von Rechtsprechung erhöhen und „dabei zur Verinnerlichung von Strafrechtsnormen beitragen und zugleich generalpräventiv wirken".⁶² Die Mitwirkung an der Rechtspflege ist Teil der Entwicklung des Rechtsbewusstseins. Der Weg zur Erkenntnis des Sachverhaltes und der Urteilsfindung kann Verständnis für „normales" und „abweichendes" Verhalten wecken, das Kainsmal der Strafe relativieren und den Mythos des Strafverfahrens abbauen. Darüber hinaus werden – und sollen – Schöffen im Familien-, Freundes- und Bekanntenkreis über ihre Erfahrungen berichten. Bei über 60.000 Schöffen ist dies ein ungeheures Potenzial, um authentische Informationen über Strafprozess und Kriminalität zu verbreiten.

– Schöffen können eine **Scharnierfunktion** in rechtspolitischen Diskussionen erfüllen. Viele von ihnen sind politisch interessiert oder gar organisiert, sodass ihre Erfahrungen über die Ursachen von Kriminalität, die Schwierigkeiten der Aufklärung einer Straftat usw. in den politischen Willensbildungsprozess einfließen können.

– Schöffen sind nicht in das System der Justiz mit ihren Beförderungen und Beurteilungen sowie den gerichtsinternen informellen Beeinflussungen („großer Kantinensenat") eingebunden. Sie sichern damit ein Stück **Unabhängigkeit der Justiz**.

2.2 Argumente gegen die Beteiligung von Schöffen

– Die Ableitung der Beteiligung aus dem Demokratieprinzip überzeuge nicht. Schöffen könnten nicht als Repräsentanten des Volkes bezeichnet werden, da der Schöffenwahlausschuss die Auswahl nach politischen Gesichtspunkten treffe. Das Argument entbehrt nicht einer gewissen Berechtigung, da in vielen Gemeinden die Vorschlagslisten nach **Parteienproporz** aufgestellt werden. Der Einwand betrifft aber nicht Sinn und Zweck des Schöffensystems, sondern Mängel seiner Umsetzung.

– Auch ohne Beteiligung von Schöffen unterlägen Richter der **Kontrolle** durch die Rechtsmittelinstanz. Dabei wird übersehen, dass mit der Revision nur die Rechtmäßigkeit von Verfahren und Rechtsanwendung geprüft wird; Tatsachenfeststellungen und vor allem die Strafzumessung entziehen sich dieser Kontrolle weitgehend. Kundige Richter wissen zudem, wie man die schriftlichen Gründe „revisionssicher" abfasst.

– Bezüglich der **Plausibilitätskontrolle** wird bezweifelt, dass Schöffen bei komplexen Fragen (Denk-)Fehler der Berufsrichter erkennen kön-

---

62 *Hans-Heiner Kühne*, Laienkompetenz gegen Expertenkompetenz im Strafrecht?, in: Heike Jung (Hrsg.), Alternativen zur Strafjustiz und die Garantie individueller Rechte der Betroffenen, Bonn 1989, S. 175.

nen. Auch verfügten Schöffen über kein prozessrechtliches Instrument, um den Vorsitzenden zu einer verständlichen Verhandlungsleitung anzuhalten. Der erste Einwand zielt auf die Auswahl der Schöffen. In Wirtschaftsstrafverfahren, in denen selbst die Berufsrichter allzu oft „Laien" sind, hat der Einwand durchaus Gewicht. Gerade hier können sachkundige Schöffen eine sinnvolle Ergänzung zum juristischen Wissen der Berufsrichter sein. Über prozessuale Mittel verfügen sie allemal, nämlich über ihr Fragerecht und die Möglichkeit, eine Zwischenberatung zu verlangen.

– Die Ausgestaltung der Schöffenwahl eigne sich nicht, alle **sozialen Gruppen** für das Schöffenamt zu gewinnen; Angehörige des öffentlichen Dienstes seien deutlich überrepräsentiert. Als Repräsentanten der Mittelschicht seien Schöffen deshalb nicht als **Korrektiv** gegenüber den weitgehend aus der gehobenen Mittelschicht stammenden Berufsrichtern geeignet, die Realität anderer sozialer Schichten zu vermitteln. Auch dieses Argument hat Gewicht; die Ursache liegt aber darin, dass (sehr) viele Gemeinden ihrer Aufgabe der Gewinnung und Auswahl geeigneter Personen aus allen Schichten nur oberflächlich bis gar nicht nachkommen.

– Schöffen hätten keine oder nur sehr begrenzte **Rechtskunde;** dies könne zu Fehlurteilen führen. Der Hinweis verkennt das System der Beteiligung der „Frauen und Männer aus dem Volk". Die Rechtskenntnis liegt bei den Berufsrichtern; die Schöffen haben ihr Gewicht bei der sehr viel größeren Zahl der tatsächlichen Entscheidungen in der Beweisaufnahme und der Strafzumessung.

– Die Teilnahme der Schöffen entfalte nur eine geringe **volkspädagogische Wirkung,** da die Hauptverhandlung ohnehin öffentlich sei und Schöffen aufgrund des Beratungsgeheimnisses nicht über den Hergang der Beratung und Abstimmung berichten dürften. Die volkspädagogische Wirkung der Medien sei wesentlich höher. Schöffen seien keine „Missionare des Rechtswesens in das juristisch flache Land hinein".[63] Dem widersprechen die Berichte vieler Schöffen, die erstmals mit ihnen ansonsten fremden Verhaltensweisen in Kontakt kommen (z.B. bei Drogendelikten) und diese Erfahrungen transportieren. Diesem Auftrag kommen die lokalen Medien so gut wie nicht nach, die überregionalen höchstens in öffentlichkeitswirksamen Strafprozessen.

Die Beteiligung der Schöffen ist keineswegs sinnentleert oder historisch überholt. Es kommt jedoch auf ihre Umsetzung an. Von Bedeutung ist vor allem, welche Frauen und Männer in das Schöffenamt gewählt werden. Das Strafverfahren lebt

---

63 *Klaus Volk,* Der Laie als Strafrichter, in: Ernst-Walter Hanack (Hrsg.) u.a., Festschrift für Hanns Dünnebier zum 75. Geburtstag am 12. Juni 1982, Berlin 1982, S. 373, 374.

nicht nur von der technisch-wissenschaftlichen Professionalität der Berufsrichter – es bedarf der Legitimation durch das Volk.

3 Wahl der Schöffen und Jugendschöffen

Die Wahl vollzieht sich in einem zweistufigen Verfahren.[64] Alle fünf Jahre stellt jede Gemeinde durch ihre Vertretung (Gemeinderat, Stadtverordnetenversammlung, Stadtbürgerschaft usw.) eine Vorschlagsliste für die **Schöffen in allgemeinen Strafsachen** (gegen Erwachsene) auf, die mindestens doppelt so viele Bewerber enthalten muss, wie aus dieser Gemeinde an Schöffen für den entsprechenden Gerichtsbezirk erforderlich sind (§ 36 GVG). Interessenten können sich bei der Gemeindeverwaltung ihres Wohnortes bewerben oder von einer gesellschaftlichen Organisation (Partei, Gewerkschaft, Sportverein, karitative Organisation, Bürgerinitiative usw.) vorschlagen lassen. Bedenklich ist die Praxis mancher Gemeindeverwaltungen, nach dem Zufallsprinzip Personen aus dem Einwohnermelderegister zu ermitteln. Auf diese Weise kann die Geeignetheit von „Bewerbern" für das Amt nicht beurteilt werden. Zu Recht untersagen z. B. die bayerischen Verwaltungsvorschriften diese Methode.[65] Die Vorschlagslisten, die mindestens von zwei Dritteln der anwesenden (= mindestens die Hälfte der gesetzlichen Zahl) Mitglieder der Vertretung beschlossen werden (§ 36 Abs. 1 GVG), sind eine Woche lang öffentlich auszulegen; jeder kann Einspruch mit der Begründung einlegen, dass ein Bewerber die gesetzlichen Voraussetzungen nicht erfüllt (§§ 36 Abs. 3, 37 GVG).

Aus den Vorschlagslisten der Gemeinden des Amtsgerichtsbezirks wählt der Schöffenwahlausschuss (bestehend aus einem Amtsrichter als Vorsitzenden, einem Verwaltungsbeamten und sieben Vertrauenspersonen aus der Einwohnerschaft des Amtsgerichtsbezirks) mit einer Zwei-Drittel-Mehrheit in getrennten Listen die Haupt- und Hilfsschöffen für das Amtsgericht bzw. den auf den Bezirk entfallenden Anteil für ein gemeinsames Schöffengericht mehrerer Amtsgerichte, sowie den auf den Amtsgerichtsbezirk entfallenden Teil der Haupt- und Hilfsschöffen für das zuständige Landgericht bzw. eine auswärtige Strafkammer (§§ 42 Abs. 1, 58 Abs. 2, 78 Abs. 3 GVG). Wurde ein Bewerber in die kommunale Vorschlagliste aufgenommen, ist eine Klage gegen seine Nichtwahl durch den Schöffenwahlausschuss mangels Klagebefugnis unzulässig, es sei denn, bei der Wahl sind Rechtsverstöße erfolgt, durch die der Anspruch auf gleichen Zugang zum Amt verletzt wurde. Der Wahlausschuss darf seiner Auswahlentscheidung sachgerechte Kriterien zugrunde legen. Die Berücksichtigung von Kandidaten, die bereits ehren-

---

[64] Ausführliche Darstellung der Schöffenwahl: *Hasso Lieber,* Die Verantwortung der Gemeinden und Kreise bei der Schöffenwahl 2018, Wiesbaden 2017.

[65] Vorbereitung der Sitzungen der Schöffengerichte und Strafkammern (Schöffenbekanntmachung). Gemeinsame Bekanntmachung der Bayerischen Staatsministerien der Justiz und für Verbraucherschutz und des Innern in der Fassung vom 25.10.2017, JMBl. 2017, S. 216, Nr. 7.2.

amtliche Richter waren, sowie die möglichst gleichmäßige Berücksichtigung von Frauen und Männern sind als Auswahlkriterien nicht zu beanstanden.

Schöffe kann jeder deutsche Staatsbürger zwischen 25 und 70 Jahren werden, soweit er nicht als unfähig (§ 32 GVG) oder ungeeignet (§§ 33, 34 GVG) ausgeschlossen ist. Jeder Gewählte ist zur Annahme des staatsbürgerlichen Ehrenamtes verpflichtet, wenn er nicht zur Ablehnung aus gesetzlichen Gründen berechtigt ist (§ 35 GVG).

Die Wahl der **Jugendschöffen** findet gleichzeitig mit der Wahl der Schöffen in allgemeinen Strafsachen im Wesentlichen nach den gleichen Regularien statt. Die Bewerber sollen jedoch erzieherisch befähigt und in der Jugenderziehung erfahren sein (§ 35 Abs. 2 JGG), da sich das Jugendstrafrecht vorrangig an dem Gedanken der Erziehung orientiert, nicht an dem der Strafe. Für die Wahl der Bewerber auf die Vorschlagsliste ist deshalb nicht die Gemeindevertretung, sondern der Jugendhilfeausschuss zuständig. Erzieherische Befähigung und Erfahrung in der Jugenderziehung müssen nicht durch pädagogische oder erzieherische Ausbildung oder Berufsausübung nachgewiesen werden; sie können ehrenamtlich (Jugendtrainer, Helfer bei Jugendfreizeiten usw.) oder anderweitig im Beruf (Ausbilder) erworben sein. Da an einer Hauptverhandlung des Jugendschöffengerichts oder der Jugendkammer immer eine Jugendschöffin und ein Jugendschöffe mitwirken, soll bereits die Vorschlagsliste je zur Hälfte aus Frauen und Männern bestehen. Der Schöffenwahlausschuss beim Amtsgericht, der die Schöffen in allgemeinen Strafsachen wählt, wählt auch die Jugendschöffen für das Amts- und Landgericht; Vorsitzender muss jedoch ein Jugendrichter sein.

4 Amtszeit, Art und Umfang der Heranziehung

4.1 Amtszeit

Die Schöffen sind auf die Dauer von fünf Jahren gewählt (§ 36 Abs. 1 GVG).[66] Die Wiederwahl ist inzwischen ohne Einschränkungen im Rahmen der allgemeinen Voraussetzungen zulässig. Dauert die Hauptverhandlung über das Ende der regulären Amtszeit hinaus, bleiben die Schöffen bis zu deren Abschluss im Einsatz (§ 50 GVG). Sie können sich parallel für die neue Amtsperiode bewerben und gewählt werden, nehmen aber an keinem neuen Verfahren teil, solange sie in dem alten Verfahren tätig sind.

---

[66] Die Amtsperiode wurde durch das „Gesetz zur Vereinfachung und Vereinheitlichung der Verfahrensvorschriften zur Wahl und Berufung ehrenamtlicher Richter" vom 21.12.2004 (BGBl I 2004, S. 3599) auf fünf Jahre verlängert.

4.2 Art und Umfang der Heranziehung

Wie oft ein Schöffe im Laufe eines Jahres zum Einsatz kommt, lässt sich mit Bestimmtheit nicht sagen. Es hängt zunächst einmal davon ab, ob die Wahl zum Haupt- oder Hilfsschöffen erfolgte.

(a) Hauptschöffen sind diejenigen Schöffen, die vor Beginn eines jeden Geschäftsjahres auf die einzelnen Sitzungstage des Gerichts ausgelost werden (§ 45 GVG). Sie stehen im Voraus für jeden im kommenden Jahr stattfindenden Prozess unabhängig von der Anklage und dem Angeklagten fest. Es werden so viele Hauptschöffen gewählt, dass jeder etwa zwölf Mal im Jahr zum Einsatz kommt (§ 43 Abs. 2 GVG). Eine Hauptverhandlung kann – insbesondere in der Schwurgerichts- oder Wirtschaftsstrafkammer des Landgerichts – mehrere Tage dauern. Diejenigen Schöffen, die auf den ersten Verhandlungstag ausgelost wurden, müssen bis zum Ende an dieser Hauptverhandlung teilnehmen, auch wenn sie sich über mehrere Monate erstreckt. Verhandelt die Strafkammer währenddessen keine weitere Strafsache, fällt in dieser Zeit für alle auf die Termine dieser Kammer ausgelosten Schöffen der Sitzungsdienst aus. Das gleiche gilt, wenn Sitzungstage des Spruchkörpers aus anderen Gründen ausfallen (z. B. Urlaub des Vorsitzenden). Es kommt durchaus vor, dass Schöffen über einen längeren Zeitraum nicht zu Terminen herangezogen werden. Wenn sie entgegen der im Voraus mitgeteilten Termine nicht herangezogen werden, hat dies rein objektive Gründe. Die Vorsitzenden haben keine Möglichkeit, Schöffen vom Sitzungsdienst auszuschließen, etwa weil sie ihnen missliebig sind. Das wäre ein Verstoß gegen das Prinzip des gesetzlichen Richters und würde die Aufhebung des Urteils in der Revision zur Folge haben (können).

(b) Nicht vorhersehbar ist die Häufigkeit des Einsatzes für die **Hilfsschöffen**. Sie kommen zum Einsatz, wenn

- ein verhinderter Hauptschöffe vertreten werden muss,
- für einen Spruchkörper eine außerordentliche Sitzung anberaumt wird,
- im Laufe des Jahres ein neuer Spruchkörper eingerichtet wird oder
- Ergänzungsschöffen benötigt werden.

Es kann also sowohl vorkommen, dass im Einzelfall Hilfsschöffen öfter eingesetzt werden als Hauptschöffen, als auch, dass sie während der Amtszeit überhaupt nicht zum Einsatz kommen.

(c) Wer Haupt- oder Hilfsschöffe wird, bestimmt der Schöffenwahlausschuss. Die Funktion behält man grundsätzlich während der gesamten Amtsperiode bei. Nur in wenigen bestimmten gesetzlich vorgesehenen Fällen kommt ein Wechsel vom Hilfs- zum Hauptschöffen in Betracht.

(d) Alle Schöffenämter sind gleichwertig. Der irreführende Begriff *Hilfs*schöffe bedeutet nicht, dass diese Schöffen weniger Verantwortung tragen, weniger qualifiziert oder engagiert sein müssen bzw. ein geringeres Ansehen hätten; sie werden nur nach anderen Kriterien eingesetzt. Auch die Schöffen in allgemeinen Strafsachen und die Jugendschöffen sind gleichrangig, wobei das Amt des Jugendschöffen das speziellere ist. Auch zwischen den Schöffen am Amts- oder Landgericht besteht keine Hierarchie. Ein Schöffe kann durchaus in einer Amtsperiode Hauptschöffe am Landgericht und in der nächsten Hilfsschöffe am Amtsgericht sein.

(e) Während einer Amtszeit soll man **nur ein Schöffenamt** beim Amts- oder Landgericht ausüben (§ 77 Abs. 4 GVG). Dieser Rechtsgedanke gilt über den bloßen Text dieser Vorschrift hinaus entsprechend für das Verhältnis zwischen Haupt- und Hilfsschöffen sowie zwischen Schöffen in allgemeinen und Jugendstrafsachen.[67] Hat der Schöffenwahlausschuss einen Bewerber in mehrere Listen gewählt, darf der Schöffe nur das Amt ausüben, zu dem er zuerst einberufen wird. Gehen ihm die Benachrichtigungen für beide Ämter gleichzeitig zu, geht das Amt vor, in dem er bereits in der letzten Amtsperiode tätig gewesen ist.[68] War der Schöffe zuvor nicht tätig, geht das höherrangige Amt vor (nur insoweit gilt: Hauptschöffe vor Hilfsschöffe bzw. das Gericht höherer Instanz),[69] bei Gleichrangigkeit das speziellere Amt des Jugendschöffen[70].

(f) Ist ein Schöffe auch als **ehrenamtlicher Richter in einer anderen Gerichtsbarkeit** gewählt bzw. berufen worden, besteht keine Beschränkung, ein weiteres Amt in der Strafgerichtsbarkeit auszuüben. Man kann durchaus gleichzeitig Schöffe und ehrenamtlicher Richter z.B. in der Arbeits- und/oder in der Verwaltungsgerichtsbarkeit sein. Innerhalb der jeweiligen Gerichtsbarkeit kann wiederum eine Beschränkung auf nur ein Amt bestehen.

5 Aufbau der Strafgerichtsbarkeit und Besetzung mit Schöffen

Jedes Strafverfahren beginnt bei einem Gericht, das in einer Beweisaufnahme feststellt, welche Tatsachen bewiesen werden können, aus denen auf eine strafbare Handlung geschlossen werden kann. Diese Gerichte werden deshalb **Tatsachen-**

---

67 BGH, Urteil vom 28.10.1975, Az.: 1 StR 446/75, juris; *Wolfgang Siolek*, in: Löwe-Rosenberg, Die Strafprozeßordnung und das Gerichtsverfassungsgesetz, 26. Aufl., Bd. 10, Berlin 2010, § 77 Rn. 10.
68 LG Hamburg, Beschluss vom 18.09.1967, Az.: (50) Gen 44/67, in: MDR 1968, S. 170.
69 *Herbert Mayer*, in: Kissel/Mayer, Gerichtsverfassungsgesetz, 9. Aufl., München 2018, § 77 Rn. 9; *Wolfgang Siolek*, in: Löwe-Rosenberg, Die Strafprozeßordnung und das Gerichtsverfassungsgesetz, 26. Aufl., Bd. 10, Berlin 2010, § 77 Rn. 10.
70 *Oskar Katholnigg*, Strafgerichtsverfassungsrecht, 3. Aufl., Köln 1999, § 77 Rn. 7.

gerichte genannt. Grundsätzlich kann man gegen die Urteile dieser Gerichte ein Rechtsmittel einlegen, mit dem das Urteil durch ein höheres Gericht überprüft wird. Die einzelnen Stufen der Gerichtverfahren nennt man „Instanz". Gegen die Urteile des Amtsgerichts ist die **Berufung** zulässig. Wird ein Urteil mit der Berufung angefochten, wird die Beweisaufnahme (ganz oder in beschränktem Umfang) wiederholt, d. h. Zeugen vernommen, Urkunden verlesen oder Sachverständige gehört. Die Berufung ist daher eine zweite Tatsacheninstanz.

Urteile des Landgerichts können mit der **Revision** angefochten werden. Wird gegen ein Urteil Revision eingelegt, wird nur geprüft, ob Verfahren und Urteil des vorherigen Gerichts rechtlich einwandfrei waren. Die Revision ist eine reine **Rechtsinstanz.** Die Tatsachen in dem Urteil durch das vorherige Gericht (Hat der Zeuge die Wahrheit gesagt? Ist die Urkunde echt? usw.) sind für das Revisionsgericht bindend. Dieses prüft aber z. B., ob bei der Feststellung der Tatsachen rechtliche Fehler begangen wurden (z. B. zu wenig aufgeklärt wurde, logische Fehler bei der Bewertung der Tatsachen begangen wurden, ein Zeugnisverweigerungsrecht nicht beachtet wurde).

Schöffen sind nur in den Verfahren vor den Amts- und Landgerichten beteiligt. In den Revisionsgerichten gibt es keine Schöffen, da die Urteile allein unter rechtlichen – nicht tatsächlichen – Gesichtspunkten überprüft werden, wozu die Schöffen in aller Regel nicht in der Lage sind.

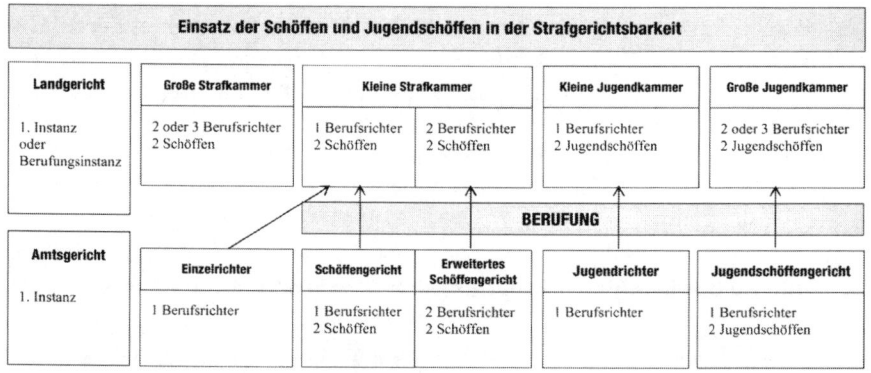

Abbildung 2 Instanzenzug und Besetzung des Gerichts

5.1 Beginn des Verfahrens beim Amtsgericht

Das Amtsgericht ist ausschließlich in erster Instanz als Tatsachengericht tätig. Dort gibt es zwei verschiedene Arten von Spruchkörpern: den Strafrichter und den Jugendrichter als Einzelrichter sowie das Schöffen- und das Jugendschöffengericht. Nicht bei allen Amtsgerichten sind auch Schöffengerichte eingerichtet. Für mehrere Amtsgerichtsbezirke kann ein gemeinsames Schöffengericht bestehen.

(a) Allgemeine Strafsachen

Der **Strafrichter** ist für Strafverfahren gegen Erwachsene zuständig, bei denen der Staatsanwalt aufgrund seiner Anklage eine Freiheitsstrafe bis zu zwei Jahren erwartet. Über 90 % der amtsgerichtlichen Strafverfahren werden hier verhandelt. Für die mittlere bis schwere Kriminalität ist das **Schöffengericht** (Vorsitzender, zwei Schöffen) zuständig; bei umfangreicheren Verfahren kann ein weiterer Berufsrichter hinzugezogen werden (erweitertes Schöffengericht). Die Schöffengerichte können bis zu vier Jahren Freiheitsstrafe verhängen.

Die Berufung gegen die Urteile des Amtsgerichts verhandelt die **Kleine Strafkammer** des Landgerichts in der Besetzung mit einem Berufsrichter und zwei Schöffen. Hat das erweiterte Schöffengericht das Urteil gefällt, wird auch in der Berufung ein zweiter Berufsrichter hinzugezogen. Die Urteile der Kleinen Strafkammer können noch mit der Revision zum Strafsenat des Oberlandesgerichts angefochten werden.

(b) Jugendstrafsachen

Für Straftaten Jugendlicher (14–17 Jahre) und Heranwachsender (18–20 Jahre) ist der **Jugendrichter** zuständig. Er kann bis zu einem Jahr Jugendstrafe verhängen. Das **Jugendschöffengericht** (Vorsitzender, zwei Jugendschöffen) ist zuständig für alle Verfehlungen, die nicht ausdrücklich zur Zuständigkeit eines anderen Jugendgerichts gehören. Die Strafgewalt beträgt im Höchstmaß fünf Jahre Jugendstrafe. Handelt es sich bei der Tat um ein Verbrechen, für das nach dem allgemeinen Strafrecht eine Höchststrafe von mehr als zehn Jahren Freiheitsstrafe angedroht ist, beträgt das Höchstmaß zehn Jahre Jugendstrafe. Soweit Freiheitsstrafe nach Erwachsenenstrafrecht verhängt wird (gegen einen Heranwachsenden oder mitangeklagten Erwachsenen), gilt die allgemeine Strafgewalt des Amtsgerichts von vier Jahren.

Die Berufungen gegen Urteile des Jugendrichters werden von der **Kleinen Jugendkammer** (Vorsitzender, zwei Jugendschöffen), Berufungen gegen Urteile des Jugendschöffengerichts von der **Großen Jugendkammer** verhandelt. Die Kammer beschließt mit der Eröffnung des Hauptverfahrens, ob sie in der Besetzung 2:2 oder 3:2 verhandelt. Die Urteile des Jugendrichters und des Jugendschöffengerichts können anstelle der Berufung sofort mit der Revision zum Oberlandesgericht angefochten werden. Der beim Amtsgericht verurteilte Jugendliche muss sich bei der Einlegung eines Rechtsmittels zwischen der Berufung und der Revision entscheiden (sog. **Wahlrechtsmittel**).

(c) Jugendschutzverfahren

Für Straftaten Erwachsener, durch die ein Kind oder Jugendlicher verletzt oder gefährdet wird, sowie für Verstöße Erwachsener gegen den Jugendschutz sind die Jugendgerichte als **Jugend*schutz*gerichte** zuständig. Der Staatsanwalt soll Anklage beim Jugendschutzgericht erheben, wenn Kinder oder Jugendliche als Zeugen benötigt werden oder aus sonstigen Gründen eine Verhandlung vor diesem Gericht zweckmäßig erscheint.

5.2 Beginn des Verfahrens beim Landgericht

(a) Die **Große Strafkammer** des Landgerichts ist in allgemeinen Strafsachen erstinstanzlich für schwere und schwerste Kriminalität und Verfahren von besonderer Bedeutung zuständig. Sie kann auf zeitige Freiheitsstrafe bis zu 15 Jahren oder lebenslange Freiheitsstrafe erkennen, zusätzlich die Unterbringung in einem psychiatrischen Krankenhaus oder Sicherungsverwahrung anordnen. Für einzelne Kammern gibt es Spezialzuständigkeiten (Wirtschaftsstraf-, Staatsschutzkammer, Schwurgericht). Die Kammern sind in der Hauptverhandlung mit zwei Berufsrichtern und zwei Schöffen, in umfangreicheren Strafverfahren mit drei Berufsrichtern und zwei Schöffen besetzt. Das Schwurgericht tagt immer in der Besetzung 3:2.

(b) Die **Große Jugendkammer** verhandelt in erster Instanz Verfahren gegen Jugendliche und Heranwachsende,

- in denen eine höhere Strafe als fünf Jahre Jugendstrafe zu erwarten ist,
- die wegen Kapitalverbrechen angeklagt sind,
- die ihr vom Jugendschöffengericht wegen des besonderen Umfanges vorgelegt werden,
- in denen Erwachsene mitangeklagt sind, für deren Taten die Große Strafkammer zuständig wäre,
- bei denen die Staatsanwaltschaft wegen der besonderen Schutzbedürftigkeit von Verletzten der Straftat, die als Zeugen in Betracht kommen, Anklage bei der Jugendkammer erhebt,
- in denen die vorbehaltene Sicherungsverwahrung oder die Unterbringung in einem psychiatrischen Krankenhaus zu erwarten ist.

Das Höchstmaß der Jugendstrafe beträgt zehn Jahre. Handelt es sich bei der Tat eines Heranwachsenden um Mord und reicht das Höchstmaß von zehn Jahren wegen der besonderen Schwere der Schuld nicht aus, beträgt das Höchstmaß 15 Jahre. Sind Kapitalverbrechen angeklagt, tagt die Jugendkammer immer in der Besetzung 3:2. Die Jugendkammer ist auch als **Jugend*schutz*kammer** in erster Instanz zuständig.

Alle erstinstanzlichen Urteile des Landgerichts können nur mit der Revision zum BGH überprüft werden.

5.3 Beginn des Verfahrens beim Oberlandesgericht

Auch das Oberlandesgericht (in Berlin: Kammergericht) kann in erster Instanz tätig werden, nämlich in besonderen Staatsschutzsachen (terroristische Vereinigung, Hoch- und Landesverrat). Diese Fälle schwerster politischer Kriminalität werden ohne Schöffenbeteiligung verhandelt (z. B. das sog. NSU-Verfahren vor dem OLG München). Der Senat ist in der Hauptverhandlung mit fünf Berufsrichtern besetzt. Gegen die Urteile des OLG ist die Revision zum BGH zulässig.

TEIL A

Kontrollfragen

Es können eine oder mehrere der vorgegebenen Antworten richtig sein.

1. Welches Merkmal trifft auf einen Hauptschöffen zu?
a) Er wird in besonders schwierigen Fällen eingesetzt.
b) Er wird für ein ganzes Jahr im Voraus auf seine Termine ausgelost.
c) Er hat im Unterschied zum Hilfsschöffen eine juristische Ausbildung.

2. Am Ende der Amtszeit sind Hauptschöffe A und Hilfsschöffe B noch in einer laufenden Hauptverhandlung eingesetzt. Was geschieht?
a) Beide Schöffen verlieren ihr Amt und werden durch neu gewählte Schöffen ersetzt.
b) Beide Schöffen bleiben bis zum Ende der Hauptverhandlung im Amt.
c) Beide Schöffen werden automatisch Schöffen für die nächste Amtsperiode.

3. Wann kann ein Hilfsschöffe im Laufe der Amtsperiode zum Hauptschöffen werden?
a) Wenn ein Hauptschöffe von der Schöffenliste gestrichen wird.
b) Wenn im Laufe des Geschäftsjahres eine neue Strafkammer gebildet wird.
c) Wenn der Hilfsschöffe sich besonders bewährt hat.

4. Welche Sanktion darf ein erweitertes Schöffengericht beim Amtsgericht verhängen?
a) Vier Jahre Freiheitsstrafe
b) Sechs Jahre Freiheitsstrafe
c) Unterbringung in einem psychiatrischen Krankenhaus

5. Welche Sanktion darf eine Große Strafkammer beim Landgericht verhängen?
a) 20 Jahre Freiheitsstrafe
b) Unterbringung in einem psychiatrischen Krankenhaus
c) Lebenslange Freiheitsstrafe

6. Am 18. Geburtstag ist man strafrechtlich
a) Jugendlicher
b) Heranwachsender
c) strafmündig

KONTROLLFRAGEN TEIL A

7. Welche Personen bilden „das Gericht"?
a) der Vorsitzende
b) die Protokollführerin
c) die Schöffen

Lösung:
1. b); 2. b); 3. a) b); 4. a); 5. b) c); 6. b) c); 7. a) c)

TEIL B

Rechtsstellung der Schöffen

Teil B erläutert Funktion und allgemeine Rechtsstellung der Schöffen, insbesondere ihre aus der Gleichstellung mit den Berufsrichtern resultierenden Mitwirkungs- und Entscheidungsbefugnisse sowie ihre Verantwortung und die Anforderungen an das ethische Verhalten. Schutzrechte gegenüber dem Arbeitgeber sollen sie vor Benachteiligungen bewahren.

KAPITEL 1

Funktion und Aufgaben der Schöffen

Es ist ein Mythos der Justiz, dass Rechtsprechung allein aus der Anwendung von Gesetzen besteht, deren Methode ausschließlich den Juristen vorbehalten ist. Die vom Gericht zu bewältigende Aufgabe besteht hingegen aus mehreren Komplexen:

- Feststellung des Sachverhaltes der angeklagten Tat und der Persönlichkeit des Angeklagten durch die Beweisaufnahme (Beweiserhebung und Beweiswürdigung);
- Anwendung des geltenden Rechts auf diesen Sachverhalt, ob eine bestimmte Strafnorm hierdurch verletzt wurde (sog. Subsumtion);
- Feststellung des Maßes der individuellen Schuld als Grundlage für die Zumessung der Strafe;
- Prognose, welche Auswirkungen die Strafe auf das künftige Verhalten des Verurteilten haben wird.

Ohne eine sorgfältige **Tatsachenfeststellung** ist eine fehlerfreie Subsumtion, welche Strafvorschrift ggf. verletzt wurde, nicht möglich. In den Gerichten, in denen Schöffen an den Verfahren beteiligt sind (Amts- und Landgericht), steht die Tatsachenermittlung im Vordergrund, weshalb sie als „Tatsachengerichte" bezeichnet werden. Mindestens 80 % aller auftretenden Fragen in der Hauptverhandlung sind rein tatsächlicher, weniger rechtlicher Natur. Diese sind mit von Lebenserfahrung und Menschenkenntnis geprägter praktischer Vernunft zu ermitteln und zu bewerten.

Wie wichtig eine sorgfältige Tatsachenfeststellung ist, zeigen Untersuchungen, wonach die weit überwiegende Zahl von Fehlurteilen darauf beruht, dass die dem Urteil zugrunde liegenden Tatsachen nicht richtig festgestellt oder falsch bewertet wurden, sei es aufgrund unvollkommen durchgeführter Beweisaufnahme, zu früher Festlegung auf einen Täter im Ermittlungsverfahren oder wegen des öffentlichen Druckes, unbedingt einen Täter präsentieren zu müssen.[1] Bei all diesen Verfahren waren zwei Schöffen beteiligt, gegen deren Stimme die Verurtei-

---

1 *Erich Sello,* Die Irrtümer der Strafjustiz und ihre Ursachen, Berlin 1911; *Max Hirschberg,* Das Fehlurteil im Strafprozess, Stuttgart 1960; *Sabine Rückert,* Unrecht im Namen des Volkes, Hamburg 2007; *Thomas Darnstädt,* Der Richter und sein Opfer, München 2013. Der BGH-Richter *Ralf Eschelbach* schätzt die Zahl der Fehlurteile auf 25 % aller Urteile, zitiert in: *Sabine Rückert,* Lügen, die man gerne glaubt, ZEIT online vom 07.07.2011, www.zeit.de/2011/28/DOS-Justiz.

lung nicht hätte zustande kommen können. Die Verantwortung für eine solche Fehlerquote trifft demnach auch die Schöffen.

Die Schöffen in den Großen Strafkammern der Landgerichte müssen berücksichtigen, dass gegen die Urteile, an denen sie mitgewirkt haben, nur die Revision zum BGH zulässig ist. Dieser prüft das Urteil nur auf Rechtsfehler; die (rechtlich einwandfrei festgestellten) Tatsachen des Urteils sind für ihn bindend. Die Glaubhaftigkeit einer Zeugenaussage, die Plausibilität eines Gutachtens, die Lückenlosigkeit einer Indizienkette werden nicht überprüft, wenn nicht gravierende Verstöße gegen die Logik oder Verfahrensfehler erkennbar sind. Umso wichtiger ist es, die Meinungsbildung durch Fragen an Zeugen und Angeklagte bzw. Wissensfragen an Sachverständige zu untermauern. Es ist ständig zu prüfen, ob die Tatsachen zweifelsfrei festgestellt sind und einen Rückschluss auf strafbares Verhalten zulassen. Lücken in der Beweisführung dürfen nicht durch formelhafte Wendungen oder nicht gesicherte „Erfahrungssätze" geschlossen werden.

BEISPIEL

In der ersten „Ku'damm-Raser"-Entscheidung, mit der das LG Berlin zwei Raser wegen Mordes verurteilt hat, hat das Schwurgericht bei der Prüfung des Vorsatzes hinsichtlich des Fahrers und der Beifahrerin zwei widersprüchliche Einschätzungen vorgenommen. Der Fahrer soll mit einer eigenen Verletzung bei einem Unfall nicht gerechnet haben, weil er sich in seinem Auto unverletzlich „wie in einer Burg" gefühlt habe. In Bezug auf die neben ihm (in derselben „Burg") sitzende Beifahrerin soll er aber gleichzeitig billigend in Kauf genommen haben, dass diese bei einem Unfall schwer verletzt oder sogar getötet wird. Das sind – so der BGH – zwei nicht miteinander vereinbare Einschätzungen, die das Gericht dem Angeklagten unterstellt hat.[2] Auch Schöffen können eine solche Unlogik erkennen, wenn dies in der Beratung so erörtert wird.

Hinsichtlich auftretender **Rechtsfragen** muss der Berufsrichter die Schöffen durch die einzelnen Stationen einer Entscheidung führen, sodass diese auch von dem nicht juristisch Vorgebildeten beantwortet werden können. Unter welchen Voraussetzungen ein Zeugnisverweigerungsrecht besteht oder ein „besonders schwerer" bzw. „minder schwerer" Fall einer Straftat vorliegt, muss so erläutert werden, dass sich der Schöffe in diesem Einzelfall eine Meinung bilden und eine sachgerechte Entscheidung treffen kann. Der Schöffe muss in dem Bewusstsein an einem Strafverfahren teilnehmen, dass der Berufsrichter die Methode kennt, die ein rechtsstaatliches Verfahren garantiert und zu einem richtigen und ge-

[2] Vgl. BGH, Urteil vom 01.03.2018, Az.: 4 StR 399/17, NJW 2018, S. 1621.

rechten Urteil führt. Diese Methode ist aber nicht die Gerechtigkeit selbst. Dazu bedarf es zusätzlicher Kompetenzen wie Einfühlungsvermögen, Beachtung der Individualität, Empathie, die auch der Schöffe mitbringt.

TEIL B

KAPITEL 2

Exkurs: Gesunder Menschenverstand, gesundes Volksempfinden, praktische Vernunft

An dieser Stelle soll – als Zwischenschritt – ein Gedanke darauf verwandt werden, ob Schöffen über „gesunden Menschenverstand" verfügen sollen oder ob sie Repräsentanten des „gesunden Volksempfindens" sind – Begriffe, die fälschlicherweise oft synonym verwendet werden. Das **gesunde Volksempfinden** wird als Begriff für das Schöffenamt hier von vornherein ausgeblendet: zum einen, weil er als politischer Kampfbegriff der NSDAP gegen Intellektuelle und alles „Undeutsche" desavouiert ist, zum anderen, weil nicht „das Volk" bestimmt, was „gesund" sein soll, sondern der jeweilige Machthaber oder die veröffentlichte Meinung. Ohne jeden Zweifel müssen ehrenamtliche Richter an die Feststellung von Tatsachen und Persönlichkeitsmerkmalen genauso mit Rationalität, Logik und Erfahrungswissen herangehen, wie dies die Berufsrichter tun.

Die Kombination von „Verstand" und „gesund" ist mehr als missverständlich, weil sie suggeriert, dass es auch einen kranken Verstand geben könnte – und zwar nicht als pathologischen Zustand, sondern als Alternative zu dem gesunden, will heißen „richtigen" Verstand. Was richtig und falsch ist, sagt uns das rationale, vorurteilsfreie Denken. Die Behauptung, der **gesunde Menschenverstand** lege ein Ergebnis bereits nahe, verdeckt nur die Tatsache, dass ein rationales, logisches oder empirisches Argument nicht vorgebracht wird. *Albert Einstein* beschreibt den gesunden Menschenverstand deshalb als „die Summe aller Vorurteile, die sich bis zum 18. Lebensjahr im Bewusstsein festgesetzt haben". Mit Ironie hat es *René Descartes* (1596–1650) auf den Punkt gebracht: „Der gesunde Menschenverstand ist die am besten verteilte Sache in der ganzen Welt, denn ein jeder fühlt sich damit angemessen ausgestattet. So pflegen sich auch jene, die sonst in allen Dingen sehr schwierig zufriedenzustellen sind, von diesem nicht mehr zu wünschen als sie bereits haben."

Schöffen sollen eine auf Erfahrung, Lebenssituation, Ausbildung, soziale Stellung usw. gestützte Rationalität einbringen, die nicht wissenschaftlich-juristisch fundiert sein muss, sondern auf **praktischer Vernunft** beruht. Die verwendeten Begriffe bedürfen der Definition. „Verstand" ist die Fähigkeit, sinnliche oder gedankliche Inhalte im Denken aufzunehmen, zu entwickeln oder zu beurteilen, „Vernunft" das Vermögen, den Zusammenhang von Tatsachen zu erkennen und (umgekehrt) einzelne Tatsachen aus diesem Zusammenhang oder aus allgemeingültigen, systematisch geordneten Prinzipien heraus zu verstehen. Logik ist die Lehre von der Folgerichtigkeit. Die angewandte Logik umfasst die Lehre von der Definition, vom Beweis und der Methode. Im Strafrecht ist die wichtigste logische Regel der „Wenn-dann"-Schritt. Nur *wenn* eine Voraussetzung erfüllt ist, *dann* tritt eine bestimmte Folge ein.

Welche Bedeutung haben diese Überlegungen für die Mitwirkung der Schöffen? Sie ist zunächst eine verstandesbezogene, d. h. die Tatsachen gedanklich logisch und rational verarbeitende Tätigkeit. Das spricht nicht gegen intuitive Wahrnehmungen (z. B. aus der Körpersprache eines Zeugen); sie müssen aber rational und durch Tatsachen untermauert werden. Diese Tatsachen sind in ihrem jeweiligen Zusammenhang zu verstehen. Ist z. B. die fehlerhafte Auskunft eines Verkäufers über den Zustand oder das Vorhandensein einer Sache ein Irrtum bzw. Missverständnis oder eine (betrügerische) Täuschung? Aus den Tatsachen müssen richtige Schlussfolgerungen gezogen werden.

Der Berufsrichter hat die Schöffen auf dem methodischen Weg der Entscheidungsfindung mitzunehmen. Das gilt für das Verfahren (dass aus dem Schweigen eines Beschuldigten keine nachteiligen Schlussfolgerungen gezogen werden dürfen oder nur in der Hauptverhandlung Erörtertes für die Urteilsfindung verwendet werden darf usw.) wie für die materiell-rechtlichen Fragen (Ist ein festgestelltes nötigendes Verhalten auch „verwerflich", um rechtswidrig im Sinne des § 240 Abs. 2 StGB zu sein?). Auch Verknüpfungen mit anderen Rechtsgebieten (Was sind Gründe für eine Insolvenz?) sind zu erläutern. Am Ende steht jeweils eine bestimmte Frage, die die Schöffen auch mit praktischer Vernunft beantworten können. Das klassische Schwurgerichtssystem sah dieses Vorgehen explizit vor. Das Gericht legte der Jury zur Frage der Schuld (Täterschaft) erläuterte Tatsachen- und Rechtsfragen vor, die die Jury zu beantworten hatte. Im Schöffensystem kann nichts anderes gelten, insbesondere weil nunmehr die Berufsrichter in der Beratung auch als Auskunftspersonen für die Schöffen zur Verfügung stehen.

TEIL B

KAPITEL 3

Allgemeine Rechtsstellung der Schöffen

Vorschriften zum Schöffenamt enthalten vor allem das Gerichtsverfassungsgesetz (GVG), die Strafprozessordnung (StPO), das Jugendgerichtsgesetz (JGG) und das Deutsche Richtergesetz (DRiG).

Sozusagen das Grundgesetz für Schöffen sind § 30 GVG (für die Schöffen beim Amtsgericht) und § 77 GVG (für die Schöffen beim Landgericht).

RECHTSVORSCHRIFTEN

§ 30 Abs. 1 GVG
Insoweit das Gesetz nicht Ausnahmen bestimmt, üben die Schöffen während der Hauptverhandlung das Richteramt **in vollem Umfang und mit gleichem Stimmrecht** wie die Richter beim Amtsgericht aus und nehmen auch an den im Laufe einer Hauptverhandlung zu erlassenden Entscheidungen teil, die in keiner Beziehung zu der Urteilsfällung stehen und die auch ohne mündliche Verhandlung erlassen werden können.

§ 77 Abs. 1 GVG
Für die Schöffen der Strafkammern gelten entsprechend die Vorschriften über die Schöffen des Schöffengerichts mit folgender Maßgabe: (...)

Im Wesentlichen sagen diese Vorschriften:

- Schöffen sind in der Hauptverhandlung gleichberechtigte Richter.
- Schöffen nehmen an allen Entscheidungen im Laufe der Hauptverhandlung teil, auch solchen, die nicht das Urteil, sondern das übrige Verfahren betreffen.
- Wenn ausnahmsweise die Schöffen an einer Entscheidung nicht teilnehmen dürfen, muss dies ausdrücklich in einem Gesetz geregelt sein.

Da Schöffen die gesetzlichen Regelungen, nach denen sie von einer Entscheidung ausgeschlossen sind, nicht kennen, können sie bei Zweifeln den Vorsitzenden bitten, ihnen die entsprechende gesetzliche Regelung zu zeigen („Wo steht das?"). Aufgrund ihrer gleichberechtigten Mitwirkung tragen sie die Verantwortung für die Entscheidung des Gerichts in vollem Umfang mit.

1 Gleichstellung mit dem Berufsrichter

(a) Die Schöffen genießen die richterliche **Unabhängigkeit** in gleicher Weise wie die Berufsrichter (§ 45 Abs. 1 Satz 1 DRiG). Vor Ablauf der Amtszeit können sie deshalb gegen ihren Willen nur durch die Entscheidung eines Gerichts abberufen werden. Die Streichung von der Schöffenliste darf nur durch einen von der Geschäftsverteilung des Gerichts dazu bestimmten Richter beim Amtsgericht bzw. eine Strafkammer des Landgerichts vorgenommen werden (§§ 52 Abs. 3, 77 Abs. 1 GVG). Soll der Schöffe wegen gröblicher Verletzung seiner Pflichten des Amtes enthoben werden, ist dazu eine Entscheidung des Strafsenates beim OLG erforderlich (§ 51 GVG). Ein Schöffe kann nicht an ein anderes Gericht oder in einen anderen Spruchkörper versetzt werden, wenn er mit den Berufsrichtern nicht auskommt – oder sie nicht mit ihm. Der Vorsitzende hat nicht die Möglichkeit, den Schöffen bei einem Einsatz zu übergehen oder auszuschließen. Das Gericht darf auch den Schöffen nicht auffordern, sein Amt niederzulegen. Maßgebend hierfür ist das in Art. 101 Abs. 1 Satz 2 GG festgeschriebene Prinzip des gesetzlichen Richters, dem niemand entzogen werden darf.

(b) Die Unabhängigkeit umfasst die **Freiheit von Weisungen und sonstiger Einflussnahme**. Niemand kann dem Schöffen vorschreiben, wie er abzustimmen hat. Zur Unabhängigkeit gehört vor allem die **innere Unabhängigkeit**. Schöffen werden nicht (wie die Berufsrichter) beurteilt und befördert, sind auch (in der Justiz) keinen informellen Einflüssen ausgesetzt. Sie können ohne jede Rücksicht auf Erwartungshaltungen, Lob oder Tadel ihrer Auffassung Ausdruck verleihen, ohne dass sie Nachteile zu befürchten hätten. Schöffen sind die wirklich freien und unabhängigen Richter und damit Garanten für die Unabhängigkeit der Rechtsprechung.

Die Unabhängigkeit des Schöffen kommt auch darin zum Ausdruck, dass die Justiz keinen Einfluss auf seine Wahl hat. Über die Wahl entscheiden im Wesentlichen die kommunalen Vertrauenspersonen. Es kann also niemand wegen seiner Auffassungen, die er in den Beratungen des Gerichts vertreten hat, von einer Wiederwahl ausgeschlossen werden.

(c) Schöffen genießen ebenso wie die Berufsrichter haftungsrechtlich das sog. **Spruchrichterprivileg** (§ 839 Abs. 2 BGB in Verbindung mit Art. 34 GG). Das bedeutet, dass ein Richter wegen einer im Rahmen seiner rechtsprechenden Tätigkeit begangenen Handlung nur dann zur finanziellen Verantwortung gezogen werden kann, wenn es sich bei der fehlerhaften Behandlung der Sache um eine Straftat handelt, z. B. um eine Rechtsbeugung (§ 339 StGB). Wegen eines bloßen Fehlers bei der Rechtsprechung kann ein Gericht nur von einem anderen Gericht korrigiert werden. Zu der Privilegierung bei der Rechtsprechung gehören nicht nur das Urteil selbst, sondern auch die Entscheidungen und Maßnahmen im Zusammenhang mit dem Urteil, z. B. Fehler bei der Beweisaufnahme oder ein wegen falscher Einschätzung der Fluchtgefahr erlassener Haftbefehl. Für den finanziellen Schaden eines zu Unrecht Verfolgten im Strafverfahren haftet der Fiskus des jeweiligen Landes.

(d) Der Schöffe ist an Gesetz und Recht gebunden, bei der **Auslegung** von rechtlichen Begriffen in seiner Wertung aber frei. Dabei kann die bisherige Rechtsprechung, die der Berufsrichter erläutert, ein Anhaltspunkt für die eigene Entscheidung sein. Ob sie auf den vorliegenden Fall zutrifft, muss der Schöffe für sich entscheiden. Juristen neigen manchmal dazu, bestimmten Verhaltensweisen eine stereotype Rechtsfolge zuzuweisen; auf der Strecke bleiben dann die Umstände des Einzelfalles, die konkreten Motive des Täters, die besondere Situation des Opfers. Die Tätigkeit des Richters ist Entscheidung im Einzelfall. Keine Tat ist der anderen völlig gleich. Deshalb können auch die Rechtsfolgen unterschiedlich sein. Die von der Rechtsprechung durch Auslegung des Gesetzes getroffenen Wertungen muss man nicht teilen. Früher war nach herrschender Meinung ein minder schwerer Fall der Vergewaltigung z. B. dann anzunehmen, wenn die Frau zu der Tat Anlass gegeben hatte (wenn sie etwa mit einem fremden Mann in die Wohnung ging oder nachts als Anhalterin in dessen Auto gestiegen war). Gegen diese Auffassung hätte sich auch damals schon ein Schöffe auf den Standpunkt stellen können, dass – egal zu welchem Zeitpunkt die Frau sich entschließt, mit dem Geschlechtsverkehr nicht mehr einverstanden zu sein – ein „Nein" bedeutet, dass jede weitere Handlung einzustellen ist, auch wenn das Verhalten zuvor auf ein Einverständnis schließen lassen konnte.

(e) Von einem Schöffen wird erwartet, dass er sich zu allen Fragen, die in der Hauptverhandlung zur Entscheidung stehen, genauso wie der Berufsrichter eine **eigene Meinung** bildet. Schöffen müssen den Mut haben, ihren Standpunkt zu vertreten, ohne rechthaberisch zu sein; sie müssen sich aber auch von Argumenten der Mitrichter überzeugen lassen, ohne opportunistisch zu sein. Ein Zurückziehen auf die Position „Der Berufsrichter wird schon wissen, was richtig ist – schließlich hat er das Recht ja studiert" ist dem Schöffen verwehrt. Die Frage, ob man einem Zeugen oder Angeklagten glauben kann oder nicht oder ob eine harte oder milde Strafe angemessen ist, ist im konkreten Einzelfall zu entscheiden. Zu Recht hat bereits *Gustav Radbruch* gesagt: „Im Strafrecht kommt auf ein Gramm Rechtskenntnis ein ganzer Zentner Menschenkenntnis." Der französische Philosoph, Mathematiker und Physiker *Blaise Pascal* (1623–1662) hat dies auf die Formel gebracht: „Das Herz hat Vernunftgründe, die die bloße Vernunft nicht kennt." Gnade und Vertrauen können z. B. solche Gründe sein. Und wiederum *Gustav Radbruch* hat erkannt: „Ein guter Strafrichter wird man nicht durch die Ausbildung, sondern zum guten Strafrichter wird man geboren. Das gütige verstehende Herz und die feste Hand kann keine Ausbildung ihm ersetzen."

2 Gleiches Stimmrecht

Schöffen nehmen mit gleicher Stimme an der Hauptverhandlung teil wie die Berufsrichter (§ 30 GVG). „Gleiches Stimmrecht" für die Schöffen bedeutet nicht nur, dass ihre Stimmen genauso zählen wie die der Berufsrichter. Durch die Mehrheit, die für eine Verurteilung erforderlich ist, wird ihr Einfluss auch dort gesichert, wo sie zahlenmäßig in der Minderheit sind. Für eine Verurteilung des Angeklagten und für Art und Höhe der Strafe ist eine **Zwei-Drittel-Mehrheit** erforderlich, d. h. dass sich zwei Drittel der Mitglieder des Gerichts auf das „Schuldig" und auf die Strafe einigen müssen. In den Gerichten, die mit einem Berufsrichter und zwei Schöffen besetzt sind (Schöffengericht beim Amtsgericht, Kleine Strafkammer beim Landgericht), haben die Schöffen in allen Fragen die erforderliche Mehrheit. In den Gerichten, die mit zwei oder drei Berufsrichtern und zwei Schöffen besetzt sind (erweitertes Schöffengericht beim Amtsgericht, Kleine Strafkammer in der erweiterten Besetzung und Große Strafkammer beim Landgericht), haben die Schöffen eine **Sperrminorität**, sodass gegen ihre beiden Stimmen niemand verurteilt werden kann. Da auch die Verständigung im Strafverfahren die Schuld und die Strafe betrifft, müssen zwei Drittel der Mitglieder des Gerichts mit einem solchen Verfahren einverstanden sein.

Dass Schöffen bei der Abstimmung die **gleiche Stimme** haben wie die Berufsrichter, bedeutet insbesondere beim Schöffengericht und der Kleinen Strafkammer, dass sie den Berufsrichter überstimmen können. Das hat der Berufsrichter nicht nur hinzunehmen; er hat die schriftlichen Urteilsgründe so abzufassen, wie sie beraten und von der Mehrheit des Spruchkörpers beschlossen wurden.

> **BEISPIEL**
> Die Kleine Strafkammer des Landgerichts hatte (offensichtlich mit den beiden Schöffen gegen den Berufsrichter) den Angeklagten freigesprochen. Die Revision der Staatsanwaltschaft nahm das OLG Oldenburg zum Anlass zu folgender Anmerkung: „Ein überstimmter Berufsrichter hat in den Urteilsgründen die Mehrheitsmeinung des Spruchkörpers nicht nur im Ergebnis mitzuteilen, sondern auch in angemessener Gewichtung darzustellen. Relativierender und distanzierender Anmerkungen hat er sich strikt zu enthalten. Die Überzeugungsbildung der Laienrichter ist vom Berufsrichter uneingeschränkt zu respektieren. Er darf ihnen nicht durch die Formulierung der Urteilsgründe gewissermaßen ‚in den Rücken fallen'. Keinesfalls wäre es angängig, durch eine bestimmte Fassung der Urteilsgründe einer Urteilsaufhebung im Revisionsrechtszug den Weg bereiten zu wollen."[3]

---

3 OLG Oldenburg, Urteil vom 21.02.2005, Az.: Ss 29/05, RohR 2005, S. 83.

3 Entscheidungen während der Hauptverhandlung

Grundsätzlich nehmen Schöffen an allen Entscheidungen teil, soweit dies nicht gesetzlich ausgeschlossen ist. Sie sind auch an der Entscheidung von **Verfahrensfragen,** die den Ablauf und die Steuerung der Verhandlung betreffen, beteiligt. Diese werden jedoch mit der **einfachen Mehrheit** der Mitglieder des Gerichts entschieden. Wesentliches Merkmal, dass auch die Schöffen an der Entscheidung einer Verfahrensfrage beteiligt sind, ist die Formulierung im Gesetz „entscheidet das Gericht". Bei Stimmengleichheit (die wegen des Verbots der Stimmenthaltung nur bei Gerichten in der Besetzung 2:2 auftreten kann) entscheidet in Verfahrensfragen die Stimme des Vorsitzenden.

Einige wesentliche Entscheidungen, an denen Schöffen beteiligt sind:

- Verhängung eines **Ordnungsgeldes** gegen einen nicht erschienenen oder ungehorsamen Zeugen sowie der **Beugehaft** zur Erzwingung einer Aussage (§ 70 StPO);
- Anordnung einer längeren **Unterbrechung** der Hauptverhandlung, insbesondere eine Vertagung mit der Folge, dass das Verfahren neu begonnen werden muss (§ 228 Abs. 1 StPO);
- Erlass eines **Vorführungs- oder Haftbefehls** gegen den nicht erschienenen Angeklagten (§ 230 Abs. 2 StPO);
- Anordnung der **Verhandlung ohne den Angeklagten**, wenn dieser sich unerlaubt entfernt (§ 231 StPO) oder seine Verhandlungsunfähigkeit (§ 231a StPO) herbeigeführt hat;
- Ablehnung eines **Beweisantrages** (§§ 244 Abs. 6, 245 StPO);
- **Ausschluss der Öffentlichkeit** (§§ 171a, 172 GVG).

4 Gesetzliche Ausnahmen von der Mitwirkung der Schöffen

Schöffen nehmen an einer Entscheidung in Verfahrensfragen dann nicht teil, wenn diese ausdrücklich vom Gesetz dem Vorsitzenden oder den Berufsrichtern vorbehalten ist oder wenn es sich um eine Maßnahme der **Sitzungsleitung** handelt:

- Über einen zulässigen Ablehnungsantrag gegen einen Richter wegen Besorgnis der Befangenheit entscheidet beim Amtsgericht ein anderer Richter des Gerichts, beim Landgericht die Strafkammer ohne den Abgelehnten und ohne die Schöffen (§ 27 StPO). Über die Ablehnung von Schöffen oder des Protokollführers entscheiden beim Amtsgericht der Vorsitzende, bei der Strafkammer die berufsrichterlichen Mitglieder (§ 31 StPO). Die Verwerfung eines *unzulässigen* Ablehnungsantrages beschließt das gesamte Gericht unter Mitwirkung der Schöffen (§ 26a StPO).

- Der Vorsitzende kann einem Zeugen gestatten, seinen Wohnort nicht anzugeben (§ 68 Abs. 2 StPO).
- Die Bestellung eines Pflichtverteidigers nimmt der Vorsitzende vor; über eine dadurch notwendig werdende Aussetzung der Verhandlung, z. B. weil sich der neue Pflichtverteidiger einarbeiten muss, beschließt das Gericht.
- Über die Gewährung von Akteneinsicht des Verteidigers entscheidet allein der Vorsitzende (§ 147 StPO).
- Terminierungen nimmt der Vorsitzende vor (§ 213 StPO).
- Der Vorsitzende ordnet die Beschaffung weiterer Beweismittel an, wenn er einen Beweisantrag für zulässig erachtet (§ 221 StPO), wohingegen die Ablehnung des Beweisantrages eines Gerichtsbeschlusses bedarf (§ 244 StPO).
- Kürzere Unterbrechungen (Sitzungspausen) ordnet der Vorsitzende an, über Aussetzung oder Unterbrechung der Hauptverhandlung entscheidet das Gericht (§ 228 StPO).
- Der Vorsitzende trifft die Maßnahmen, die verhindern, dass sich der Angeklagte aus der Hauptverhandlung entfernt (§ 231 StPO). Über den Erlass eines Haft- oder Vorführungsbefehls gegen den ausgebliebenen Angeklagten beschließt das Gericht (§ 230 Abs. 2 StPO).
- Die Vernehmung von Zeugen unter 18 Jahren wird allein vom Vorsitzenden durchgeführt (§ 241a StPO).
- Zeugen und Sachverständige dürfen sich nur mit Genehmigung des Vorsitzenden von der Gerichtsstelle entfernen (§ 248 StPO).
- Erhebt der Staatsanwalt eine Nachtragsanklage, ordnet der Vorsitzende eine Unterbrechung der Verhandlung an, wenn er es für erforderlich hält (§ 266 Abs. 3 StPO).
- Die Sorge für die Ordnung in der Sitzung hat der Vorsitzende. Für Ordnungsmaßnahmen gegen nicht am Verfahren Beteiligte (Zuhörer, Presse) ist der Vorsitzende allein zuständig; Maßnahmen gegen Prozessbeteiligte (Zeugen, Angeklagte) beschließt das gesamte Gericht (§§ 177, 178 GVG).
- Über die Ingewahrsamnahme (§ 231 Abs. 1 StPO) und Fesselung (§ 119 Abs. 5 StPO) des Angeklagten entscheidet der Vorsitzende.

5 Entscheidungen des Gerichts gegen Maßnahmen des Vorsitzenden

Grundsätzlich obliegt dem Vorsitzenden die Leitung der Verhandlung (§ 238 StPO). In einigen dieser Fälle, die die sog. **Sachleitung** betreffen, steht dem Gericht eine besondere Kontrollmöglichkeit über die Verhandlungsführung des Vorsitzenden zu. Bei solchen Entscheidungen können alle Prozessbeteiligten beantragen, dass das gesamte Gericht eine Entscheidung trifft. Auch die Schöffen können beantragen, dass das Gericht über eine bestimmte Entscheidung des Vorsitzenden beraten und entscheiden soll. Das Gericht kann nur über die Rechtmäßigkeit der Maßnahme oder Anordnung des Vorsitzenden entscheiden, nicht über deren Zweckmäßigkeit. Es entscheidet nach Anhörung der Prozessbeteiligten durch Beschluss.

Folgende Fälle der **Sachleitungsbefugnis** nennt die StPO, in denen zunächst der Vorsitzende, auf Antrag oder Widerspruch eines Beteiligten das gesamte Gericht entscheidet (§ 238 Abs. 2 StPO):

- Zeugen werden nur vereidigt, wenn es das Gericht wegen der ausschlaggebenden Bedeutung der Aussage oder zur Herbeiführung einer wahren Aussage nach seinem Ermessen für notwendig hält (§ 59 StPO);
- Zeugen kann gestattet werden, Angaben zur Identität nicht zu offenbaren, wenn Leib oder Leben gefährdet sind (§ 68a Abs. 3 StPO);
- Zulassung des Ehegatten eines Angeklagten als Beistand (§ 149 StPO);
- Absehen von der Verlesung von Schriftstücken (§ 249 Abs. 2 StPO);
- Anordnung der Protokollierung von Aussagen oder Vorgängen (§ 273 StPO);
- Zurückweisung von Fragen (§ 242 StPO).

Für die Schöffen reicht die Faustregel, dass sie immer an einer Entscheidung teilnehmen, soweit das Gesetz nicht ausnahmsweise bestimmt, dass die Entscheidung oder Maßnahme nur vom Vorsitzenden oder von den Berufsrichtern zu treffen ist.

6 Zusammenarbeit mit den Berufsrichtern

Ein Spruchkörper ist ein Kollegialorgan von gleichberechtigten Richtern – ehrenamtlichen wie hauptamtlichen. Das erfordert gegenseitigen Respekt und Akzeptanz. Ein Berufsrichter hat seine über 26-jährige Erfahrung in der Zusammenarbeit mit Schöffen so beschrieben:

„Ich möchte keine Stunde dieser gemeinsamen Arbeit missen, nicht nur, weil ich davon überzeugt bin, dass die Mitarbeit von ehrenamtlichen Richterinnen und Richtern in der Strafgerichtsbarkeit ein Teil der demokratischen Legitimation dieses Arbeitsfeldes ist, sondern weil die Mitwirkung der Laien den Berufsrichter zu einer klaren und gründlichen Durchführung des Verfahrens zwingt sowie dazu, deren mögliche Einwände von vornherein zu bedenken und ihnen gegebenenfalls Rechnung zu tragen. Darin allein liegt schon der Wert selbst einer scheinbar passiven Mitwirkung des Laienrichters. Zwar halte ich Letzteres keinesfalls für wünschenswert; es hat aber meine Wertschätzung des Schöffenamtes nicht geschmälert, auch nicht jene turbulente halbe Stunde, nachdem ein Schöffe vor Beginn der Beratung erklärt hatte, ihm komme es auf das Beweisergebnis nicht an; er sei vielmehr von seinen Freunden beauftragt, den Freispruch der Angeklagten zu bewirken. Auch das hat sich wieder eingerenkt. Der Strafprozess und mit ihm die Urteilsfindung, insbesondere die Findung des Strafmaßes, ist ein dialektischer Vorgang. Darin fließen viele widerstreitende Faktoren zusammen und suchen nach einer Synthese: der Strafanspruch des Staates, das

Strafbedürfnis und die Strafempfindlichkeit des Angeklagten, Tatschwere und persönliche Schuld, das Genugtuungsinteresse des Opfers und die Stigmatisierung des Täters; die Aufzählung ließe sich fortsetzen. In diesem dialektischen Prozess, der sich gerade auch in der Beratung abspielt, vermag die Mitwirkung von Laien nicht nur der Betriebsblindheit der Berufsrichter entgegenzuwirken, sondern die Anwesenheit von Schöffen zwingt – anders als bei Berufskollegen, denen gegenüber vieles, weil selbstverständlich, nicht gesagt zu werden braucht – den Berufsrichter dazu, Überzeugungsarbeit leisten und sich dabei selbst prüfen zu müssen. Natürlich gibt es Defizite im Erfahrungshintergrund der Schöffen, was besonders deutlich in Wirtschaftsstrafverfahren wird, wo es darum geht, Bilanzen lesen und Steuererklärungen nachprüfen zu können. Natürlich gibt es den überlasteten Schöffen, dem mühsam die Mitnahme des Handys in die Hauptverhandlung „ausgeredet" werden muss. Natürlich gibt es den rechthaberischen oder den von seinen Gefühlen hin und her gerissenen Schöffen, aber – Hand aufs Herz – gibt es nicht auch Berufsrichter dieser Art? Über all diesen sachlichen und persönlichen Unterschieden steht das Gebot, gemeinsam ein Verfahren zu bestehen, mag es auch noch so widrig sein. Für beide, Berufs- wie Laienrichter, gilt das ‚Morgengebet des Richters': Herr, mache mich meiner Abhängigkeiten bewusst, damit ich versuchen kann, unabhängig zu sein. Denn erst dann, wenn ich mir bewusst mache, dass ich ‚heute nicht gut drauf bin', dass ich heute schon Ärger hatte, dass mir das Gesicht des Angeklagten nicht gefällt, ja dass ich ihn nicht riechen kann, kann ich mit diesen Faktoren umgehen und verhindern, dass sie auf meine Entscheidung durchschlagen. Zu Kollegen, die die richterliche Unabhängigkeit allzu sehr betonen, habe ich schon gesagt, sie werde einem bei der Ernennung zum Richter nicht übergestülpt wie ein Sack. Vielmehr müsse sie täglich neu dadurch errungen werden, dass man sich seiner vielen Abhängigkeiten bewusst werde."[4]

Im Team mit juristisch nicht vorgebildeten, aber erfahrenen, psychologisch, empathisch agierenden Menschen eine Entscheidung über Schuld und Strafe zu treffen, sich mit ihnen argumentativ und zielorientiert auseinanderzusetzen, lernen viele Juristen erst in der beruflichen Praxis – leider nicht alle. Die klare Rechtslage nach § 257b StPO hindert manchen Vorsitzenden nicht daran, Schöffen von Erörterungen über den Verfahrensstand („Rechtsgespräche") mit Staatsanwalt und Verteidiger in Sitzungspausen von wesentlichen Teilen auszuschließen. Das macht die nachfolgende Stellungnahme eines Berliner Richters deutlich, der sich dazu sogar schriftlich äußerte: „Es ist zutreffend, dass ich die Schöffin (und ihre Kollegin) zu verschiedenen Sitzungen, nachdem die Hauptverhandlung unterbrochen wurde, aus dem Sitzungszimmer gebeten habe. Dies diente jedoch nicht zur Absprache über Strafmaße oder Ähnliches. Absprachen im formellen Sinn wurden nicht getroffen; dies war auch nicht beabsichtigt. Die Gespräche zwischen den Berufsquästen dienen zur Bestimmung des Standortes innerhalb des Verfah-

---

[4] *Hans-Alfred Blumenstein,* Erfahrungen aus der Zusammenarbeit mit ehrenamtlichen Richterinnen und Richtern, RohR 1996, S. 150.

rens. Eine Beteiligung der Schöffen erscheint mir weder notwendig noch sinnvoll, Letzteres weil nicht auszuschließen ist, dass in der sich ergebenden lockeren Gesprächsatmosphäre die Schöffen sich unter Umständen zu Ausführungen hinreißen lassen könnten, die auf eine Befangenheit hindeuten. Auch könnte durch zusätzliche Informationen während des Gesprächs der Unmittelbarkeitsgrundsatz gefährdet werden."

Diese Einstellung ist von einer Überheblichkeit des Berufsrichters geprägt, die weder dem Gesetz entspricht, noch von Erfahrungssätzen gestützt wird. Warum der Unmittelbarkeitsgrundsatz gefährdet sein soll, wenn keine Absprache erfolgt, erschließt sich nicht.

KAPITEL 4

Verantwortung und ethisches Verhalten der Schöffen

Die Gleichstellung mit den Berufsrichtern bedeutet, dass Schöffen die gleiche Verantwortung für das Urteil tragen. Diese Verantwortung kann auf niemanden abgewälzt werden. Ob das Urteil gerecht ist, ein Unschuldiger verurteilt oder ein Schuldiger zu Unrecht freigesprochen wird, haben Schöffen wie Berufsrichter in gleicher Weise zu verantworten. Der Eingriff in Leben und Rechte anderer Menschen erfordert Mut zur eigenen Meinung und das Bewusstsein über die (möglichen) Folgen der Entscheidung. Das Ausschöpfen aller Informationen für die Entscheidung, die unvoreingenommene Bewertung aller Beweismittel aufgrund eigener Überzeugung sind Pflicht und Selbstverständlichkeit. Schöffen dürfen bei ihrer Entscheidung nur sachliche Argumente berücksichtigen und haben ohne Ansehen der Person, des Status oder sozialer Zugehörigkeit, ohne emotionale Betroffenheit oder Beeinflussung durch eine veröffentlichte Meinung zu entscheiden.

Ethisches Verhalten der Schöffen[5] beruht auf zwei tragenden Säulen: dem Richterbild des Grundgesetzes und der Verantwortung bei der Ausübung staatlicher Gewalt im staatsbürgerlichen Ehrenamt. Das richterliche Ehrenamt ist mit der Macht ausgestattet, in die Rechte anderer Menschen gestaltend einzugreifen. Daraus folgen Grundsätze, die das Verhalten der Schöffen prägen, das Bewusstsein über die Verantwortung des Amtes schärfen und dazu befähigen, Verhalten und Entscheidungen selbstkritisch zu reflektieren.

Die Anforderungen gelten für alle ehrenamtlichen Richter, gleichgültig ob sie als Vertreter der Allgemeinheit (des Volkes), einer bestimmten Gruppe oder wegen ihrer besonderen Sachkunde gewählt bzw. berufen werden. Ethisches Verhalten ist eine permanente Aufgabe, die sich in dem Bestreben nach einer fairen und gerechten Entscheidung im Einzelfall äußert. Die Bereitschaft, unterschiedliche Verhaltensweisen, Ansprüche und Rechtspositionen gegeneinander abzuwägen, bezieht die gesamte Persönlichkeit ein und endet nicht mit dem Verlassen des Gerichts.

Schöffen leisten einen Beitrag zu einem zügigen Verfahren. Sie vermeiden alles, was zu einer Verzögerung des Verfahrens beiträgt; deshalb teilen sie die

---

[5] Bundesverband ehrenamtlicher Richterinnen und Richter (Hrsg.), Ethische Grundsätze der ehrenamtlichen Richterinnen und Richter, 2017, www.schoeffen.de/assets/Download/pdf_Bundesverband/Ethik_ea_Richter_final.pdf.

Gründe einer etwaigen Verhinderung oder Unzumutbarkeit der Teilnahme, eines gesetzlichen Ausschlusses oder einer Besorgnis der Befangenheit rechtzeitig dem Vorsitzenden mit. Die Pflicht zur Teilnahme umfasst die aktive Beteiligung an Verhandlung und Beratung mit den berufsrichterlichen Mitgliedern des Kollegiums. Als Repräsentanten des Rechtsstaates fördern sie durch persönliche Integrität und angemessenes Verhalten innerhalb und außerhalb ihres Amtes das Vertrauen in die Rechtsprechung. Das Eintreten für die freiheitliche demokratische Grundordnung und den Rechtsstaat sind selbstverständliche Voraussetzungen für die Ausübung des richterlichen Ehrenamtes.

2014 wurde Deutschland von GRECO (Group of States against Corruption), einer Gruppe von 49 „Staaten gegen Korruption", die nach den Grundsätzen des Europarates den Standard der Mitgliedstaaten bei der Prävention und Bekämpfung von Korruption regelmäßig überprüft, einer Evaluierung unterzogen. Diese befasste sich mit dem Standard der Vermeidung von Korruption bei Abgeordneten, Richtern und Staatsanwälten. Auch die ehrenamtlichen Richter standen dabei im Fokus. In großer Weitsicht stellte das Evaluierungsteam eine Verbindung zwischen der Gefahr korruptiven Verhaltens und dem Wissen über das Amt, dessen Rechte und Pflichten her.[6] Es registrierte mit Sorge, dass ehrenamtliche Richter nicht systematisch eine Grundausbildung oder einleitende Informationen zu ihrer Rolle und dem von ihnen erwarteten Verhalten erhalten. Gezielte Fortbildungsmaßnahmen und vertrauliche Beratungsangebote seien auch für ehrenamtliche Richter unerlässlich.

Nach einigen Landesregelungen sollen ehrenamtliche Richter beim jeweiligen Gericht einleitende Informationen erhalten. Diese werden jedoch nicht systematisch angeboten und dort, wo sie existieren, variieren sie hinsichtlich des Inhalts und der Qualität von Gericht zu Gericht stark und werden weder evaluiert noch kontrolliert. Der Bericht kommt zu dem Ergebnis, dass Einführungskurse und andere bewusstseinsschärfenden Maßnahmen noch zu wünschen übrig lassen und dass es von größter Bedeutung ist, dass auch ehrenamtliche Richter, die im deutschen Gerichtssystem eine wichtige Rolle spielen, von adäquaten Fortbildungsveranstaltungen profitieren können.

---

[6] GRECO (Hrsg.), Korruptionsprävention in Bezug auf Abgeordnete, Richter und Staatsanwälte, Vierte Evaluationsrunde, Evaluierungsbericht Deutschland, Straßburg 2014, Textziffern 148, 190, 191, 252, www.bmjv.de/SharedDocs/Downloads/DE/Fachinformationen/GRECO_Evaluierungsrbericht_2014.pdf;jsessionid=8F9AB71A65848CF0393717BF8F47F629.1_cid324?__blob=publicationFile&v=3.

KAPITEL 5

Strafbarkeit der Schöffen

Die Gleichstellung mit den Berufsrichtern bedeutet auch, dass die Schöffen den gleichen strafrechtlichen Anforderungen unterworfen sind. § 11 Nr. 3 StGB stellt die ehrenamtlichen Richter den Berufsrichtern gleich.

(a) Ein Schöffe, der bei seiner Entscheidung zugunsten oder zum Nachteil einer Partei das Recht beugt, wird wegen **Rechtsbeugung** mit Freiheitsstrafe von einem Jahr bis zu fünf Jahren bestraft. Rechtsbeugung heißt, dass der Richter das geltende Recht „zugunsten oder zum Nachteil einer Partei" bewusst falsch anwendet. In der Praxis hat dieser Fall aus mehreren Gründen für Schöffen wie für Berufsrichter kaum praktische Relevanz. Verurteilungen wegen Rechtsbeugung sind an einer Hand abzuzählen. Da der Schöffe das Recht nicht kennen muss, wird ihm dessen bewusste Verletzung kaum nachzuweisen sein. Er müsste zumindest einen anderen Richter des Kollegialorgans davon überzeugen mitzumachen. Allerdings ist schon der Versuch (da es sich um ein Verbrechen handelt) strafbar. *Holzhauer* kommt zu dem Schluss: „In normalen Zeiten schließt die Kontrolle durch Rechtsbehelfe, durch das Kollegialprinzip sowie durch die Öffentlichkeit [eine Rechtsbeugung] weitgehend aus."[7] Ein Fall, der in der Praxis gar nicht so selten sein dürfte (ohne dass es gesicherte wissenschaftliche Kenntnisse darüber gibt), ist die Verurteilung oder zumindest Einstellung nach § 153a StPO trotz erheblicher Zweifel an der Täterschaft, weil das Gericht der Auffassung ist, der Angeklagte habe „so oder so" eine Strafe verdient.[8] Insbesondere seit der gesetzlichen Anerkennung der Verständigung (sog. Deal) im Strafverfahren ist diese „Notbremse" zur Vermeidung eines Freispruchs durchaus verbreitet.

(b) Lässt sich ein Schöffe Vorteile dafür versprechen, fordert er einen solchen oder nimmt er ihn an zum Ausgleich dafür, dass er pflichtwidrig auf die Gestaltung des Urteils Einfluss nimmt, kann er wegen **Bestechlichkeit** (§ 332 StGB) zu einer Freiheitsstrafe von bis zu zehn Jahren verurteilt werden. Bietet er an, den zweiten Schöffen zu bestechen, damit (auch) dieser für einen Freispruch stimmt, liegt – neben der eigenen Bestechlichkeit – in der Bereitschaft, den zweiten

---

[7] *H. Holzhauer*, Rechtsbeugung, in: Handwörterbuch zur deutschen Rechtsgeschichte, Bd. 4, Berlin 1990, Sp. 272, 276.
[8] Siehe zu diesem Beispiel: *Lothar Kuhlen,* in: Kindhäuser/Neumann/Paeffgen (Hrsg.), Strafgesetzbuch, 2. Aufl., Bd. 2, Baden-Baden 2005, § 339 StGB, Rn. 11.

Schöffen zu einem fehlerhaften Freispruch anzustiften, eine Straftat nach §§ 30 Abs. 2, 339 StGB (Anstiftung zu einem Verbrechen der Rechtsbeugung).⁹

Auch wenn er einen Vorteil annimmt, fordert oder sich versprechen lässt, ohne dass damit eine pflichtwidrige Handlung verbunden ist, kann der Schöffe wegen **Vorteilsannahme** (§ 331 StGB) mit bis zu fünf Jahren Freiheitsstrafe belegt werden. Der Strafrahmen für Richter – auch ehrenamtliche Richter – ist höher als bei Beamten oder sonstigen Amtsträgern. Der Gesetzgeber hat damit der hohen Verantwortung des Amtes Rechnung getragen.

BEISPIEL

Kaum hatte D. in der Beratung realisiert, welch wichtige Rolle er als Schöffe in einem Strafprozess spielt, hat er sie schamlos ausgenutzt. Noch am Abend fuhr er zu einem der Angeklagten, einem Bauunternehmer, um ihm einen Freispruch zu verkaufen. 40.000 € wollte er für sich und den zweiten Schöffen, um den Richter in seinem Urteil zu überstimmen. Doch die Sache flog auf. D. sitzt nun selbst als Angeklagter vor Gericht – wegen Bestechlichkeit. Er wollte, so ließ er sich ein, nur ein fatales Fehlurteil abwenden. Er habe an die Unschuld des Bauunternehmers geglaubt und sich am Richter rächen wollen, denn der habe ihn, den Schöffen, gar nicht nach seiner Meinung gefragt. Der Vorsitzende habe ihn behandelt „wie einen Statisten. Das fand ich ungerecht". Deshalb habe er B. den Tipp gegeben, einen Befangenheitsantrag zu stellen. Geld habe er nie verlangt. Nur Genugtuung wollte er, ernst genommen werden. Das Ergebnis: drei Jahre Freiheitsstrafe wegen schwerer Bestechlichkeit.¹⁰

(c) Wer weiß, dass der Angeklagte nicht schuldig ist oder aus einem sonstigen Grund nicht strafrechtlich verfolgt werden kann, und trotzdem auf eine strafrechtliche Verfolgung hinwirkt, kann sich wegen **Verfolgung Unschuldiger** (§ 344 StGB) strafbar machen. Ein praktisches Beispiel bei einem Schöffen gibt es dazu in der Rechtsprechung bislang nicht.

(d) Auch die **Verletzung des Dienstgeheimnisses** steht unter Strafe (§ 353b StGB), im Höchstmaß Freiheitsstrafe bis zu drei Jahren. Eine solche Straftat liegt in der Regel vor, wenn ein Beteiligter Tatsachen offenbart, die der Geheimhaltung unterliegen und deshalb in nichtöffentlicher Sitzung verhandelt werden. Auch durch Anordnung des Vorsitzenden kann die Geheimhaltung veranlasst werden.

---

9   BGH, Urteil vom 23.11.2015, Az.: 5 StR 352/15, RohR 2016, S. 23.
10 *Elke Spanner,* Der Richter und sein Lenker, ZEIT online vom 25.03.2015, www.zeit.de/2015/12/justiz-hamburg-prozess-schoeffe-bestechung.

In Rechtsprechung und Literatur ist umstritten, ob die Verletzung des **Beratungsgeheimnisses** eine Straftat im Sinne des § 353b StGB ist. Das OLG Köln hat in einem Fall eine Strafbarkeit deshalb verneint, weil es an einer Gefährdung wichtiger öffentlicher Interessen als Folge der Vorgehensweise des Schöffen gefehlt habe.[11] Generell eine Strafbarkeit verneint hat das OLG Düsseldorf, das das richterliche Beratungsgeheimnis für eine von der Amtsverschwiegenheit im Sinne des § 353b StGB unabhängige richterliche Pflicht hält, die (lediglich) der Dokumentation der Einheit des Richterkollegiums nach außen und damit der Wahrung von Ansehen und Autorität des Richterspruchs diene.[12]

---

11   OLG Köln, Urteil vom 11.01.2005, Az.: 8 Ss 460/04, RohR 2005, S. 82.
12   OLG Düsseldorf, Beschluss vom 05.09.1980, Az.: 1 Ws 419/80, NStZ 1981, S. 25.

KAPITEL 6

Schutzrechte gegenüber dem Arbeitgeber

Die Ausübung des Schöffenamtes ist in einer Reihe von Fällen mit Nachteilen für den Amtsinhaber bedroht. Nicht jeder (private wie öffentliche) Arbeitgeber unterstützt seine Arbeitnehmer nachhaltig in der Ausübung ihres Schöffenamtes. Deshalb sind Schöffen gesetzlich vor Nachteilen an ihrem Arbeitsplatz geschützt. Es ist verboten, Schöffen oder andere ehrenamtliche Richter in der Übernahme oder der Ausübung ihres Amtes zu benachteiligen.

RECHTSVORSCHRIFT

§ 45 Abs. 1a DRiG
Niemand darf in der Übernahme oder Ausübung des Amtes als ehrenamtlicher Richter beschränkt oder wegen der Übernahme oder Ausübung des Amtes benachteiligt werden. Ehrenamtliche Richter sind für die Zeit ihrer Amtstätigkeit von ihrem Arbeitgeber von der Arbeitsleistung freizustellen. Die Kündigung eines Arbeitsverhältnisses wegen der Übernahme oder der Ausübung des Amtes ist unzulässig. Weitergehende landesrechtliche Regelungen bleiben unberührt.

(a) Die Vorschrift enthält als Grundsatz ein allgemeines **Benachteiligungsverbot**. Das Verbot beinhaltet z. B., dass der Schöffe bei der Bewerbung um eine Stelle nicht benachteiligt werden darf. Ein Arbeitgeber darf die Einstellung nicht ablehnen, weil der Bewerber das Schöffenamt ausübt. Deshalb darf er erst gar nicht danach fragen. Tut er es dennoch, darf der Schöffe sein Ehrenamt bei der Einstellung verschweigen oder die Frage (wahrheitswidrig) verneinen. Eine Kündigung kann auf das Verschweigen oder wahrheitswidrige Verneinen nicht gestützt werden. Insoweit gilt dasselbe wie beim Schutz einer Schwangeren. Allerdings muss dieses Recht realistisch gesehen werden. In aller Regel hat der neue Arbeitnehmer eine Probezeit, innerhalb derer der Arbeitgeber mit Sicherheit Kenntnis vom Ehrenamt erhält. Die Nichtübernahme in ein dauerhaftes Arbeitsverhältnis muss vom Arbeitgeber nicht begründet werden. In diesen Fällen läuft der gesetzliche Schutz ins Leere. Deshalb hilft in der Praxis häufig nichts anderes als Offenheit. Sollte der Arbeitnehmer nicht eingestellt werden, kann wegen einer Verletzung des Diskriminierungsverbotes auf Schadenersatz geklagt werden.

Auch bei der **Entlohnung** darf der Schöffe nicht benachteiligt werden. Werden z. B. in einem Betrieb Prämien gezahlt, deren Höhe sich danach bemessen, wie oft der Arbeitnehmer im Laufe des Jahres (z. B. wegen Krankheit) der Arbeit ferngeblieben ist, dürfen die Tage, die er als Schöffe bei Gericht gewesen ist, nicht als Fehlzeiten angerechnet werden. Eine Benachteiligung bei **Beförderungen** oder Höhergruppierungen wegen der ehrenamtlichen Tätigkeit ist ebenso untersagt.

(b) Der Arbeitgeber ist verpflichtet, den Schöffen für seine Tätigkeit bei Gericht **freizustellen.** Die dabei versäumte Zeit darf er nicht als Fehlzeiten anrechnen. Er darf weder verlangen, dass der Schöffe für die Zeit bei Gericht Erholungsurlaub nimmt, noch fordern, dass die Arbeit nachgeholt wird. Deshalb ist es untersagt, die durch den Schöffendienst versäumte Arbeitszeit vom Zeitkonto des Schöffen abzuziehen. Eine rechtlich problematische Variante ergibt sich aus der Rechtsprechung des BAG und des BVerwG bei gleitender Arbeitszeit im öffentlichen Dienst. Beide Gerichte haben entschieden, dass der Freistellungsanspruch nur für die sog. Kernzeit mit Anwesenheitspflicht gilt. Die restliche Zeit (Gleitzeit), die der Schöffe bei Gericht verbringt, soll als Freizeit eingesetzt werden. Das bedeutet faktisch, dass diese Zeit vom Schöffen „nachgearbeitet" wird. Das BVerwG hat die einzusetzende Freizeit auf drei Stunden pro Woche begrenzt.[13] In der Praxis sind durch die Rechtsprechung des BAG in länger andauernden Verfahren bei Schöffen Fehlzeiten aufgetreten, die in einigen Fällen bis zu 60 Stunden im Monat erreichten.[14] Der Gesetzgeber ist aufgefordert, den Schutz der ehrenamtlichen Richter zu verbessern.

(c) Eine **Kündigung** wegen der Übernahme oder Ausübung des Amtes ist unzulässig. Gegen eine Kündigung kann der Schöffe vor dem Arbeitsgericht klagen. Ihn trifft aber die Beweislast, dass die Kündigung wegen des Schöffenamtes ausgesprochen wurde. Dieser Nachweis wird ihm häufig nicht gelingen, wenn der Arbeitgeber auf andere vorgeschobene Kündigungsgründe ausweicht. Hier ist der gesetzliche Schutz der ehrenamtlichen Richter unzureichend.

(d) Die Länder sind berechtigt, die Rechtsstellung der Schöffen gesetzlich zu verbessern. Ein Beispiel (und einziges) ist Art. 110 LVerf Bbg. Nach dieser Bestimmung kann einem ehrenamtlichen Richter nur aus Gründen gekündigt werden, die eine **außerordentliche Kündigung** rechtfertigen. Schöffen genießen danach einen ähnlichen Schutz wie Betriebs- oder Personalratsmitglieder.[15] Die Regelung gilt zunächst für Brandenburger Schöffen, die in Brandenburg arbeiten. In Berlin arbeitende Brandenburger Schöffen können sich auf diesen Schutz

---

13 BVerwG, Urteil vom 28.07.2011, Az.: 2 C 45.09, RohR 2011, S. 143 mit Anm. *Wolmerath.*
14 BAG, Urteil vom 22.01.2009, Az.: 6 AZR 78/08, RohR 2009, S. 47.
15 Ausführlich zum besonderen Schutz nach Brandenburger Recht: *Hasso Lieber,* in: ders./ Steffen Johann Iwers/Martina Ernst, Verfassung des Landes Brandenburg, Wiesbaden 2012, Art. 110.

nicht berufen, da der Berliner Arbeitgeber der Geltung der Brandenburger Landesverfassung nicht unterfällt. Ob auch Schöffen aus den angrenzenden Ländern, die in Brandenburg arbeiten, diesen Schutz genießen, ist von der Rechtsprechung bislang nicht entschieden worden. Hier wird die Auffassung vertreten, dass dies der Fall ist, da Normadressat in Art. 110 LVerf Bbg die Brandenburger Arbeitgeber sind.

(e) In Grenzregionen taucht häufig die Frage auf, ob ein im benachbarten Ausland beschäftigter Schöffe die gleichen Schutzrechte gegenüber seinem Arbeitgeber besitzt. Der ausländische Arbeitgeber unterfällt nicht dem deutschen Recht, sodass der Schöffe als Arbeitnehmer keine Möglichkeit hat, den Schutz des DRiG gegen ihn geltend zu machen. Eine europäische Regelung zum Schutz ehrenamtlicher Richter gibt es (noch) nicht.

(f) Anders als für die Benachteiligung von ehrenamtlichen Richtern in der Arbeits- und der Sozialgerichtsbarkeit ist die Benachteiligung von Schöffen nicht unmittelbar strafrechtlich sanktioniert. Wer einen ehrenamtlichen Arbeitsrichter (vgl. § 26 Abs. 2 ArbGG) oder Sozialrichter (vgl. § 20 Abs. 2 SGG) in der Übernahme oder Ausübung seines Amtes behindert, kann mit Geldstrafe oder Freiheitsstrafe bis zu einem Jahr bestraft werden. Ganz straflos ist aber die Benachteiligung eines Schöffen nicht. Wer – wie aus der betrieblichen Praxis nicht nur in Einzelfällen berichtet wird – Schöffen dazu veranlasst, das Amt abzulehnen oder aufzugeben und mit Nichteinstellung oder Kündigung droht, begeht eine Nötigung nach § 240 StGB.

TEIL B

Kontrollfragen

Es können eine oder mehrere der vorgegebenen Antworten richtig sein.

1. Welche der folgenden Aussagen ist richtig?
a) Schöffen haben das gleiche Stimmrecht wie die Berufsrichter.
b) Gegen beide Schöffen kann kein Angeklagter verurteilt werden.
c) Bei Stimmengleichheit über die Schuldfrage entscheidet die Stimme des Vorsitzenden.

2. Woran sind die Schöffen gebunden?
a) an die Rechtsprechung des Bundesgerichtshofs
b) an die Weisungen des Vorsitzenden
c) nur an Gesetz und Recht

3. Für welche Entscheidungen des Gerichts ist eine einfache Mehrheit erforderlich?
a) Erlass eines Haftbefehls gegen den nicht erschienenen Angeklagten
b) Höhe der Strafe
c) Ordnungsgeld gegen einen Angeklagten

4. An welchen Entscheidungen nimmt ein Schöffe nicht teil?
a) Ausschluss der Öffentlichkeit
b) Ordnungsgeld gegen einen Zuschauer im Gerichtssaal
c) Ordnungsgeld gegen den Angeklagten

5. Wer darf einen Zeugen unter 18 Jahren vernehmen?
a) der Vorsitzende
b) der Verteidiger
c) der Schöffe

6. Wann haftet ein Schöffe für ein falsches Urteil?
a) wenn das Urteil durch das höhere Gericht aufgehoben wurde und dem Angeklagten ein Schaden entstanden ist
b) wenn sich im Wiederaufnahmeverfahren nach zehn Jahren die Unschuld des Angeklagten erweist
c) wenn der Schöffe vom Angeklagten Geld angenommen hat, für einen Freispruch zu stimmen

TEIL B KONTROLLFRAGEN

7. Wer entscheidet über die Aussetzung einer Hauptverhandlung?
a) nur der Vorsitzende
b) das Gericht
c) nur die Berufsrichter

8. Welche Rechte hat ein Schöffe gegen seinen Arbeitgeber?
a) Freistellung von der Arbeit
b) Anspruch auf Lohnfortzahlung
c) Kündigungsschutz

Lösung:
1. a) b); 2. c); 3. a); 4. b); 5. a); 6. c); 7. b); 8. a) c)

TEIL C

Pflichten der Schöffen

Die Schöffen sind in Bezug auf ihre Pflichten den Berufsrichtern gleichgestellt. Teil C behandelt die mit dem Amt verbundene Pflicht zum Schöffendienst, die Art und Weise des Einsatzes von Haupt- und Hilfsschöffen sowie die Pflicht- und Obliegenheitspflichtverletzungen und die dafür drohenden Sanktionen.

KAPITEL 1

Teilnahme an der Sitzung

Vorrangige Pflicht der Schöffen ist die Teilnahme an den Sitzungen. Hiervon können sie nur in den gesetzlich vorgesehenen Fällen entbunden werden. Die Teilnahme der „richtigen" Schöffen an der Hauptverhandlung hat den Rang eines Verfassungsgrundsatzes (Prinzip des gesetzlichen Richters).

1 Pünktliche, körperliche und geistige Anwesenheit

Die Schöffen sind verpflichtet, pünktlich zum Sitzungsbeginn zu erscheinen, d. h. in aller Regel eine Viertelstunde vor Beginn der Hauptverhandlung. In dieser Zeit erhalten sie von den Berufsrichtern einführende Informationen über den Prozessstoff im Beratungszimmer. Schöffen müssen auch mental in der Hauptverhandlung anwesend sein. Wer z. B. völlig übermüdet erscheint, sodass er der Sitzung nicht folgen kann, wird wie ein nicht anwesender Schöffe behandelt.

2 Prinzip des gesetzlichen Richters

Das Strafverfahren muss vor einem gesetzlich feststehenden, im Voraus bestimmten, unabhängigen Gericht stattfinden (gesetzlicher Richter, Art. 101 Abs. 1 Satz 2 GG). Das bedeutet, dass sowohl das Gericht (Amtsgericht, Landgericht usw.) als auch der für den Angeklagten konkret zuständige Spruchkörper und dessen Mitglieder nach abstrakten, von dem konkreten Verfahren unabhängigen Regeln bestimmt sein müssen, bevor das Verfahren gegen den Angeklagten bekannt ist. Die Berufsrichter werden durch die Geschäftsverteilung und die Hauptschöffen durch die Auslosung jeweils am Jahresende für das gesamte kommende Jahr im Voraus bestimmt. Damit sollen sachfremde Einflüsse auf die Zusammensetzung des Gerichts ausgeschlossen werden. Das Gericht soll nicht auf die Tat oder den Angeklagten speziell zugeschnitten werden können. Um Manipulationen auszuschließen, ist das Verfahren, wie die Schöffen für die einzelnen Sitzungen bestimmt werden, ebenso gesetzlich präzise festgelegt wie die Vertretung eines verhinderten Schöffen.

Für die Schöffen hat dieses Prinzip zur praktischen Konsequenz, dass ihre Befreiung von einem Termin genauen Regeln unterworfen ist. Ein Schöffe kann sich nicht ohne Weiteres von einer Sitzung, zu der er geladen ist, abmelden und sich vertreten lassen. Es bedarf einer Entscheidung des Vorsitzenden, die sich an den gesetzlichen Vorgaben der Befreiung zu orientieren hat. Der Verdacht von Manipulationen würde die Revision gegen das Urteil wegen falscher Besetzung des Gerichts begründen.

3 Einsatz der Hauptschöffen

3.1 Bestimmung der Sitzungstage

Die Hauptschöffen werden am Ende eines jeden Jahres auf die einzelnen Sitzungstage des kommenden Jahres ausgelost. Welche und wie viele Sitzungstage ein Spruchkörper hat, wird durch das Präsidium eines Gerichts bestimmt. Das ist ein von den Richtern für jedes Gericht gewähltes Selbstverwaltungsgremium. Die vom Präsidium zugewiesenen Sitzungstage sind die „ordentlichen"; sollte ein Spruchkörper zusätzliche Sitzungstage benötigen, an denen eine Hauptverhandlung beginnt, handelt es sich um „außerordentliche".

3.2 Auslosung der Hauptschöffen

(a) Die Art und Weise der Auslosung ist gesetzlich nicht geregelt. § 45 Abs. 2 Satz 2 GVG erwähnt nur, dass die Auslosung auch so gestaltet werden kann, dass jeder Hauptschöffe nur an den Sitzungen *eines* Schöffengerichts teilnimmt. Je nachdem, welcher Besetzungsmodus gewollt ist, wird in der Auslosung unterschiedlich verfahren. Die Entscheidung hierüber trifft der auslosende Richter.

Variante 1: Jeder Schöffe soll in jeder Hauptverhandlung mit zufällig wechselnden Mitschöffen und Berufsrichtern verhandeln. Bei dieser Variante werden die Schöffen auf die Sitzungstage aller Spruchkörper des Gerichts in chronologischer Reihenfolge ausgelost. Sind alle Schöffen ausgelost, kommen alle Namen wieder in den Lostopf und werden erneut den einzelnen Sitzungstagen zugelost. Dieser Vorgang wiederholt sich, bis alle Sitzungstage eines Jahres mit Schöffen besetzt sind.

Variante 2: Jeder Schöffe soll mit zufällig wechselnden Mitschöffen, aber immer mit denselben Berufsrichtern eines Spruchkörpers zusammen verhandeln. Dann wird zunächst den einzelnen Spruchkörpern des Gerichts die erforderliche Anzahl von Hauptschöffen zugelost. Diese werden dann den einzelnen Sitzungstagen ihres Spruchkörpers in chronologischer Reihenfolge zugelost wie in Variante 1 beschrieben.

Variante 3: Jeder Schöffe soll immer mit dem gleichen Mitschöffen, aber zufällig wechselnden Berufsrichtern zusammen verhandeln. Für diese Variante werden im ersten Schritt feste Schöffenpaare zusammengelost. Diese Paare werden im zweiten Gang wie in Variante 1 den Sitzungsterminen aller Spruchkörper des Gerichts in chronologischer Reihenfolge zugelost.

Variante 4: Immer das gleiche Schöffenpaar tagt für die Dauer eines Jahres mit den gleichen Berufsrichtern eines Spruchkörpers. Will man eine solche große

Kontinuität in die Besetzung der Spruchkörper bringen, sind insgesamt drei Auslosungsgänge erforderlich. Zunächst werden wie in Variante 2 jedem Spruchkörper „seine" Schöffen zugelost. Danach werden aus dem Anteil eines jeden Spruchkörpers feste Schöffenpaare – wie in Variante 3 beschrieben – zusammengelost, die dann im dritten Gang auf die Sitzungstage der Strafkammer oder des Schöffengerichts in chronologischer Reihenfolge ausgelost werden.

Bei allen vier Varianten ist es zulässig, dass die Schöffen einmal nach der jeweiligen Variante ausgelost werden und die ermittelte Reihenfolge wiederholt wird, bis für alle Sitzungstage des Jahres Schöffen bestimmt sind.

(b) Grundsätzlich müssen alle Hauptschöffen eines Gerichts auf die Sitzungstage ausgelost werden. Unzulässig ist es, einen Teil der Schöffen für ein Jahr zu **„parken"** und nicht einzusetzen. Es kommt immer wieder vor, dass für ein Gericht im Verhältnis zu der Geschäftsbelastung zu viele Schöffen gewählt wurden. Einige Gerichte lösen dieses Problem damit, einen (überzähligen) Teil der Schöffen nicht auf die Termine des kommenden Geschäftsjahres auszulosen. Dieses Verfahren ist unzulässig, führt zu falsch besetzten Gerichten und damit zu begründeten Revisionen.[1]

(c) Auch der **Sitzungsrhythmus** der Schöffen kann unterschiedlich gestaltet werden. Üblich ist der monatliche Einsatz. Es ist aber zulässig, die Schöffen „im Block" für mehrere aufeinanderfolgende Sitzungstage auszulosen. Praktisch bedeutet dies, dass sie in jedem Viertel- oder Halbjahr innerhalb von mehreren Wochen einen Block mit einer bestimmten Zahl von Sitzungstagen absolvieren.

(d) Die **Auslosung** ist öffentlich (§ 45 Abs. 2 Satz 1 GVG). Die Akten über die Schöffenauslosung können später von Verteidigern oder Nebenklägervertretern eingesehen werden, um die Ordnungsmäßigkeit der Auslosung und der Besetzung des Gerichts zu überprüfen.

3.3 Benachrichtigung und Ladung zum Termin

(a) Hauptschöffen erhalten am Jahresende die Termine für das gesamte kommende Jahr schriftlich mitgeteilt. An diesen Tagen *kann* eine Hauptverhandlung für den Hauptschöffen beginnen, *muss* aber nicht. Wenn der Vorsitzende sich im Urlaub befindet, eine Hauptverhandlung wegen Abwesenheit des Angeklagten ausfällt oder eine andere Hauptverhandlung länger dauert, sodass an diesem Tag keine neue Hauptverhandlung beginnt, entfällt der Einsatz der auf diesen Tag ausgelosten Schöffen. Weil am Jahresbeginn noch nicht sicher feststeht, ob er zum Einsatz kommt, erhält der Schöffe ca. zwei bis drei Wochen vor der Haupt-

---

[1] OLG Celle, Beschluss vom 16.11.1990, Az.: 3 Ss 243/90, NStZ 1991, S. 350 mit Anm. Katholnigg.

verhandlung eine ausdrückliche Ladung. Sollte 14 Tage vor dem ausgelosten Termin noch keine Ladung beim Schöffen eingegangen sein, empfiehlt sich die Nachfrage beim Gericht (Schöffengeschäftsstelle). Da die Hauptschöffen ihre private bzw. berufliche Planung an den Terminen auszurichten haben, gehört es zur Höflichkeit, die Schöffen rechtzeitig zu informieren, wenn sie für einen Termin nicht benötigt werden. Leider kommen nicht alle Gerichte dieser Selbstverständlichkeit nach.

(b) Bei den ausgelosten Terminen handelt es sich um die Tage, an denen eine Hauptverhandlung *beginnen* kann. Diese muss nicht notwendigerweise auch an diesem Tag enden. Wird die Hauptverhandlung über mehrere Tage fortgesetzt, müssen die ausgelosten Schöffen bis zum Schluss teilnehmen. Schließlich müssen alle Mitglieder des Gerichts von allen Beweisen Kenntnis haben. Ein Wechsel von Schöffen während der laufenden Hauptverhandlung ist (mit Ausnahme von Ergänzungsschöffen) nicht möglich. Probleme können entstehen, wenn die Hauptverhandlung länger dauert als vorgesehen und sich plötzlich mit einem gebuchten Urlaub des Schöffen überschneidet. Da die Hauptverhandlung nur für maximal 21 Tage unterbrochen werden darf (ausnahmsweise einmal für 30 Tage), kann es durchaus passieren, dass dem Schöffen zugemutet wird, für einen Tag aus dem Urlaub zurückzukehren, um durch einen Verhandlungstag die Höchstunterbrechungsfrist zu wahren.

BEISPIEL
Das hätte sich der Pensionär bei der Buchung seiner Weltreise nicht träumen lassen: Nach knapp vier Wochen musste er seine Tour unterbrechen und für einige Tage aus dem warmen Malaysia in den ungemütlichen deutschen Winter fliegen. Der Weltreisende ist Schöffe im Mordprozess M-E. Und als Laienrichter muss er dabei sein, wenn das Schwurgericht den gewaltsamen Tod der Musikkritikerin aufklärt. Nach der Verhandlung düst der Schöffe zurück nach Kuala Lumpur, um zum nächsten Prozesstag wieder eingeflogen zu werden – das alles geschieht auf Staatskosten. Jedoch: Eine komplette Neuauflage des Verfahrens wäre für den Steuerzahler noch teurer gewesen.[2]

---

2   *Kathrin Melliwa*, Für Mordprozess um die Welt gereist, Westfälische Rundschau vom 13.12.2012, www.derwesten.de/staedte/dortmund/fuer-mordprozess-um-die-welt-gereist-id7392085.html.

4 Einsatz der Hilfsschöffen

4.1 Methode der Heranziehung

Die Hilfsschöffen werden vor Beginn der Amtsperiode in eine **Hilfsschöffenliste** gelost, deren Reihenfolge bis zum Ende der Amtszeit im Wesentlichen unverändert bleibt. Für das gesamte Amts- bzw. Landgericht gibt es jeweils eine Hilfsschöffenliste und eine Jugendhilfsschöffenliste. Die Heranziehung der Hilfsschöffen erfolgt für alle Spruchkörper des Gerichts in der Reihenfolge dieser Liste. Zum Einsatz kommt immer der Hilfsschöffe, der zum Zeitpunkt des Vertretungs- oder sonstigen Einsatzgrundes (genaue Uhrzeit des Eingangs der Nachricht von der Verhinderung bei der Geschäftsstelle[3]) an erster Stelle dieser Liste steht. Nach dem Einsatz rückt er an das Ende der Liste und kommt erst dann wieder zur Verwendung, wenn er erneut an die Spitze der Liste gerückt ist. Der an erster Stelle stehende Schöffe rückt auch dann an das Ende der Liste, wenn er an einem Einsatz verhindert war oder nicht erreicht werden konnte. Die Hilfsschöffenliste befindet sich also in ständiger Rotation.

Die **Jugendhilfsschöffenliste** besteht aus je einer Teilliste für Frauen und Männer (§ 35 Abs. 5 JGG). Ein Jugendschöffe, der ersetzt werden muss, wird aus der Teilliste Männer, eine Jugendschöffin aus der Teilliste Frauen ersetzt, sodass gewährleistet ist, dass immer eine Frau und ein Mann auf der Schöffenbank der Jugendgerichte vertreten sind.

4.2 Anlass der Heranziehung

(a) Hilfsschöffen sind **nicht Vertreter** der Hauptschöffen, sondern treten an die Stelle wegfallender Schöffen,[4] wenn diese

- verhindert sind oder wegen Unzumutbarkeit von der Teilnahme entbunden wurden (§ 54 Abs. 1 GVG),
- von Gesetzes wegen (§§ 22, 23 StPO) oder wegen Besorgnis der Befangenheit (§§ 24, 31 StPO) von einem Verfahren vor dessen Beginn ausgeschlossen wurden.

Der Einsatz von Hilfsschöffen darf erst dann veranlasst werden, wenn der Verhinderungsfall tatsächlich eingetreten ist. Die vorsorgliche Ladung von **„Reserve"- Schöffen** zum Termin für den Fall, dass bis zum Beginn der Hauptverhandlung ein Hauptschöffe ausfallen könnte, ist unzulässig.[5] Der Grund für dieses Verbot

---

[3] BGH, Urteil vom 14.10.2015, Az.: 5 StR 273/15, RohR 2016, S. 22.
[4] BGH, Urteil vom 02.06.1981, Az.: 5 StR 175/81, BGHSt 30, S. 149.
[5] BGH, Urteil vom 19.07.1977, Az.: 5 StR 278-279/77, GA 1978, S. 120 mit Anm. *Katholnigg;* JR 1978, S. 210 mit Anm. *Meyer.*

leuchtet ein. Bei Eintritt des Vertretungsfalles wird der an erster Stelle auf der Hilfsschöffenliste stehende Hilfsschöffe herangezogen. Der vorsorglich geladene Reserveschöffe steht aber bereits zu einem früheren Zeitpunkt an erster Stelle. Dieser Zeitpunkt könnte manipuliert werden, sodass sich der Vorsitzende ihm genehme Schöffen aussuchen könnte. Deshalb ist ein Reserveschöffe, wenn er zum Einsatz käme, nicht der gesetzliche Richter.

(b) Eine besondere Einsatzart des Hilfsschöffen ist der **Ergänzungsschöffe** (§§ 48 Abs. 1, 192 Abs. 2, 3 GVG). In umfangreichen Prozessen kann es vorkommen, dass der Hauptschöffe im Laufe der Hauptverhandlung aus dem Spruchkörper ausscheidet (z. B. wegen Krankheit, Tod oder Befangenheit). Damit der Prozess nicht „platzt", sitzen in solchen Umfangsverfahren häufig von Anfang an ein oder mehrere Ergänzungsschöffen in der „zweiten Reihe", die für ausscheidende Hauptschöffen eintreten. Ein Ergänzungsschöffe darf nicht an der Beratung teilnehmen, weil das Gericht nur mit seinen Mitgliedern (den zur Urteilsfindung berufenen Personen, § 193 Abs. 1 GVG) berät und er dem Gericht noch nicht formell angehört. Erst wenn der Hauptschöffe ausfällt, erhält der Ergänzungsschöffe alle Mitwirkungsrechte. Allerdings darf er Fragen an Angeklagte, Zeugen und Sachverständige richten, weil er für den Fall seines Vorrückens in die „erste Reihe" alles verstanden haben muss, was in der Verhandlung abgelaufen ist. Fällt ein Hauptschöffe vor Beginn der Hauptverhandlung aus und die Ergänzungsschöffen sind bereits bestellt, tritt der erste Ergänzungsschöffe – nicht der an erster Stelle der Liste stehende Hilfsschöffe – für den Hauptschöffen ein.

(c) Werden vom Vorsitzenden **außerordentliche Sitzungen** (§ 47 GVG) anberaumt, die *zusätzlich* zu den ordentlichen Sitzungen abgehalten werden (z. B. bei liegen gebliebenen Verfahren aufgrund einer längeren Erkrankung des Vorsitzenden), werden die Schöffen aus der Hilfsschöffenliste herangezogen.[6] Um keine außerordentliche Sitzung, sondern um eine bloße **Verlegung** des Termins handelt es sich, wenn der ordentliche Sitzungstag frei bleibt und nur um wenige Tage nach vorne oder hinten auf einen Tag verschoben wird, der nicht der regelmäßige Sitzungstag des Spruchkörpers ist. An diesem müssen die auf den ordentlichen Sitzungstag ausgelosten Hauptschöffen teilnehmen.[7]

(d) Wird im Laufe des Geschäftsjahres ein **neuer Spruchkörper** gebildet (§§ 46, 77 GVG), weil der Geschäftsanfall bei dem Gericht größer ist als erwartet, werden die für den neuen Spruchkörper benötigten Schöffen aus der Hilfsschöffenliste ausgelost. Diese werden dann zu Hauptschöffen und wechseln in die Hauptschöffenliste. Wird im Laufe des Jahres eine sog. **Hilfsstrafkammer** zur Entlastung einer ordentlichen Kammer gebildet, kommen deren

---

6 BGH, Beschluss vom 07.06.2005, Az.: 2 StR 21/05, RohR 2005, S. 135.
7 BGH, Beschluss vom 09.02.2005, Az.: 2 StR 421/04, RohR 2005, S. 134.

Hauptschöffen zum Einsatz, wenn die Hilfsstrafkammer ordentliche Sitzungstage der entlasteten Kammer benutzt. Weicht sie auf andere Sitzungstage aus, werden die Schöffen für diese Sitzungstage aus der Hilfsschöffenliste genommen.

4.3 Wechsel des Hilfsschöffen in die Hauptschöffenliste; Ergänzungswahl

Wer Haupt- oder Hilfsschöffe wird, bestimmt der Schöffenwahlausschuss. Diese Funktion behält der Schöffe grundsätzlich während der gesamten Amtsperiode bei. Weder kann man im Laufe der Amtsperiode zwischen Amts- und Landgericht, noch zwischen Jugendschöffen und Schöffen in allgemeinen Strafsachen wechseln. Als Hauptschöffe kann man innerhalb der Amtsperiode nicht Hilfsschöffe werden. Umgekehrt ist dies möglich, wenn ein Hauptschöffe von der Liste gestrichen wird. Dann wechselt ein Hilfsschöffe auf die Liste der Hauptschöffen. Wie im Fall der Vertretung ist das derjenige, der zum Zeitpunkt des Ausscheidens des Hauptschöffen als Erster auf der Hilfsschöffenliste steht. Ein Hilfsschöffe, der zum Hauptschöffen wird, bleibt dies für den Rest der Amtsperiode.

Im Laufe der Amtsperiode kann die Hilfsschöffenliste zahlenmäßig geringer werden. Sinkt die Zahl der Hilfsschöffen auf der Liste unter die Hälfte der zu Beginn der Amtsperiode vorhandenen Hilfsschöffen, werden nach § 52 Abs. 6 GVG **Ergänzungswahlen** zur Hilfsschöffenliste erforderlich. Davon kann im letzten halben Jahr der Amtsperiode abgesehen werden. Für die Wahl ist der Schöffenwahlausschuss zuständig, der die Schöffenwahl vorgenommen hat. Die Mitglieder des Wahlausschusses bleiben deshalb während der gesamten Amtsperiode im Amt.

5 Befreiung von einzelnen Sitzungstagen

Von der Pflicht zur Teilnahme an einer Sitzung *kann* ein Schöffe auf seinen Antrag nur befreit werden, wenn er sich auf einen der drei im Gesetz aufgeführten Gründe berufen kann (§ 54 GVG): Verhinderung, Unzumutbarkeit und Nichterreichbarkeit. Dabei hat der Schöffe die Gründe durch Tatsachen zu unterlegen. Die Entschuldigung etwa, wegen „anderer Termine im öffentlichen Bereich unmöglich an der Sitzung teilnehmen" zu können, genügt für sich allein nicht, ihn an bestimmten Sitzungstagen von der Dienstleistung zu entbinden.[8] Zuständig für die Befreiung ist der „Richter beim Amtsgericht" (§ 54 Abs. 2 GVG) bzw. der „Vorsitzende der Strafkammer" (§ 77 Abs. 3 Satz 3 GVG). Das ist nicht automatisch der Vorsitzende des Gerichts, dem der Schöffe zugewiesen ist, sondern der Amtsrichter oder Vorsitzende der Strafkammer, der von der Geschäftsverteilung des Präsidiums dazu

---

[8] OLG Hamburg, Beschluss vom 14.11.1977, Az.: 2 Ss 319/76, MDR 1978, S. 244.

bestimmt wurde. Das Präsidium kann aber im Rahmen der Geschäftsverteilung dem jeweiligen Vorsitzenden des Spruchkörpers die Zuständigkeit übertragen.

TIPP
Schöffen sollten sich vor der ersten Hauptverhandlung sachkundig machen, an wen sie sich im Falle der Entbindung von einzelnen Sitzungstagen wenden müssen. Für eilige Fälle sollten sie die Telefonnummer notieren. Grundsätzlich ist die Schöffengeschäftsstelle der Ansprechpartner; in einzelnen Fällen ist aber der – letztlich den Antrag entscheidende – Richter die Anlaufstelle. Insbesondere wenn der Schöffe bei wechselnden Spruchkörpern eingesetzt wird, empfiehlt sich zu wissen, an wen er sich für die Befreiung im Einzelfall wenden muss.

5.1 Verhinderung

Verhindert ist ein Schöffe stets dann, wenn er durch unabwendbare Umstände körperlich gehindert ist, bei Gericht zu erscheinen, z. B. bei Bettlägerigkeit durch Krankheit oder Unfall. Aber nicht jede Erkrankung, die den Schöffen arbeitsunfähig macht, hindert sein Erscheinen bei Gericht. Wer sich das Bein verstaucht hat, ist als Fliesenleger oder Verkäuferin sicher arbeitsunfähig. Zum Gericht wird man – je nach den Umständen des Einzelfalles – möglicherweise gehen können, um seine Dienstleistung zu erfüllen. Ob der Schöffe die Umstände schuldhaft verursacht hat (z. B. einen Verkehrsunfall), ist unerheblich. Weitere Gründe (die es in der Praxis schon gegeben hat) können eine Freiheitsentziehung, eine nicht verschiebbare öffentliche Verpflichtung (als Zeuge am Unfallort), unvermeidliche Verkehrsprobleme (Panne, Stau) oder der Einsatz bei der Freiwilligen Feuerwehr oder dem Katastrophenschutz darstellen. Der Hinderungsgrund muss für den Schöffen objektiv unabwendbar sein. Das ist z. B. nicht der Fall, wenn der Schöffe sich am Vorabend der Hauptverhandlung so betrunken hat, dass er am folgenden Morgen „zu krank" ist, um an der Verhandlung teilzunehmen.

Wird ein ordentlicher Sitzungstag **verlegt,** ist für die Befreiung des Hauptschöffen nur eine Verhinderung am tatsächlichen Sitzungstag (auf den verlegt wurde) maßgeblich, nicht eine an dem (ursprünglichen) ordentlichen Sitzungstag.[9]

Umstritten ist, inwieweit der Schöffe eine Verhinderung **nachweisen** muss, insbesondere im Krankheitsfall. Soweit der Grund nicht offensichtlich ist (wie z. B. Krankenhausaufenthalt), empfiehlt es sich, ein ärztliches Attest beizufügen. Die Vorlage einer Arbeitsunfähigkeitsbescheinigung ohne Angabe der Erkrankung stellt nach früherer Auffassung des OLG Düsseldorf keine genügende Ent-

---

[9] BGH, Urteil vom 22.11.2013, Az.: 3 StR 162/13, RohR 2014, S. 100 mit Anm. *Lieber.*

schuldigung für das Ausbleiben eines Schöffen in der Hauptverhandlung dar.[10] Diese Auffassung hat das OLG Düsseldorf inzwischen aufgegeben und lässt eine Bescheinigung, die zwar keine für den medizinischen Laien verständliche Diagnose, aber eine Buchstaben- und Ziffernkombination enthält, als Nachweis der Verhinderung ausreichen.[11] Eine amtsärztliche Untersuchung ist nicht erforderlich.

TIPP
Die Entbindung vom Termin kann in der Revision mit der Behauptung der falschen Besetzung des Gerichts gerügt werden. Vorsorglich sollte sich der Schöffe zum Nachweis der Verhinderung eine tagesaktuelle Arbeitsunfähigkeitsbescheinigung mit einer Klartext-Diagnose ausstellen lassen. Eine entsprechende Bitte des Vorsitzenden ist nicht als Misstrauen aufzufassen, sondern dient dem Nachweis für das Revisionsgericht.

5.2 Unzumutbarkeit des Sitzungsdienstes

Bei der Befreiung von einem Sitzungstag aus Gründen der Unzumutbarkeit hat der Vorsitzende einen größeren Entscheidungsspielraum als bei der Verhinderung. Hier muss zwischen der Bedeutung des Schöffenamtes und den Nachteilen, die der Schöffe durch die Teilnahme an dem konkreten Termin hinzunehmen hat, sowie der Bedeutung und dem Umfang des Strafverfahrens abgewogen werden. Beim Amtsgericht ist eine Entbindung vom Sitzungsdienst leichter möglich als bei einem landgerichtlichen Verfahren, bei dem die Verteidigung zur Begründung einer späteren Revision auf formale Fehler besonders achtet. Die an die Entbindung des Schöffen anzulegenden Maßstäbe sind streng, da das Prinzip des gesetzlichen Richters die fehlerhafte Besetzung der Richterbank verbietet.[12]

(a) Berufliche Gründe sollen nach der Auffassung des BGH nur ausnahmsweise die Verhinderung rechtfertigen, weil sich der Schöffe in der Wahrnehmung seiner beruflichen Aufgaben häufig vertreten lassen oder die Arbeit auf einen sitzungsfreien Tag verlegt werden könne, bei „verhältnismäßig kurzfristigen" Verhinderungen dem Anliegen des Schöffen auch mit einer Unterbrechung der Hauptverhandlung (§ 229 StPO) angemessen Rechnung getragen werden kann. Über die Anerkennung einer beruflichen Verhinderung hat der Vorsitzende unter Berücksichtigung der Belange des Schöffen, des Verfahrensstands und der voraussichtlichen Dauer des Verfahrens nach pflichtgemäßem Ermessen zu ent-

---

10   OLG Düsseldorf, Beschluss vom 22.10.1991, Az.: 1 Ws 980/91, NJW 1992, S. 1712.
11   OLG Düsseldorf, Beschluss vom 18.06.2010, Az.: III-4 Ws 297/10, NStZ-RR 2011, S. 215.
12   BGH, Urteil vom 04.02.2015, Az.: 2 StR 76/14, RohR 2015, S. 62.

scheiden.¹³ Dabei können auch Gründe des Arbeitgebers und des Betriebes berücksichtigt werden. Der Maßstab ist aber deutlich strenger, wenn der Antrag in einem laufenden Verfahren gestellt wird.

BEISPIEL

An der Hauptverhandlung der Strafkammer wirkte bis zum 22. April (28. Verhandlungstag) der Schöffe K. mit. Am 5. April bat seine Arbeitgeberin das Gericht, ihn ab sofort von der Aufgabe freizustellen, weil die Firma einen Bauauftrag in Algerien erhalten habe, zu dessen Ausführung er als Fachkraft benötigt werde. Der Vorsitzende befreite den Schöffen am 19. April. Er hob die Befreiung jedoch am 20. April wieder auf, weil nach Mitteilung des Schöffen die Abreise erst am 30. April sein sollte und über den 29. April hinaus – zunächst – keine Termine bestimmt waren. Am 29. April teilte die Ehefrau des Schöffen mit, er sei am Vormittag abgeflogen. Daraufhin befreite der Vorsitzende den Schöffen, da er nach Art. 12 GG das Recht habe, seinen Arbeitsplatz frei zu wählen. Ein Ergänzungsschöffe wirkte an den weiteren fünf Sitzungstagen bis zum 17. Mai mit.
Der BGH hob das Urteil auf, da zum einen gar nicht feststehe, ob sich der Schöffe den Antrag seines Arbeitgebers zu eigen gemacht habe, die berufliche Verhinderung nicht ausreichend geprüft worden sei und das Recht des Schöffen, seinen Arbeitsplatz – auch im Ausland – frei zu wählen, nicht so weit gehe, dass er seine Teilnahme am laufenden Verfahren einseitig aufsagen könne.¹⁴

Diese (strenge) Auffassung ist oft pauschal auf Sachverhalte übertragen worden, in denen sich der Schöffe in einer für ihn schwierigen Situation befand. Herbe Kritik hat die Entscheidung des 5. Senats des BGH zur Rechtswidrigkeit der Befreiung eines Schöffen gefunden. Diese war darauf gestützt, dass der Arbeitgeber dem Schöffen mit Kündigung (in der Probezeit!) gedroht hatte, wenn er durch die Teilnahme an der Hauptverhandlung an 11 von 19 Arbeitstagen eines Monats ausfalle.¹⁵ Der Senat hat dem Vorsitzenden der Strafkammer vorgeworfen, die Sachlage nicht ausreichend geprüft zu haben. Zwar befinde sich der Schöffe in einem Probearbeitsverhältnis; gerade das schließe aber wohl aus, dass dieser an seiner Arbeitsstelle nicht vertreten werden konnte. Dem Arbeitgeber hätte der Vorsitzende vorhalten müssen, dass dessen Drohung möglicherweise den Tatbestand der Nötigung erfülle.

---

13 BGH, Urteil vom 14.12.2016, Az.: 2 StR 342/15, RohR 2017, S. 64; NStZ 2017, S. 491 mit Anm. *Arnoldi*.
14 BGH, Beschluss vom 21.06.1978, Az.: 3 StR 81/78 (S), BGHSt 28, S. 61.
15 BGH, Urteil vom 31.01.1978, Az.: 5 StR 534/77, BGHSt 27, S. 344.

Der 2. Senat des BGH ist in der letzten Zeit von der strengen zu seiner großzügigeren Auffassung bei der Beurteilung einer Verhinderung aus beruflichen Gründen übergegangen und behandelt die Entbindung aus diesen Gründen nach den gleichen Maßstäben wie die wegen Urlaubs und überprüft die Entbindung nicht auf ihre Richtigkeit, sondern allein daraufhin, ob sie sich als unvertretbar und damit als objektiv willkürlich erweist.[16]

(b) Private Gründe müssen ein deutliches Gewicht haben, um eine Befreiung zu rechtfertigen. Dem Schöffen ist zumutbar, eine **Nebenbeschäftigung** zu Gunsten des Sitzungsdienstes zurückzustellen oder andere – im Vergleich zum Schöffenamt – nicht dringliche Vorhaben zu versäumen (Betriebsausflug, Familienfeier usw.). Unzumutbar ist die Teilnahme an einer längeren Hauptverhandlung, wenn die Versorgung eines **Kleinkindes** gefährdet wäre (weil ein Babysitter nicht zur Verfügung steht)[17] oder bei einem unaufschiebbaren **Krankenhausaufenthalt** der Ehefrau.

Der **Erholungsurlaub** eines Schöffen ist ein Umstand, der regelmäßig zur Unzumutbarkeit der Dienstleistung führt.[18] Er soll dem Arbeitnehmer ermöglichen, sich von der Ausübung der Arbeit zu erholen und über einen Zeitraum für Entspannung und Freizeit zu verfügen. Deshalb ist der Urlaub grundsätzlich zusammenhängend zu gewähren. Auch nicht (mehr) im Arbeitsprozess stehende Schöffen haben ein berechtigtes Interesse daran, längere Zeit urlaubsbedingt ortsabwesend zu sein.[19]

> **BEISPIEL**
> Eine Schöffin an einem kleinen Amtsgericht buchte als berufstätige alleinerziehende Mutter im November, bevor sie die Termine des kommenden Jahres erhielt, den Urlaub für sich und ihre beiden Kinder in den nächsten Sommerferien. Die Schulferien waren zeitgleich mit den Betriebsferien. In diesen Urlaub fiel ein Termin zur Hauptverhandlung. Der Schöffin ist der Verzicht auf den Urlaub nicht zuzumuten, obwohl im konkreten Fall die Vorsitzende die Befreiung von der Sitzung zunächst verweigerte und die Schöffin aufgefordert hat, den Urlaub zu stornieren.

---

16 BGH, Beschluss vom 02.05.2018, Az.: 2 StR 317/17, RohR 2018, S. 102; weitere Beispiele zu berufsbedingter Verhinderung bei *Herbert Mayer*, in: Kissel/Mayer, Gerichtsverfassungsgesetz, 9. Aufl., München 2018, § 54 Rn. 6–8.
17 BGH, Urteil vom 22.06.1982, Az.: 1 StR 249/81, NStZ 1982, S. 476; weitere Beispiele zu privater Verhinderung bei *Herbert Mayer*, in: Kissel/Mayer, Gerichtsverfassungsgesetz, 9. Aufl., München 2018, § 54 Rn. 9.
18 BGH, Beschluss vom 05.08.2015, Az.: 5 StR 276/15, RohR 2015, S. 137 mit Anm. *Lieber;* NStZ 2015, S. 714 mit Anm. *Arnoldi*.
19 BGH, Beschluss vom 08.05.2018, Az.: 5 StR 108/18, RohR 2018, S. 102.

(c) Problematisch ist, wenn der Grund der Unzumutbarkeit erst **im Laufe der Hauptverhandlung** eintritt. Häufig kann der Vorsitzende solche Konflikte durch eine geschickte Terminierung vermeiden.

BEISPIEL
Die Schöffin hatte im Januar einen Jahresurlaub nach Ägypten gebucht und dies dem Gericht mitgeteilt. Von März bis 10. Mai war eine Hauptverhandlung anberaumt, die sich unvorhersehbar bis in den Herbst hinziehen sollte. Am 18. Mai war eine Sitzung, dann war für den 7. und 28. Juni terminiert. Der Urlaub war vom 2. bis 16. Juni gebucht. Der Antrag der Schöffin, für die Dauer des Urlaubs vom Sitzungsdienst befreit zu werden, wurde vom Vorsitzenden abgelehnt. Dabei hätte die Kollision vermieden werden können, wenn der Vorsitzende zwischen den Terminen nicht jeweils die 21-Tage-Frist voll ausgeschöpft, sondern – da der Urlaub rechtzeitig bekannt war – mit Rücksicht auf die Schöffin kurz vor und nach dem Urlaub jeweils einen Termin angesetzt hätte.

(d) Für die Befreiung ist in jedem Fall ein **Antrag des Schöffen** erforderlich. Es empfiehlt sich die frühzeitige Rücksprache mit dem Vorsitzenden des Gerichts. Dabei sollten alle Umstände des Falles geschildert werden, um eine sachgerechte Entscheidung zu ermöglichen. Der Schöffe kann sich auch auf Umstände berufen, die seinen Arbeitgeber bzw. die Organisation des Betriebes betreffen. Keinesfalls ist der Arbeitgeber befugt, einen Befreiungsantrag zu stellen. Antragsbefugt ist ausschließlich der Schöffe.

(e) In der letzten Amtsperiode (2014/18) trat mehrfach die Frage auf, ob schwangere Schöffinnen in der **Mutterschutzfrist** (§ 3 MuSchG) nicht schon aus gesetzlichen Gründen des Mutterschutzes vom Sitzungsdienst befreit werden müssen. Mehr als lebensfremd ist die Ablehnung durch eine Kammervorsitzende, die die Auffassung vertrat, drei Tage nach der Entbindung könne die Schöffin sicher wieder den Sitzungsdienst verrichten und eine Betreuungsperson für das Kind finden.[20] Demgegenüber hat der BGH ein Urteil wegen fehlerhafter Besetzung des Gerichts aufgehoben, weil an dem Verfahren eine Berufsrichterin mitgewirkt hat, die sich in der Mutterschutzfrist nach der Entbindung befunden hatte. Da auf diese Schutzfrist nicht verzichtet werden kann, hätte sie an der Verhandlung nicht teilnehmen dürfen.[21] Das Mutterschutzgesetz, dessen letzte Fassung am 01.01.2018 in Kraft getreten ist, gilt zwar nicht direkt für ehrenamt-

---

20 Der Schriftwechsel zwischen der Schöffin und der Kammervorsitzenden liegt den Autoren vor.
21 BGH, Urteil vom 07.11.2016, Az.: 2 StR 9/15, RohR 2016, S. 146.

liche Richterinnen. Über die Unfall-Verhütungs-Vorschrift „Grundsätze der Prävention" (DGUV Vorschrift 1) werden (soweit der zuständige Unfallversicherungsträger diese in seinem Zuständigkeitsbereich erlassen hat) die Regelungen des Mutterschutzgesetzes über die ausdrücklich vom staatlichen Recht erfassten Personengruppen hinaus auch auf ehrenamtlich tätige Versicherte und damit auf ehrenamtliche Richterinnen ausgedehnt. Somit sind sowohl die Regelungen zum betrieblichen Mutterschutz als auch das Beschäftigungsverbot vor und nach der Geburt des Kindes in Bezug auf ehrenamtliche Richterinnen zu beachten. Auf eine Befreiung durch den Vorsitzenden des Gerichts wegen der Unzumutbarkeit der Teilnahme nach § 54 GVG kommt es daher nicht mehr an. Die Rechtslage stellt auch die Schöffin in der Mutterschutzfrist vom Sitzungsdienst frei.[22]

(f) Die **zulässige** Befreiung eines Schöffen von der Dienstleistung darf **nicht widerrufen** werden. Die Besetzung des Spruchkörpers mit dem Hilfsschöffen ist nunmehr der gesetzliche Richter und hat Bestand.

BEISPIEL 1
Der Schöffe hatte vor Beginn der Hauptverhandlung mitgeteilt, dass er an der geplanten Fortsetzungsverhandlung am 19.01.1983 wegen einer Tagung seines Berufsverbandes, auf der er ein Referat halten müsse, nicht teilnehmen könne. Der Vorsitzende der Strafkammer hatte ihn darauf am 21.12.1982 für die ganze Hauptverhandlung gemäß § 54 Abs. 1 GVG von der Dienstleistung befreit. Nachdem der Vorsitzende sich entschlossen hatte, die für den 19.01.1983 vorgesehene Fortsetzungsverhandlung ausfallen zu lassen, widerrief er die Befreiung des Schöffen. Da die Befreiung des Hauptschöffen zum Zeitpunkt der Entscheidung nicht willkürlich (also zulässig) war, durfte sie bei einer Veränderung der Sachlage nicht widerrufen werden.[23]

BEISPIEL 2
Der Hauptschöffe K. wurde zur Hauptverhandlung am 5. September geladen. Er bat um seine Befreiung wegen urlaubsbedingter Ortsabwesenheit. Der Vorsitzende hat ihn von der Sitzung entbunden und den Hilfsschöffen W. herangezogen. Mit Schreiben vom 25. August teilte K. mit, dass der geplante Urlaub nicht stattfinde und er an der Sitzung teilnehmen könne. Nunmehr wurde K. erneut geladen und W. abgeladen. Die vom Angeklagten

---

22 *Marcus Hussing*, Das neue Mutterschutzgesetz: Gleiches Recht für alle oder Zweiklassenschutz?, RohR 2018, S. 52.
23 Beispiel nach BGH, Beschluss vom 01.11.1983, Az.: 5 StR 708/83, StV 1983, S. 497.

erhobene Besetzungsrüge hatte vor dem BGH Erfolg, weil eine erteilte Befreiung nicht widerrufen werden darf.[24]

Eine **unzulässige** Befreiung des Schöffen darf hingegen widerrufen werden, weil der Widerruf nicht zu einer vorschriftswidrigen Besetzung des Gerichts führt, sondern die rechtmäßige Besetzung gerade wieder herstellt.

BEISPIEL
Der Hilfsschöffe Z. war auf seinen Antrag vom Vertreter des Vorsitzenden von der Dienstleistung entbunden worden, weil er in seiner Funktion als Stadtverordneter an einem Besuch auf dem Patenschiff der Stadt teilnehmen wollte. Der Vorsitzende hob nach seiner Rückkehr die Entscheidung des Stellvertreters mit der Begründung auf, dieser sei für die Entscheidung über die Verhinderung nicht zuständig gewesen, weil gegen ihn noch ein Selbstablehnungsverfahren anhängig gewesen sei, und die Gründe des Schöffen nicht ausreichend seien, seine Entbindung zu rechtfertigen. Z. wurde erneut zum Termin geladen. Durch den Widerruf der Befreiung des Hilfsschöffen hat der Vorsitzende nach Auffassung des BGH verhindert, dass der Angeklagte seinem gesetzlichen Richter entzogen wurde.[25]

5.3 Nichterreichbarkeit des Schöffen

Ist ein Schöffe nicht erreichbar, wird er behandelt, als sei er verhindert (§ 54 Abs. 2 GVG). Diese Vorschrift hat im Wesentlichen zwei praktische Bedeutungen:

Ein **Hauptschöffe,** der zur Sitzung geladen wurde, aber nicht erscheint, gilt – unbeschadet der Tatsache, dass ein Ordnungsgeld gegen ihn verhängt werden kann – als nicht erreichbar, wenn er nicht in vertretbarer Zeit zum Gericht geholt werden kann. Wird er vor der Sitzung noch telefonisch erreicht, kann aber (gleichgültig, ob sein Nichterscheinen verschuldet oder unverschuldet war) in vertretbarer Zeit nicht erscheinen, gilt er weiterhin als unerreichbar. Folglich wird ein Hilfsschöffe herangezogen.

Ist ein **Hilfsschöffe** nicht erreichbar, gestattet die Regelung, diesen Hilfsschöffen als verhindert anzusehen. Er rückt an das Ende der Hilfsschöffenliste und macht damit den Weg für die Zuziehung des nunmehr an erster Stelle stehenden Hilfsschöffen frei. Zur Feststellung der Nichterreichbarkeit muss der Vorsitzende

---

24 Sachverhalt in: BGH, Urteil vom 02.06.1981, Az.: 5 StR 175/81, BGHSt 30, S. 149.
25 BGH, Urteil vom 03.03.1982, Az.: 2 StR 32/82, BGHSt 31, S. 3.

jedoch alle ortsüblichen Mittel ausschöpfen, um den Hilfsschöffen zur Sitzung zu laden. Ein Hilfsschöffe, der zu Hause nicht erreicht werden kann, muss eventuell über den Arbeitsplatz geladen werden. Unerreichbar ist der Hilfsschöffe auch dann, wenn er zwar erreicht wird, sein Erscheinen aber so lange dauern würde, dass dadurch eine Vertagung oder erhebliche Verzögerung des Beginns der Verhandlung erforderlich wäre. Eine Pflicht (Obliegenheit) des Hilfsschöffen, sich bei einer mehrtägigen Abwesenheit bei Gericht vorsorglich abzumelden, besteht nicht.

6 Folgen unentschuldigten Ausbleibens oder einer Verspätung

Gegen Schöffen, die sich ohne genügende Entschuldigung zu den Sitzungen nicht rechtzeitig einfinden, wird (nach Stimmen in der Literatur „zwingend"[26]) ein **Ordnungsgeld** verhängt (§ 56 Abs. 1 GVG). Das gilt natürlich erst recht, wenn ein Schöffe der Sitzung völlig fernbleibt, ohne dass er einen Antrag auf Befreiung gestellt hat und dieser genehmigt wurde. Nach Art. 6 Abs. 1 EGStGB beträgt das Ordnungsgeld mindestens 5,00 € und höchstens 1.000,00 €. Mit einem Ordnungsgeldbeschluss ist ebenso zwingend die Auferlegung der Kosten verbunden, die durch das Ausbleiben des Schöffen angefallen sind.[27]

Dazu gehören

- Kosten der Verfahrensbeteiligten, z. B. Anreise zum Termin, Verdienstausfall, der durch die Verzögerung entsteht;
- Kosten für erneute Ladungen, Mehrleistungen an Zeugen für Verdienstausfall, Reisekosten und Zeitversäumnis;
- zusätzliche Vergütungen an Sachverständige;
- Honorar des Verteidigers für diesen Verhandlungstag;
- Kosten für die Heranziehung von Hilfsschöffen usw.

Die Kosten können deutlich höher ausfallen als das auferlegte Ordnungsgeld. Nicht jede Verspätung führt jedoch gleich zu einem Ordnungsgeld. Das Gericht hat eine angemessene Zeit zu warten (in großstädtischen Gerichten etwa eine Viertelstunde).

Bei der Verhängung eines Ordnungsgeldes ist zu beachten, dass es einen **Erzwingungscharakter** hat, den Schöffen also zu künftiger Pflichterfüllung anhalten soll. Es soll nicht die Pflichtverletzung ahnden, obwohl natürlich die Schwere

---

26 *Thomas Schuster*, in: Münchener Kommentar zur Strafprozessordnung, Bd. 3/2, München 2018, § 56 GVG Rn. 7; *Dirk Gittermann*, in: Löwe-Rosenberg, Die Strafprozeßordnung und das Gerichtsverfassungsgesetz, 26. Aufl., Bd. 10, Berlin 2010, § 56 Rn. 6.; a.A. zu Recht *Wolfgang Keller*, in: Meyer-Ladewig/Keller/Leitherer/Schmidt, Sozialgerichtsgesetz, 12. Aufl., München 2017, § 21 Rn. 2.
27 *Thomas Schuster*, in: Münchener Kommentar zur Strafprozessordnung, Bd. 3/2, München 2018, § 56 Rn. 8.

der Pflichtverletzung Auswirkungen auf die Höhe des Ordnungsgeldes hat.[28] Mehrere Pflichtverletzungen werden mehrfach geahndet, auch in derselben Sache oder wegen des wiederholten gleichartigen Verstoßes. Bei wiederholtem oder besonders grobem Fehlverhalten kommt darüber hinaus eine Amtsenthebung gemäß § 51 GVG in Betracht.

Zuständig für die Verhängung des Ordnungsgeldes ist der nach dem Geschäftsverteilungsplan damit beauftragte Richter (aus Vereinfachungsgründen im Folgenden nur als „Vorsitzender" bezeichnet), wobei das Präsidium auch dem jeweiligen Vorsitzenden des betroffenen Spruchkörpers die Aufgabe übertragen kann.

7 Nachträgliche Entschuldigung und Beschwerde

(a) Ist der **Ordnungsgeldbeschluss** in Abwesenheit des Schöffen ergangen, kann er sich nachträglich beim Vorsitzenden entschuldigen. Die Entschuldigung ist an keine Frist gebunden; allerdings werden der Zeitablauf und der Grund einer eventuellen verspäteten Entschuldigung bei der Beurteilung ihrer Stichhaltigkeit berücksichtigt.[29] Wenn dem Schöffen erst sechs Wochen später einfällt, dass er auf dem Weg zum Gericht einen Unfall hatte, wird ihn das kaum glaubhaft entschuldigen können. Entschuldigungen wie „Ich habe verschlafen" oder „Ich habe mir den falschen Termin notiert" sind ungeeignet und führen sicherlich nicht zur Aufhebung eines bereits verhängten Ordnungsgeldes.

TIPP

Bei der Entschuldigung wegen einer Verspätung oder Versäumung eines Termins empfiehlt sich sofortige Entschuldigung und absolute Aufrichtigkeit. Das Ordnungsgeld soll den Schöffen nicht „bestrafen", sondern zur Erfüllung seiner Dienstpflichten anhalten. Selbst die Autoren in der Literatur, die ein Ordnungsgeld für zwingend halten, räumen ein, dass der Richter bei der Frage, ob eine Entschuldigung „genügend" ist, einen Ermessensspielraum hat.[30] Ist ein Schöffe stets ordnungsgemäß erschienen und handelt es sich um einen einmaligen „Fauxpas", kann der zuständige Richter von dem Ermessen in etwas weiterem Umfang Gebrauch machen.

---

28 *Herbert Mayer*, in: Kissel/Mayer, Gerichtsverfassungsgesetz, 9. Aufl., München 2018, § 56 Rn. 1; *Thomas Schuster*, in: Münchener Kommentar zur Strafprozessordnung, Bd. 3/2, München 2018, § 56 Rn. 1; a.A. OVG Berlin, Beschluss vom 31.08.1978, Az.: II L 13.78, NJW 1979, S. 1175, das dem Ordnungsgeld einen disziplinarischen Charakter zuweist.
29 OLG Düsseldorf, Beschluss vom 22.10.1991, Az.: 1 Ws 980/91, NJW 1992, S. 1712.
30 *Herbert Mayer*, in: Kissel/Mayer, Gerichtsverfassungsgesetz, 9. Aufl., München 2018, § 54 Rn. 14.

(b) Gründe, die einen Schöffen hinreichend entschuldigen, sind die unabwendbaren Umstände nach § 54 GVG (Verhinderung, Unzumutbarkeit des Erscheinens), die so kurzfristig auftreten, dass sie erst nachträglich angebracht werden können (z. B. plötzliche Krankheit, Unfall, Stau, Panne). In diesen Fällen gilt der Schöffe unproblematisch nachträglich als entschuldigt, wenn er ansonsten alles Zumutbare getan hat, um zum festgesetzten Termin an der Verhandlung teilnehmen zu können. Ergibt das nachträgliche Entschuldigungsvorbringen eines Schöffen, dass ihn in jeder Hinsicht an seinem Nichterscheinen zu einem Hauptverhandlungstermin kein Verschulden trifft, ist die **Aufhebung** der Ordnungsmaßnahme entgegen dem Wortlaut des § 56 Abs. 2 Satz 2 GVG („*kann ... zurückgenommen werden*") zwingend.[31]

> **BEISPIEL**
> Eine Hilfsschöffin wurde erst um 9.05 Uhr von der am selben Tage auf 12.30 Uhr anberaumten Verhandlung telefonisch benachrichtigt. In Anbetracht einer solch kurzen Frist ist sie mit der Einwendung, beruflich verhindert zu sein, genügend entschuldigt.[32]

(c) Der Vorsitzende kann den Ordnungsgeldbeschluss aufgrund der nachträglichen Entschuldigung **abändern.** Hält er die Säumnis des Schöffen zwar für schuldhaft, dieses Verschulden aber für geringfügig, kann er das Ordnungsgeld reduzieren oder in entsprechender Anwendung des § 153 StPO (Einstellung des Verfahrens wegen Geringfügigkeit) von der Festsetzung des Ordnungsgeldes insgesamt absehen. Die verursachten Kosten muss der Schöffe – wegen der Säumnis – dennoch tragen.[33] Die formalen Voraussetzungen (Verspätung, Nichterscheinen, mangelnde Entschuldigung) für ein Ordnungsgeld müssen stets vorliegen. Wird das Ordnungsgeld aufrechterhalten, hat dies zwingend zur Folge, dass der Schöffe auch die durch die Säumnis verursachten Kosten des Verfahrens tragen muss.

Bezeichnet der Schöffe sein nachträgliches Vorbringen als „Beschwerde", ist dieses zunächst als Antrag auf Aufhebung des Ordnungsgeldbeschlusses zu verstehen, über den der Richter zu entscheiden hat, der das Ordnungsmittel verhängt hat. Erst gegen diese selbstständige Entscheidung ist das Rechtsmittel der Beschwerde gegeben.[34]

---

31 OLG Koblenz, Beschluss vom 05.07.1993, Az.: 1 Ws 362/93, MDR 1993, S. 1229.
32 OLG Hamburg, Beschluss vom 12.07.1978, Az.: 1 Ws 260/78, juris.
33 KG, Beschluss vom 05.04.2000, Az.: 4 Ws 30/00, juris; *Herbert Mayer*, in: Kissel/Mayer, Gerichtsverfassungsgesetz, 9. Aufl., München 2018, § 56 Rn. 9 m.w.H.
34 OLG Düsseldorf, Beschluss vom 22.07.2015, Az.: III-2 Ws 305/15, RohR 2015, S. 138.

(d) Wird auf die nachträgliche Entschuldigung des Schöffen der Ordnungsgeldbeschluss nicht aufgehoben, kann er **Beschwerde** einlegen (§ 56 Abs. 2 Satz 3 GVG). Die Beschwerde kann ausnahmsweise sofort gegen den ursprünglichen Ordnungsgeldbeschluss ohne nachträgliche Entschuldigung eingelegt werden, wenn der Schöffe gegen den Ordnungsgeldbeschluss nur aus Rechtsgründen vorgeht (z. B. mit der Behauptung, es hätte der unzuständige Richter entschieden).

Die Beschwerde ist – schriftlich oder zu Protokoll der Geschäftsstelle – bei dem Gericht einzulegen, das die Entscheidung getroffen hat. Die Entscheidung kann ganz oder teilweise angegriffen werden, z. B. wenn der Schöffe lediglich das Ordnungsgeld für zu hoch hält. Hält der Vorsitzende, der die Entscheidung getroffen hat, die Beschwerde für begründet, kann er ihr abhelfen, d. h. seine Entscheidung – auch teilweise – ändern. Tut er das nicht, legt er die Beschwerde dem nächsthöheren Gericht zur Entscheidung vor. Das Beschwerdegericht darf die Entscheidung auch zum Nachteil des Schöffen abändern; das sog. **Verschlechterungsverbot** gilt hier nicht. Sollte eine Erhöhung des Ordnungsgeldes ausnahmsweise einmal in Betracht kommen, hat das Beschwerdegericht dem Schöffen über diese Absicht rechtliches Gehör zu gewähren, damit er seine Beschwerde ggf. vor einer nachteiligen Entscheidung zurücknehmen kann.

KAPITEL 2

Weitere Obliegenheitspflichten und deren Verletzung

Ein Ordnungsgeld kann auch gegen einen Schöffen verhängt werden, der sich „seinen Obliegenheiten in anderer Weise" entzieht (§ 56 Abs. 1 GVG). Was eine solche Obliegenheit des Schöffen ist, definiert das Gesetz nicht näher. Es besteht Einigkeit in Literatur und Rechtsprechung, dass damit nur solche Pflichten gemeint sind, die gewährleisten, dass die Hauptverhandlung in ordnungsgemäßer Besetzung durchgeführt werden kann.[35] Zweck der Sanktionsdrohung ist es, den Schöffen zur Erfüllung seiner Dienstpflicht anzuhalten. Eine Verletzung der Obliegenheit stellen daher nur solche Verhaltensweisen dar, mit denen sich der Schöffe seiner Dienstleistung entzieht. Das ist dann der Fall, wenn er

– sich generell weigert, den Schöffendienst zu versehen, oder die Teilnahme an einer Hauptverhandlung im Einzelfall (z. B. aus Gewissensgründen) ablehnt,
– seinen Wohnungswechsel nicht anzeigt und deshalb für das Gericht nicht erreichbar ist,
– die Beteiligung an einer Abstimmung verweigert und sich damit dem Schöffendienst entzieht,
– den Amtseid verweigert und dadurch nicht wirksam an der Hauptverhandlung teilnehmen kann.

Keine Obliegenheitspflichtverletzung des Schöffen ist etwa der Bruch des Beratungsgeheimnisses[36] oder die Verletzung des Neutralitäts- und Zurückhaltungsgebots, auch wenn er mit seinem Verhalten eine Ablehnung wegen Besorgnis der Befangenheit[37] provoziert. Eine extensive Anwendung des § 56 Abs. 1 GVG begegnet rechtsstaatlichen Bedenken; sie muss auf die Fälle der Säumnis und der Verletzung konkreter prozessualer Mitwirkungspflichten beschränkt werden.[38] Störung der Sitzung, unangemessene Kleidung oder spätes Anzeigen einer Verhinderung sind ebenfalls keine Verletzungen einer Obliegenheitspflicht, die zu einem Ordnungsgeld führen können.

---

35 OLG Frankfurt/M., Beschluss vom 29.05.1990, Az.: 2 Ws 114/90, NJW 1990, S. 3285.
36 KG, Beschluss vom 03.11.1986, Az.: 4 Ws 244/86, JR 1987, S. 302.
37 KG, Beschluss vom 08.04.1999, Az.: 4 Ws 35/99, RohR 1999, S. 83.
38 OLG Frankfurt/M., Beschluss vom 29.05.1990, Az.: 2 Ws 114/90, NJW 1990, S. 3285.

Das Verlangen der Schöffen nach einer Zwischenberatung ist auch dann keine Verletzung einer Obliegenheitspflicht, wenn sie mit einer Weigerung der weiteren Anwesenheit in der Hauptverhandlung verbunden wird.

BEISPIEL
Nachdem zwei Schöffen beim AG Münster die weitere Mitwirkung verweigern wollten, wenn ihnen nicht grundlegende Fragen zum Verständnis einer chaotisch verlaufenen Beweisaufnahme beantwortet würden, verhängte der Vorsitzende ein Ordnungsgeld (damals die Höchstgrenze von 1.000,00 DM) gegen beide Schöffen, das allerdings durch das LG Münster auf die Beschwerde hin unter Hinweis auf das Recht der Schöffen, eine Zwischenberatung zu verlangen, aufgehoben wurde.[39]

1 Pflicht zur Eidesleistung

Die Schöffen sind vor ihrer ersten Dienstleistung in öffentlicher Sitzung des Gerichts durch den Vorsitzenden zu vereidigen (§ 45 Abs. 3 bis 5 DRiG). Die Vereidigung gilt für die Dauer des Amtes, bei erneuter Wahl auch für die sich unmittelbar anschließende Amtszeit. Dem Eid steht das Gelöbnis gleich. Wenn der Schöffe als Mitglied einer Religions- oder Bekenntnisgemeinschaft eine Beteuerungsformel dieser Gemeinschaft verwenden will, kann er diese dem Eid oder dem Gelöbnis anfügen.

Ein nicht durch Eid, Gelöbnis und Beteuerung verpflichteter Schöffe wird wie ein abwesender Schöffe behandelt. Das erkennende Gericht ist vorschriftswidrig besetzt, wenn in der Hauptverhandlung und an dem Urteil ein Schöffe mitwirkt, der nicht vor Beginn der ersten Dienstleistung verpflichtet worden ist. Die Revision kann mit der Rüge einer falschen Besetzung begründet werden, wenn der Schöffe erst im Laufe der ersten Hauptverhandlung verpflichtet wird, ohne dass die bis dahin vorgenommenen Handlungen nachgeholt worden sind. Ein Schöffe, der die Eidesleistung verweigert, verletzt eine Obliegenheit, weil er dadurch seine Mitwirkung in der Hauptverhandlung verhindert.

---

39 LG Münster, Beschluss vom 07.10.1992, Az.: 7 Qs 13/92 XII, RohR 1992, S. 59 mit Anm. *Lieber*.

2 Pflicht zur Mitwirkung an Entscheidungen

Den Schöffen trifft die Pflicht, an allen richterlichen Entscheidungen mitzuwirken, zu denen er vom Gesetz berufen ist. Er hat sich zu allen Fragen, die zur Entscheidung anstehen, eine Meinung zu bilden und seine Stimme abzugeben. Sich zu enthalten, ist dem Schöffen – wie dem Berufsrichter auch – untersagt. Die Pflicht, an den Abstimmungen teilzunehmen, gehört zu den Obliegenheiten des Schöffen. Während der Hauptverhandlung sind sachliche und prozessuale Entscheidungen zu treffen: Über Beweisanträge muss entschieden werden, Ordnungsmaßnahmen sind zu verhängen, die beantragte Einstellung des Verfahrens ist zu bescheiden, das Gericht entscheidet über die Rechtmäßigkeit der Anordnungen des Vorsitzenden. Schlussendlich sind die mit dem Urteil verbundenen Entscheidungen zu treffen. An diesen Entscheidungen muss der Schöffe auch mitwirken, wenn er bei einer vorhergehenden Abstimmung anderer Auffassung gewesen und überstimmt worden ist (§ 195 GVG).

Auch aus **Gewissensgründen** dürfen Schöffen den Dienst nicht verweigern. Beim sog. Mannheimer Schöffenstreik hatten zehn Schöffen die Zusammenarbeit mit einem Vorsitzenden verweigert, der in einem Urteil einen NPD-Vorsitzenden und Holocaust-Leugner als charakterstarken Menschen bezeichnet hatte. Die Schöffen wurden wegen der Weigerung mit einem Ordnungsgeld von 1.000,00 DM belegt. Das OLG Karlsruhe hat die Weigerung einer Schöffin, die Beschwerde gegen das Ordnungsgeld erhoben hatte, weder als gerechtfertigt noch entschuldigt erachtet. Wegen der schwierigen Situation, in der sich die Schöffin aufgrund der massiven öffentlichen Proteste gegen den Vorsitzenden befunden habe, und weil die Frage der Verweigerung aus Gewissensgründen in Rechtsprechung und Literatur eher marginal erörtert worden sei, hat das OLG unter Anwendung der Grundsätze des § 153 StPO (Geringfügigkeit) von der Festsetzung des Ordnungsgeldes abgesehen, es aber bei der Auferlegung der durch die Säumnis der Schöffin entstandenen Kosten belassen.[40]

3 Sicherstellung der Erreichbarkeit des Schöffen

Haupt- und Hilfsschöffen müssen erreichbar sein und deshalb das Gericht über Änderungen ihrer Anschrift informieren. Es sollte auch die telefonische Erreichbarkeit an der Arbeitsstelle sichergestellt werden (z. B. für kurzfristige Abladungen). Das bedeutet aber nicht, dass das Gericht von einem Schöffen verlangen

---

[40] OLG Karlsruhe, Beschluss vom 23.10.1995, Az.: 3 Ws 120/95, NJW 1996, S. 606; vgl. *Hans Lisken,* Zur Gewissensfreiheit des Schöffen, NJW 1997, S. 34; *ders.,* Gefährdungen der Gewissensfreiheit, in: Hans Jochen Vogel (Hrsg.) u.a., Die Freiheit des Anderen, Festschrift für Martin Hirsch, Baden-Baden 1981, S. 529.

kann, dass er sich ein Mobiltelefon zulegt. Ist ein Hilfsschöffe in vertretbarer Zeit nicht erreichbar, wird der nächste Hilfsschöffe angerufen.

Für Hilfsschöffen besteht keine Pflicht, sich ständig zur Verfügung zu halten oder sich gar bei einer mehrtägigen Ortsabwesenheit bei ihrem Gericht abzumelden. Es mag eine Erleichterung der Schöffengeschäftsstelle sein, wenn langfristig geplante, „längere" Abwesenheitszeiten der Hilfsschöffen bekannt sind; eine Rechtspflicht, sich beim Gericht abzumelden, besteht nicht.[41] Die Entscheidung des LG München, dass ein Hilfsschöffe verpflichtet sei, sich auf jeden Fall bei seinem Gericht abzumelden, wenn er für einige Tage von seiner ladungsfähigen Anschrift abwesend ist, findet im Gesetz keine Stütze.[42] Dabei muss in dem Münchener Fall noch berücksichtigt werden, dass das Gericht den Hilfsschöffen sehr kurz vor der Hauptverhandlung schriftlich geladen hatte. Bei telefonischer Ladung wäre seine Ortsabwesenheit aufgefallen; er wäre gemäß § 54 Abs. 2 Satz 1 GVG als „nicht erreichbar" – also verhindert – behandelt und der nächste Hilfsschöffe geladen worden. Ein ganzer Rattenschwanz von Verfahren bis hin zum Petitionsausschuss wäre – neben der Peinlichkeit für das Gericht, die eigene organisatorische Schwäche mit einem Ordnungsgeld zu kaschieren – Gericht wie Schöffen erspart geblieben.

---

41 Ausdrücklich festgestellt vom LG Berlin, Beschluss vom 22.03 2013, Az.: 528 Qs 138/12, RohR 2013, S. 68.
42 LG München, Beschluss (ohne Datum, ausgefertigt am 08.04.2010), Az.: 22 Ns 235 Js 210639/07, unveröffentlicht.

KAPITEL 3

Pflicht zur Verschwiegenheit und Zurückhaltung

Die Schöffen unterliegen der Pflicht zur Verschwiegenheit, soweit diese gesetzlich geboten ist, sowie der Pflicht zur Zurückhaltung. Zwar gelten für die Schöffen nicht unmittelbar die Regeln des richterlichen Disziplinarrechts; aber sowohl zur Vermeidung einer Besorgnis der Befangenheit als auch aus Respekt vor den Beteiligten des Verfahrens haben sich die Schöffen vor dem Urteil jeder Kommentierung des Verfahrens zu enthalten.

1 Beratungsgeheimnis

Über den Hergang bei der Beratung und Abstimmung besteht die Pflicht zu schweigen (§ 45 Abs. 1 DRiG), ausgenommen wenn die Feststellung des Abstimmungsergebnisses für die Nachprüfung von Gesetzwidrigkeiten in der Berufung oder der Revision erforderlich ist. Ebenso besteht die Pflicht zur Wahrung des Beratungsgeheimnisses nicht, wenn die Folgen einer gesetzwidrigen Beratung beseitigt werden sollen. Ist z. B. das Erfordernis der Zwei-Drittel-Mehrheit nicht beachtet worden, ist der Schöffe an die Schweigepflicht nicht gebunden. Auch Gründe des übergesetzlichen Notstandes können zur Verletzung der Schweigepflicht berechtigen.[43] Die Verletzung des Beratungsgeheimnisses ist keine Straftat im Sinne des § 353b StGB.

> **BEISPIEL**
> In einem Verfahren wegen Raubes wurde eine Zwischenberatung der Kammer durchgeführt. Dabei hat der Schöffe mit seiner Auffassung zur Notwendigkeit einer weiteren Beweisaufnahme, in der geklärt werden sollte, ob der geschädigte Juwelier an der angeklagten Tat beteiligt war, keine Mehrheit gefunden. Daraufhin hat er in einem anonymen Brief an den Verteidiger Anregungen zur Durchführung weiterer Ermittlungen gegeben, die sich mit seiner Argumentation in der Zwischenberatung deckten. Die Staatsanwaltschaft hat den Schöffen wegen der Verletzung eines Dienstgeheimnisses (§ 353b StGB) angeklagt. Das Amtsgericht hat ihn freigesprochen, das Landgericht

---

43 *Jürgen Schmidt-Räntsch*, Deutsches Richtergesetz, 6. Aufl., München 2009, § 43 Rn. 15.

> die Berufung der Staatsanwaltschaft verworfen. Die Revision der Staatsanwaltschaft hatte vor dem OLG Köln ebenfalls keinen Erfolg. Eine Verurteilung schied in diesem Fall aus, weil es an einer Gefährdung wichtiger öffentlicher Interessen als Folge der Vorgehensweise des Schöffen fehlte.[44]

Bei den Belehrungen der Schöffen sollte nicht überzogen werden. „Die Oberbadische" vom 13.11.2013 berichtet, dass der Vorsitzende des Schöffengerichts im AG Lörrach die neuen Schöffen bei einer Einführungsveranstaltung „eindringlich" auf ihre Verschwiegenheitspflicht hingewiesen habe. Was in der Urteilsberatung gesprochen werde, dürfe nicht einmal dem Ehepartner anvertraut werden. Wer dies nicht beachte, könne sich strafbar machen. Dieser Hinweis (s. o. OLG Köln) entspricht nicht ständiger Rechtsprechung. Das OLG Düsseldorf nimmt das richterliche Beratungsgeheimnis ganz aus dem Anwendungsbereich des § 353b StGB (Verletzung des Dienstgeheimnisses und einer besonderen Geheimhaltungspflicht) heraus.[45] Das Beratungsgeheimnis sei eine von der Amtsverschwiegenheit unabhängige richterliche Pflicht, die der Dokumentation der Einheit des Richterkollegiums nach außen und damit der Wahrung von Ansehen und Autorität des Richterspruchs diene. Da es sich um Kenntnisse des Gerichts über sein eigenes Verhalten handele, fehle es auch an dem Merkmal, dass das Geheimnis dem Gericht „anvertraut" sei.

Das Beratungsgeheimnis soll sowohl den Richter schützen, der vorschnell eine Meinung äußert, später aber davon abweicht, als auch denjenigen, der in der Abstimmung unterlegen ist. Dass bei einer Abstimmung kontrovers diskutiert und abgestimmt wurde, ohne dass der Einzelne zu identifizieren ist, kann durchaus nach außen kommuniziert werden. Oder geht jemand ernsthaft davon aus, dass es in einem Kollegialgericht keine Meinungsverschiedenheiten geben würde? Auf keinen Fall ist das Beratungsgeheimnis dazu da, echtes Fehlverhalten zu verdecken. Berichte in Schöffenseminaren, dass in 2:2 besetzten Gerichten der Vorsitzende sie bei Stimmengleichheit über die Schuld des Angeklagten belehrt habe, dass seine Stimme entscheide, lassen eher den Verdacht aufkommen, das Beratungsgeheimnis diene gelegentlich dazu, zweifelhafte Abstimmungen zu kaschieren. Oder wie der weiland Vorsitzende Richter am BGH *Thomas Fischer* schrieb: „Denn Paragraf 43 Richtergesetz ist ja nicht dazu da, vorsätzlichen Rechtsbruch zu schützen oder durch Unaufklärbarkeit zu privilegieren."[46]

---

44 OLG Köln, Urteil vom 11.01.2005, Az.: 8 Ss 460/04, RohR 2005, S. 82.
45 OLG Düsseldorf, Beschluss vom 05.09.1980, Az.: 1 Ws 419/80, NStZ 1981, S. 25.
46 *Thomas Fischer,* Alles geheim!, Zeit online vom 21.02.2017 (Fischer im Recht), www.zeit.de/gesellschaft/zeitgeschehen/2017-02/justiz-alles-geheim-beratungsgeheimnis-fischer-im-recht.

2 Besondere Geheimhaltungspflichten

Ist die Öffentlichkeit wegen Gefährdung der Staatssicherheit oder wegen der Gefährdung von Persönlichkeitsrechten, Betriebs- oder Privatgeheimnissen ausgeschlossen, kann das Gericht die anwesenden Personen zur Geheimhaltung von Tatsachen, die zu ihrer Kenntnis gelangen, verpflichten (§ 174 Abs. 3 GVG). Der Beschluss ist in das Sitzungsprotokoll aufzunehmen.

3 Umgang mit den Medien

(a) Während eines laufenden Prozesses ist für die Schöffen der **Kontakt mit den Medien** absolut tabu. Schöffen müssen damit rechnen, mit anderen Maßstäben gemessen zu werden als Berufsrichter. Bei Anfragen der Medien zum Prozess ist der Pressesprecher des Gerichts zuständig, aber nicht die Berufs- oder ehrenamtlichen Richter. Der Schöffe riskiert ansonsten den weiteren Fortgang der Hauptverhandlung durch Ablehnung wegen einer Besorgnis der Befangenheit.

> **BEISPIEL 1**
> In der Hauptverhandlung um den auf dem Berliner Alexanderplatz von Jugendlichen totgetretenen Jonny K. litten die Zeugen, die bei der Polizei noch umfangreich ausgesagt hatten, unter plötzlichem Gedächtnisverlust. Ein 23-jähriger Augenzeuge und zwei seiner Freunde beantworteten fast alle Fragen des Gerichts mit den Worten: „Ich weiß es nicht, ich kann mich nicht erinnern." Der Vorsitzende äußerte Unverständnis: „Es fällt schwer, das zu glauben. Wissen Sie überhaupt, worum es in dem Prozess geht?" Daraufhin platzte einem Schöffen der Kragen. „Sind Sie zu feige oder wollen Sie uns verarschen?", herrschte er einen der Zeugen an. Die Verteidigung beantragte umgehend, den Schöffen als befangen auszuschließen. Ausgeschlossen wurde der Schöffe, weil am folgenden Tag ein Artikel in der Boulevardpresse erschien, in dem er zitiert wurde, er habe nur gesagt, was er gedacht habe; so würde er als Jugendpfleger mit den jungen Leuten eben reden. Im Übrigen wollten die Verteidiger ohnehin den Prozess nur kaputt machen, wie man an einem Befangenheitsantrag der Verteidiger gegen die Rechtsanwälte der Nebenklage ja gemerkt habe.[47]

---

[47] *Julia Jüttner*, Tödliche Prügelei am Alexanderplatz: Der verhängnisvolle Schöffe, Spiegel online vom 03.06.2013, www.spiegel.de/panorama/justiz/fall-jonny-k-prozess-platzt-wegen-schoeffe-interview-a-903499.html.

Schöffen müssen in der Hauptverhandlung auf Fragen kritischer Natur nicht verzichten. Selbst eine einmalige Unmutsäußerung muss nicht unbedingt zum Ausschluss wegen der Besorgnis der Befangenheit führen. Der Schöffe im Beispiel 1 wäre möglicherweise wegen seiner „forschen Attacke" im Saal nicht ausgeschlossen worden. Die Äußerungen gegenüber der Presse machten ihn aber unhaltbar. Merke: Journalisten berichten nicht nur über Tatsachen – sie produzieren gerne auch welche.

BEISPIEL 2
Ein beredtes Beispiel lieferte die BILD-Zeitung vom 30.05.2011 am Ende des Verfahrens gegen *Jörg Kachelmann*. Sie widmete dem Thema „So würden Schöffen entscheiden" eine ganze Seite und ließ amtierende Schöffen zu Wort kommen, ob sie zu Verurteilung oder Freispruch neigen würden. Die meisten Schöffen haben richtigerweise darauf hingewiesen, dass man keine Beurteilung abgeben könne, wenn man an dem Verfahren selbst nicht teilgenommen habe. Einige hatten aber durchaus feste Meinungen, aus denen man auf eine Neigung zu Voreingenommenheit schließen konnte. Daraus hätte sich in Verfahren, an denen die Schöffen später beteiligt wären, ein Befangenheitsantrag ableiten lassen können.[48]

BEISPIEL 3
Der Schöffe eines Vergewaltigungsprozesses hatte sich in seinem Facebook-Profil kritisch über einen Migranten in Zusammenhang mit einem Sexualdelikt geäußert. Der Verteidiger hatte den Schöffen daraufhin wegen Besorgnis der Befangenheit abgelehnt. In seiner „dienstlichen Stellungnahme" gab der Schöffe an, er habe „Angst vor einer Überfremdung meiner Heimat Deutschland, eben auch wegen des nicht kontrollierten Zugangs von fremden Personen". Die Kammer hat dem Ablehnungsantrag stattgegeben.[49]

(b) Schöffen können auch **Gegenstand der Berichterstattung** in den Medien sein. Das BVerwG hat z. B. einen Auskunftsanspruch über die an einem Verfahren beteiligten Schöffen grundsätzlich bejaht.[50] Übersenden Gerichte auf Anforderung Urteile an Journalisten, dürfen die Namen der Schöffen nicht geschwärzt werden.

---

[48] *Hasso Lieber*, Die letzte Runde der Geschmacklosigkeiten im „Kachelmann"-Prozess oder: Wie halten es Schöffen mit den Medien?, RohR 2011, S. 51.
[49] *Wulf Kannegiesser*, Prozess platzt wegen Facebook-Kommentaren von Laienrichter, RP online vom 03.06.2017, https://rp-online.de/nrw/staedte/duesseldorf/prozess-platzt-wegen-facebook-kommentaren-von-laienrichter_aid-21142611.
[50] BVerwG, Urteil vom 01.10.2014, Az.: 6 C 35.13, RohR 2015, S. 30.

Schöffen sind insoweit temporäre Personen der Zeitgeschichte. Die Medien können jedoch personenbezogene Informationen nicht verlangen, die keine Bedeutung im Zusammenhang mit dem Thema der Recherche und der geplanten Berichterstattung haben.

Foto- und Filmaufnahmen während der Hauptverhandlung sind von Gesetzes wegen nicht erlaubt (§ 169 GVG). Der Vorsitzende des Gerichts kann jedoch vor Beginn der Verhandlung – etwa im Hinblick auf den Persönlichkeitsschutz der Schöffen – Foto- und Filmaufnahmen im Sitzungssaal nicht vollständig verhindern. Es entspricht dem im Rechtsstaats- und Demokratieprinzip enthaltenen Auftrag zur Sicherung der Möglichkeit der Wahrnehmung und ggf. Kontrolle von Gerichtsverfahren durch die Öffentlichkeit, die Medien darüber berichten zu lassen und dem Fernsehen audiovisuelle Aufnahmen zu ermöglichen.[51] Grundsätzlich wird erwartet, „dass sich der Schöffe den mit seiner Funktion verbundenen Erwartungen auch bei Mitwirkung an von der Öffentlichkeit beachteten Verfahren gewachsen" zeigt, selbst wenn Medien darüber Bilder verbreiten. Einer unangemessenen Beeinträchtigung kann durch eine Beschränkung der Aufzeichnungen auf Gesamtansichten unter Verzicht auf Großaufnahmen von Einzelgesichtern abgewehrt werden.[52]

4 Kontakt zu Prozessbeteiligten

Schöffen haben auch im Umgang mit den anderen Beteiligten des Verfahrens darauf zu achten, dass ihr Verhalten nicht zur Besorgnis der Befangenheit Anlass gibt. Die Tatsache, dass sie Richter sind wie die Berufsrichter auch, muss sich in ihrem Verhalten innerhalb und außerhalb des Gerichtssaales niederschlagen. Sie müssen verinnerlichen, dass sie während der Dauer der Hauptverhandlung Personen sind, denen das öffentliche Interesse gilt und die entsprechend beobachtet werden. In einigen Gerichten gibt es keine Beratungszimmer oder sie werden erst kurz vor der Verhandlung geöffnet. Die Schöffen müssen sich solange auf dem Flur vor dem Saal aufhalten, auf dem sich auch die Angeklagten, deren Angehörige oder die Zeugen aufhalten. Das führt dazu, dass sie Unterhaltungen unter den Beteiligten mithören können oder gar direkt angesprochen werden. Hier gilt: Distanz halten, keine Gespräche mit Unbekannten! Spätestens wenn die Beteiligten im Saal bemerken, dass Sie mit einem Mitglied des Gerichts gesprochen haben, kommt der Befangenheitsantrag – wenn nicht die Ansprache schon zum taktischen Konzept der Verteidigung gehörte.

---

51 BVerfG, Beschluss vom 19.12.2007, Az.: 1 BvR 620/07, RohR 2008, S. 62.
52 OLG Hamburg, Beschluss vom 12.09.2018, Az.: 1 Ws 71/18, RohR 2018, S. 143.

BEISPIEL 1

In der Mittagspause traf ein Schöffe einen ihm bekannten Rechtsanwalt, der mit der Verhandlung nichts zu tun hatte, in der Kantine und erzählte diesem munter von seinem Fall aus dem Drogenmilieu. Dabei fiel der Satz: „Dass der Angeklagte dealt, sieht man ihm schon auf 100 Meter Entfernung an." Am Ende der Mittagspause lag schon der Befangenheitsantrag gegen den Schöffen auf dem Tisch des Vorsitzenden.

BEISPIEL 2

Nach Schluss der Verhandlung saß der Schöffe in einem Café in der Nähe des Gerichts, das auch von dem Angeklagten besucht wurde. Scherzhaft – wie der Schöffe später behauptete – rief er dem Angeklagten zu: „Na, dann richten Sie sich schon mal auf zehn Jahre ein." Abgesehen von der Geschmacklosigkeit der Bemerkung ist für Scherze im Umgang mit Verfahrensbeteiligten in und außerhalb der Verhandlung kein Raum. Müßig zu betonen, dass dem Befangenheitsantrag des Angeklagten Erfolg beschieden war.

BEISPIEL 3

Im Prozess gegen einen Chirurgen kommt der Schöffe in einer Sitzungspause im Fahrstuhl mit dem Angeklagten ins Gespräch, dass er sich bei einem Sturz an der Hand verletzt hatte. Später lässt sich der Schöffe von ihm einen Spezialisten für Handchirurgie empfehlen, bei dem er sich auch behandeln lässt. Der Schöffe wird auf Antrag der Staatsanwaltschaft wegen Besorgnis der Befangenheit ausgeschlossen. Nach der Abberufung beschwert sich der Schöffe bei der Staatsanwaltschaft, er habe den Vorsitzenden unmittelbar nach der Begegnung über das Gespräch informiert und gefragt, ob er sich den Namen des Handchirurgen geben lassen dürfe. Dieser habe ihm zweimal gesagt, dass er darin kein Problem sehe. In der Zwischenzeit hatte eine Justizmitarbeiterin den Vorsitzenden über ein Gespräch in der Mittagspause informiert. Dieser habe dann dem Schöffen untersagt, den Angeklagten wegen des Spezialisten zu kontaktieren. „Da war es aber zu spät", so der Schöffe. Für seine Stellungnahme zur möglichen Befangenheit habe der Richter ihn gebeten, nicht zu erwähnen, dass er kein Problem gesehen habe, den Namen des Handchirurgen zu erfragen. „Und ich Dussel mache das auch noch", ärgert sich der Schöffe zu spät.[53]

---

[53] *Heidi Niemann,* Befangenheitsantrag gegen Richter abgelehnt, Göttinger Tageblatt vom 08.08.2014, www.goettinger-tageblatt.de/Die-Region/Goettingen/Befangenheitsantrag-gegen-Richter-abgelehnt.

KAPITEL 4

Pflicht zu Neutralität und Unparteilichkeit

Schöffen sind wie die Berufsrichter zu Neutralität und Unparteilichkeit verpflichtet. Besteht Anlass zu der Sorge, dass ein Schöffe gegenüber einem Angeklagten (oder einem Zeugen) nicht unvoreingenommen und unparteiisch eingestellt ist, kann er wegen der Besorgnis der Befangenheit abgelehnt und vom weiteren Verfahren ausgeschlossen werden. Die Unparteilichkeit gilt sowohl im Hinblick auf die Person des konkreten Angeklagten, dem gegenüber der Schöffe sich nicht von Sympathien, Antipathien oder Vorurteilen leiten lassen darf, als auch gegenüber Status oder Zugehörigkeit des Angeklagten oder Zeugen. Ein Schöffe, der der Meinung ist, dass es für Türken selbstverständlich sei, vor Gericht nicht die Wahrheit zu sagen, der in einem Farbigen den potenziellen Dealer sieht oder der die Auffassung vertritt, dass Polizisten immer glaubwürdiger sind als zivile Zeugen, hat eigentlich auf der Richterbank nichts verloren. Auch aus der gesellschaftlichen Stellung eines Zeugen oder Angeklagten können keine Rückschlüsse auf dessen Glaubhaftigkeit oder Täterschaft gezogen werden. Kriminalität ist kein Privileg der Unterschicht: Die Weiße-Kragen-Täter haben keinen Anspruch auf Bewunderung einer „cleveren" Ausnutzung von Gesetzeslücken; die Prostituierte ist kein Objekt moralischer Entrüstung. Von solchen Vorurteilen muss sich der Schöffe freimachen.

TEIL C

KAPITEL 5

Bindung an Gesetz und Recht

Schöffen sind wie die Berufsrichter an Recht und Gesetz gebunden. Die Schwierigkeit besteht darin, dass die Schöffen das Gesetz in der Regel nicht kennen und auch nicht kennen müssen. Wann juristische Tatbestandsmerkmale eindeutig definiert sind und keinen Raum für eine persönliche Wertung lassen, in welchen Fällen unbestimmte Rechtsbegriffe, Generalklauseln und offene Tatbestände erhebliche Interpretations- und Wertungsspielräume eröffnen, müssen die Berufsrichter den Schöffen erklären.

BEISPIEL 1
Ein Schöffe vertritt die Auffassung, die vorgeschlagene Freiheitsstrafe von zwei Jahren sei zu milde und schlägt eine Freiheitsstrafe von drei Jahren vor, die zum Ausgleich zur Bewährung ausgesetzt werden könne. In diesem Fall hat der Vorsitzende den Schöffen auf § 56 Abs. 2 StGB hinzuweisen, wonach Freiheitsstrafen von mehr als zwei Jahren nicht mehr zur Bewährung ausgesetzt werden können. Beharrt der Schöffe auf seiner Meinung, verletzt er seine Pflichten.

BEISPIEL 2
Das Gericht berät über die Strafzumessung bei einer gefährlichen Körperverletzung, die von mehreren Tätern gemeinsam begangen worden ist (§ 224 Abs. 1 Nr. 4 StGB). Bei einem Beteiligten ist ein Schöffe der Auffassung, die Mindeststrafe von sechs Monaten sei aufgrund des geringen Tatbeitrages zu hoch; er könnte sich sogar eine Geldstrafe vorstellen. Der Schöffe ist aufzuklären, dass seine Auffassung mit dem Gesetz dann vereinbar ist, wenn der Tatbeitrag als „minder schwerer Fall" bewertet wird. Dann beträgt die Mindeststrafe drei Monate und kann in eine Geldstrafe umgewandelt werden, wenn nicht die Freiheitsstrafe unerlässlich ist (§ 47 Abs. 2 StGB).

In Beispiel 2 ist der Schöffe über die rechtliche Umsetzbarkeit seiner Auffassung zu belehren, auch wenn die Berufsrichter diese zwar für zulässig, aber unangemessen halten. Die Tugend des *Aristeides* sollte im Umgang der Justiz mit dem Rechtsunkundigen nicht verschüttet sein.

> Im klassischen Athen konnte durch ein Scherbengericht abgestimmt werden, welcher Reiche und Mächtige die Stadt verlassen sollte. Der Name wurde auf eine Tonscherbe geritzt. Als über die Verbannung des Aristeides abgestimmt wurde, bat ihn ein schreibunkundiger Mann, der ihn nicht erkannte, seinen – des Aristeides – Namen auf die Scherbe zu schreiben. Als die Scherbe von Umstehenden kontrolliert wurde, hatte Aristeides der Bitte entsprechend seinen Namen auf die Scherbe geschrieben und damit für seine Ausweisung aus der Stadt gestimmt.

Die andere Seite der Medaille zu dieser Verpflichtung der Berufsrichter bildet die selbstverständliche Bereitschaft des Schöffen, einen rechtlichen Hinweis zu akzeptieren. Ein Gericht darf sich nicht an die Stelle des Gesetzgebers setzen. Auch wenn der Schöffe eine gesetzliche Regelung nicht teilt, ist er ihr gleichwohl unterworfen.

TEIL C

Kontrollfragen

Es können eine oder mehrere der vorgegebenen Antworten richtig sein.

1. Wer ist der „gesetzliche Richter"?
a) ein Richter, der sich an das Gesetz hält
b) ein örtlich und sachlich zuständiger Spruchkörper, der für ein Geschäftsjahr im Voraus nach abstrakten Kriterien bestimmt ist
c) die gesetzliche Bestimmung, wer Richter sein kann

2. Mit welcher Begründung kann sich ein Schöffe von einer Hauptverhandlung befreien lassen?
a) Klausurtermin im Examen
b) Operationstermin
c) 25-jähriges Dienstjubiläum im Betrieb

3. Ein Schöffe hat die Hauptverhandlung versäumt. Welche Entschuldigung bewahrt ihn vor einem Ordnungsgeld?
a) Ich habe verschlafen.
b) Ich habe mir den Termin falsch notiert.
c) Ich war kurzfristig erkrankt und konnte nicht telefonieren; ein Attest wird nachgereicht.

4. Wann kann ein Ordnungsgeld gegen einen Schöffen verhängt werden?
a) wenn ein Hilfsschöffe sich nicht vor seinem Urlaub beim Gericht abmeldet
b) wenn er den Amtseid verweigert
c) wenn er die Abstimmung verweigert

5. Worüber müssen Schöffen außerhalb des Gerichts schweigen?
a) über die gesamte Hauptverhandlung
b) über Vorgänge, bei denen die Öffentlichkeit ausgeschlossen war
c) über das Abstimmungsverhalten der Mitglieder des Gerichts in der Beratung

6. Ein Schöffe wird von einem Zuhörer in einer Sitzungspause auf dem Flur des Gerichts auf den Fall angesprochen. Wie verhält sich der Schöffe?
a) Er geht kommentarlos weiter.
b) Er erklärt höflich, aber bestimmt, dass er sich zu der Sache nicht äußern könne.
c) Er unterhält sich mit dem Zuhörer, weil er hofft, dieser könne ihm Informationen über den Fall vermitteln.

KONTROLLFRAGEN TEIL C

7. Der Berliner Hauptschöffe will kurzfristig einen Sommerurlaub in der Schorfheide (50 km von Berlin entfernt) buchen. Was muss er beachten?
a) die Termine, zu denen er bereits ausgelost wurde, wahrzunehmen
b) dass er im Urlaub erreichbar ist
c) den Vorsitzenden anzurufen, ob der Termin in der fraglichen Zeit stattfindet

8. Welche Antworten zu 7. treffen zu, wenn der Hauptschöffe in die Karibik fliegen will?

Lösung:
1. b); 2. a) b); 3. c); 4. b) c); 5. b) c); 6. a) b), wobei die höfliche Variante b vorzuziehen ist; 7. a) b) c); 8. a) c)

TEIL D

Mitwirkung der Schöffen in der Hauptverhandlung

Teil D stellt die Möglichkeiten der Mitwirkung der Schöffen in den einzelnen Verfahrensabschnitten dar. Insbesondere werden die Informationsquellen und -rechte behandelt, die für die Urteilsbildung erforderlich sind. Der detaillierte Ablauf der Hauptverhandlung mit den für Schöffen wichtigen prozessualen Fragen ist Gegenstand von Band 2.

TEIL D

Ablauf der Hauptverhandlung

Aufruf der Sache
Feststellung der Anwesenheit von Angeklagten und Zeugen Belehrung der Zeugen auf Wahrheitspflicht (Zeugen entfernen sich aus dem Gerichtssaal)
Feststellung der Personalien des Angeklagten

▼

Verlesung der Anklage	Berufung: Verlesung des erstinstanzlichen Urteils

Belehrung des Angeklagten über sein Schweigerecht; ggf. Angaben des Angeklagten zur Sache

▼

Beweisaufnahme: hier auch Fragerecht der Schöffen
– Vernehmung der Zeugen   – Gutachten der Sachverständigen – Verlesung von Urkunden   – Richterlicher Augenschein
Verfahrensentscheidungen unter Beteiligung der Schöffen z. B. gegen sachleitende Entscheidungen des Vorsitzenden wie etwa Beanstandung von Fragen Einstellung von einzelnen Tatvorwürfen
Beweisanträge (Verteidiger, Staatsanwalt) Beweisanregungen der Schöffen

▼

Plädoyer des Staatsanwalts Plädoyer des Verteidigers	Berufung: zuerst Plädoyer des Berufungsführers

Letztes Wort des Angeklagten

▼

Beratung

Urteilsverkündung

Abbildung 3 Ablauf der Hauptverhandlung

KAPITEL 1

Informationsgewinnung

Das Strafverfahren besteht aus dem Sammeln und Bewerten von Informationen über Tatsachen, die den Schluss auf Schuld oder Unschuld des Angeklagten zulassen. Die Qualität der Mitwirkung der Schöffen hängt deshalb in hohem Maße davon ab, inwieweit sie Zugang zu den für das Urteil notwendigen Informationen haben. Dem Urteil dürfen nur die Tatsachen zu Grunde gelegt werden, die in der Hauptverhandlung erörtert wurden (Grundsatz der Mündlichkeit und Unmittelbarkeit). Um der Hauptverhandlung effektiv folgen zu können, bedürfen die Schöffen des Zugangs zu allen Hilfsmitteln, die ihnen das Verstehen dessen, was erörtert wird, erleichtern. Wenn die Schöffen darauf bestehen, ihnen alle für die Entscheidung erforderlichen Informationen zugänglich zu machen, handelt es sich nicht um Geltungsbedürfnis, sondern um den Anspruch, zu einem tat- und schuldangemessenen Urteil beizutragen. Dazu stellen die Gesetze und Verwaltungsvorschriften sowie die Rechtsprechung das notwendige Instrumentarium zur Verfügung.

> **ZUR DISKUSSION**
> Sie kommen morgens vor der Verhandlung ins Beratungszimmer. Die Vorsitzende hält Informationen über den Gegenstand der Hauptverhandlung oder den Angeklagten für überflüssig: „Sie sollen ganz unbefangen in den Prozess hineingehen." Teilen Sie diese Meinung?

1 Information vor und während der Hauptverhandlung

(a) Schon aus der Gleichstellung der Schöffen mit den Berufsrichtern folgt, dass sie Zugang zu allen Informationen haben müssen, die für die Urteilsfindung erforderlich sind. Daraus haben die Justizministerien der Länder und des Bundes die Konsequenzen gezogen und mit den „Richtlinien für das Strafverfahren und das Bußgeldverfahren" (RiStBV) bundeseinheitliche Verwaltungsvorschriften zum Strafverfahren erlassen. In **Nr. 126 RiStBV** sind die Informationsmöglichkeiten, die nach der Strafprozessordnung den Schöffen zustehen, zusammengefasst. Schöffen haben einen Anspruch darauf, vom Vorsitzenden vor Beginn der Hauptverhandlung über den Gegenstand der Verhandlung und die Person des Angeklagten sowie die Zeugen informiert zu werden. Zum einen soll ihnen dadurch Gelegenheit gegeben werden, eine eventuelle Befangenheit oder einen Ausschlussgrund anzuzeigen.

Zum anderen sollen die Schöffen von Anbeginn dem Prozessverlauf folgen können. Um alle Informationen in der Beweisaufnahme richtig einordnen zu können, benötigen sie eine Einführung in den Prozessstoff. Alle Mitglieder des Schöffengerichts bzw. der Strafkammer sollten sich mindestens eine Viertelstunde vor Beginn der Hauptverhandlung im Beratungszimmer treffen, damit die Schöffen in den Gegenstand der Verhandlung eingeführt und mit den Personen des Angeklagten und der Zeugen vertraut gemacht werden. Es ist ebenso unhöflich wie unökonomisch (wird aber immer wieder praktiziert), wenn die Berufsrichter zehn Minuten nach der angesetzten Zeit erscheinen und dann ohne Information der Schöffen in den Sitzungssaal hasten. Schöffen sollten darauf bestehen, eine erste Information über den anstehenden Fall zu erhalten, auch wenn dadurch eine Zeitverzögerung entsteht.

VERWALTUNGSVORSCHRIFT

Nr. 126 Abs. 1 RiStBV
Der Vorsitzende soll die mitwirkenden Schöffen vor Beginn der Sitzung über die Unfähigkeitsgründe (§§ 31, 32 GVG) und – unter Hinweis auf die einzelnen Strafsachen, die verhandelt werden – über die Ausschließungsgründe (§§ 22, 23, 31 StPO) belehren sowie auf die Umstände hinweisen, die eine Ablehnung wegen Besorgnis der Befangenheit rechtfertigen könnten (§ 24 StPO). Ein Hinweis auf das Merkblatt für Schöffen kann genügen.

(b) Rechtssprache und Förmlichkeiten erschließen sich dem juristischen Laien nicht immer unmittelbar. Zwar heißt es in § 184 GVG kurz und präzise: „Die Gerichtssprache ist Deutsch." Gleichwohl sind selbst deutsche Begriffe in Fach- und Umgangssprache oft mit unterschiedlichen Inhalten besetzt. Die Berufsrichter sollen den Schöffen die erforderlichen Erläuterungen geben. Voraussetzung ist dabei, dass die Schöffen fragen, wenn ihnen etwas unklar ist. Sie haben das Privileg, etwas nicht wissen zu müssen, und sind deshalb ein Maßstab für Transparenz und Verständlichkeit des Verfahrens.

VERWALTUNGSVORSCHRIFT

Nr. 126 Abs. 2 RiStBV
Die Berufsrichter sollen dazu beitragen, dass die Schöffen die ihnen vom Gesetz zugewiesene Aufgabe erfüllen können. Die Verhandlung ist so zu führen, dass die Schöffen ihr folgen können; Förmlichkeiten und Fachausdrücke, die ihnen nicht verständlich sind, müssen erläutert werden.

1.1 Beginn und Dauer der Hauptverhandlung

Die Hauptverhandlung beginnt, wenn die Sache zur Verhandlung aufgerufen wird. Ab diesem Zeitpunkt ist der Schöffe gleichberechtigter Richter. Ist beim Aufruf der Sache der Angeklagte nicht erschienen, muss über das weitere Procedere entschieden werden. Ohne den Angeklagten kann eine Hauptverhandlung nicht stattfinden. Soll noch in der Hauptverhandlung die Vorführung des nicht erschienenen Angeklagten durch die Polizei angeordnet oder gegen ihn ein Haftbefehl erlassen werden, nehmen die Schöffen an diesen Entscheidungen teil.

(a) Da sich die Mitwirkung der Schöffen auf die Hauptverhandlung beschränkt, muss definiert werden, wann sich die Beteiligten „in der Hauptverhandlung" befinden. Umstritten ist, ob der Zeitraum einer **Unterbrechung** zur Hauptverhandlung zählt oder nicht. Die eine Meinung sagt rigoros, dass sich das Gericht in jeder Kaffeepause außerhalb der Hauptverhandlung befinde. Deshalb seien Schöffen an keiner Entscheidung zu beteiligen, die in dieser Zeit getroffen würde. Folgt man dieser Auffassung, könnten während des Unterbrechungszeitraumes Vorsitzender bzw. Berufsrichter jede prozessuale Frage ohne die Schöffen entscheiden. Beispielsweise könnte der Vorsitzende eines Schöffengerichts mit Zustimmung der Staatsanwaltschaft und des Verteidigers in der Sitzungspause ein Verfahren gemäß §§ 153 ff. StPO einstellen, obgleich zuvor in der Hauptverhandlung die Schöffen ihr Einverständnis versagt haben. Solche Pausen werden immer noch dazu genutzt, informelle Absprachen zwischen Verteidigung, Staatsanwaltschaft und Berufsrichtern zu treffen. Nach der Rechtsprechung des BVerfG zur Verständigung in der Hauptverhandlung steht inzwischen fest, dass solche Umgehungen der Mitwirkung von Schöffen unzulässig sind.

(b) Eine andere Meinung stellt sich ebenso rigoros auf den Standpunkt, dass die Hauptverhandlung vom Aufruf der Sache bis zur Urteilsverkündung dauere und alle Entscheidungen dazwischen unter Beteiligung der Schöffen zu treffen seien. Auch tagelange Unterbrechungen würden nichts daran ändern, dass man sich immer noch in der Hauptverhandlung befinde. Das Prinzip des gesetzlichen Richters verlange bei jeder Entscheidung – auch an sitzungsfreien Tagen – die volle Besetzung des Gerichts. Dieser Auffassung neigt das Kammergericht zu. Auch Entscheidungen zwischen den Sitzungstagen – wie etwa der Erlass eines Haftbefehls – müssten von allen Mitgliedern des Gerichts getroffen werden, weil auch diese Entscheidungen auf der Würdigung der gewonnenen Tatsachen in der Hauptverhandlung beruhen.[1]

---

1   KG, Beschluss vom 18.04.2016, Az.: 4 Ws 40/16, RohR 2016, S. 144.

(c) In der Praxis wird man differenzieren müssen. Solange alle Mitglieder an einem Sitzungstag anwesend sind, befindet sich das Gericht auch in Sitzungspausen „in der Hauptverhandlung". Wird allerdings zwischen zwei Sitzungstagen eine dringende Entscheidung erforderlich, die keinen Aufschub bis zum nächsten Verhandlungstag duldet, wird man eine Entscheidung auch ohne die Schöffen zulassen müssen.

Allerdings geht der BGH entgegen dem eindeutigen Wortlaut des Gesetzes (§ 30 GVG) beim Erlass eines Haftbefehls während der Hauptverhandlung so weit, dass darüber „in jedem Fall" allein von den Berufsrichtern entschieden wird.[2] Mit dieser Auffassung hat der BGH den Boden der Rechtsfortbildung verlassen und sich an die Stelle des Gesetzgebers gesetzt.

(d) Von der (kurzfristigen) Unterbrechung zu unterscheiden ist die **Aussetzung** bzw. **Vertagung** der Hauptverhandlung, die auf jeden Fall zu einem Neubeginn der Hauptverhandlung führt, weil sie länger als die zulässige Unterbrechung dauert. Eine Aussetzung ist vom Gericht zu beschließen, nicht allein vom Vorsitzenden (§ 228 Abs. 1 StPO). Hierbei ist die Aufmerksamkeit der Schöffen erforderlich. Es ist eine beliebte Taktik manches Vorsitzenden insbesondere der Schöffengerichte, im Laufe der Verhandlung sich als „widerspenstig" erweisende Schöffen dadurch loszuwerden, dass vordergründig eine weitere Beweiserhebung notwendig ist, um die Sitzung für länger als 21 Tage zu unterbrechen. Folglich muss die Hauptverhandlung mit anderen Schöffen erneut beginnen. Einer solchen Vertagung können die Schöffen widersprechen.

1.2 Arbeitsmittel der Schöffen

(a) Es ist die pure Selbstverständlichkeit, aber Vorkommnisse in der Praxis erfordern den Hinweis: Während der Beweisaufnahme sollten sich die Schöffen **Aufzeichnungen** über Zeugenaussagen, Sachverständigengutachten usw. machen. Schreibzeug gehört zur Grundausstattung in der Hauptverhandlung. Anhand ihrer Notizen können sie die Aussagen der Zeugen, die Widersprüche und andere Besonderheiten in der Beratung aus ihrem Gedächtnis wieder abrufen. Die Notizen sollten auch Bemerkungen enthalten, auf Grund welcher Merkmale man den Zeugen oder den Angeklagten für glaubhaft hält oder nicht (z. B. das Verhalten während der Aussage oder die Körpersprache). Diese Notizen müssen nicht – wie in Einzelfällen von Vorsitzenden verlangt – am Ende der Hauptverhandlung abgegeben werden; sie enthalten in öffentlicher Verhandlung festgestellte Tatsachen. Unter das Beratungsgeheimnis fallen sie schon deshalb nicht, weil sie keine Tatsachen aus einer Beratung enthalten. Für Verhandlungen gegen Jugendliche – die grundsätzlich nichtöffentlich stattfinden – gilt nichts anderes, da der Ausschluss der Öffentlichkeit lediglich eine Stigmatisierung des Jugendlichen verhindern soll, aber kein geheimes Verfahren darstellt.

---

[2] BGH, Beschluss vom 11.01.2011, Az.: 1 StR 648/10, RohR 2011, S. 99.

(b) Auch die **Gesetzestexte** sind Erkenntnisquellen für die Schöffen und sollen ihnen zur Verfügung stehen. Es geht gar kein Weg daran vorbei, dass der Schöffe ab und an auch das Gesetz zu Rate zieht. Er ist als Richter an das Gesetz gebunden; deshalb muss er es für einzelne Fragen auch konsultieren. Dabei bedarf er natürlich der Unterstützung des Berufsrichters, der ihm bei seinen Fragen zur Seite stehen muss. Auch der Berufsrichter hat es einfacher, wenn er dem Schöffen anhand des Gesetzes erläutern kann, welche Fragen er zwingend aus dem Gesetz ohne jeden Wertungsspielraum beantworten muss (z. B. dass eine Freiheitsstrafe über zwei Jahre nicht mehr zur Bewährung ausgesetzt werden kann) und wo ein Entscheidungsspielraum besteht.

(c) Preiswerte Taschenbuchausgaben mit den Texten von StGB, StPO und ggf. JGG reichen aus, wenn Schöffen etwas nachschlagen wollen. Es ist überflüssig, sich mit **Kommentaren** zu den Gesetzen auszustatten. Da die Schöffen an die Rechtsprechung nicht gebunden sind, können sie ihre Auffassung völlig unbelastet darlegen und nach ihrem Rechtsempfinden äußern, z. B. ob die Verhaltensweise des Angeklagten als „Gewalt" und „verwerflich" im Sinne des § 240 StGB (Nötigung) zu bewerten ist. Später können der Vorsitzende oder der Berichterstatter die Auffassung der höchstrichterlichen Rechtsprechung dazu erläutern. Nur so lässt sich die Diskussion führen, ob eine abweichende Meinung der Schöffen in der Rechtsmittelinstanz Bestand haben kann oder ob man mit einer „exotischen" Meinung dem Angeklagten Steine statt Brot (sprich zusätzliche Kosten für eine weitere Instanz) verschafft. Der Schöffe hat die Argumente, die ihm entgegengebracht werden, sorgfältig abzuwägen. Der Vorsitzende muss die Schöffen auch über eine andere als die „herrschende" Meinung informieren, damit sie diese Begründungen ebenfalls in ihre Überlegungen einbeziehen können.

(d) Schöffen sollen nicht die Berufsrichter nachahmen und sich ihrer Sprache und Hilfsmittel bedienen. Vielmehr sollen sie sich ihrer Rolle in der Hauptverhandlung bewusst sein und ihre eigenen Kompetenzen in die Verhandlung einbringen. Gerade deswegen sind sie Teil des Gerichts. Wer aus lauter Bewunderung für die wissenschaftliche Ausbildung der Richter diese in Sprache und Ausdruck imitiert, verfehlt seine Aufgabe in der Hauptverhandlung.

(e) **Mobile digitale Geräte** (von Smartphone bis Notebook) gehören für viele Schöffen zum täglichen Gebrauch, sind in der Hauptverhandlung aber nicht unproblematisch. Wer sich Notizen mit digitalem Stift oder über die Tastatur machen will, sollte dies tun können, insbesondere in umfangreicheren Verfahren. Allerdings hat die Benutzung mobiler Endgeräte in der letzten Zeit zu Befangenheitsanträgen sowohl gegen Berufs- wie ehrenamtliche Richter geführt, weil sie dadurch in ihrer Aufmerksamkeit bei Vernehmungen abgelenkt worden sein sollen.³ Schöffen sollten sich mit ihren Vorsitzenden verständigen, ob die Benutzung digitaler Geräte zugelassen wird; darauf wird der Vorsitzende die anderen Beteiligten hinweisen. Dabei gibt es zwei Einschränkungen. Zum einen sind gesetzliche Regelungen zu beachten. Während der Hauptverhandlung herrscht ein absolutes Verbot für Ton-, Film- und Fotoaufnahmen (§ 169 Abs. 1 Satz 2 GVG). Die Kamerafunktion eines Smartphones oder Tablets ist auszuschalten. Das gleiche gilt für die Tonaufnahme. Eine Vernehmung heimlich mitzuschneiden, um die Aussage zu speichern, ist unzulässig, ggf. sogar strafbar. Zum anderen sind alle Kommunikationsfunktionen auszuschalten. Für das Telefonieren ist das ohnehin selbstverständlich. Während der Hauptverhandlung ist auch die digitale Kommunikation mit Dritten außerhalb des Gerichtssaales untersagt (z. B. über E-Mail, SMS, WhatsApp, Threema, Twitter), ebenso die **Nutzung des Internets**, nicht nur, weil dadurch die Aufmerksamkeit beeinträchtigt werden kann. Wenn der Schöffe Erläuterungen zu unbekannten Fachbegriffen benötigt, sollte er für Transparenz sorgen, indem gegenüber Zeugen oder Sachverständigen vom Fragerecht Gebrauch gemacht wird. Offene Fragen der Schöffen können hilfreich sein, weil auch andere Beteiligte von den Erläuterungen profitieren können. Digitale Geräte sollten nur wie ein elektronischer Notizblock genutzt werden, der durch verschiedene Funktionen (Suche, Markieren, Ersetzen usw.) komfortabler ist als die handschriftliche Notiz.

An den Gedanken, dass Schöffen digitale Geräte benutzen, muss sich die Justiz erst noch gewöhnen. Hilfreich kann das Gerät z. B. in Wirtschaftsstrafverfahren sein, wenn ein umfangreicher Anklagesatz oder mehrere Hundert Seiten Selbstleseakten an die Schöffen ausgehändigt werden.

1.3 Beratungsbedarf während der Hauptverhandlung

Im Laufe der Hauptverhandlung kann es vorkommen, dass ein Schöffe Schwierigkeiten hat, der Beweisaufnahme zu folgen, anderer Auffassung ist als der Vorsitzende oder dass sonstige Probleme auftreten. Dann besteht die Möglichkeit, um eine **Unterbrechung** der Verhandlung zu bitten. Ohne auf die Umstände näher einzugehen (das Gericht diskutiert nicht in der Öffentlichkeit), macht der Schöffe sich bemerkbar: **„Ich habe Beratungsbedarf."** Der BGH hat mehrfach entschieden, dass es die Aufgabe des Vorsitzenden ist, bei der nächsten sich bietenden Möglichkeit dem Begehren des Schöffen nachzukommen. Dabei muss der Schöffe berücksichtigen, dass es zunächst erforderlich sein kann, eine prozessuale Handlung (z. B. eine Zeugenvernehmung) zu Ende zu bringen, bevor die Sitzung für eine Zwischenberatung unterbrochen wird. Das LG Münster hat

---

3   BGH, Urteil vom 17.06.2015, Az.: 2 StR 228/14, RohR 2015, S. 101 (Berufsrichterin organisiert per SMS die Kinderbetreuung); LG Koblenz, Beschluss vom 28.09.2015, Az.: 2090 Js 29752/10 – 12 KLs, RohR 2015, S. 140 (halbstündige Smartphone-Benutzung des Schöffen während der Beweisaufnahme).

in einer Ordnungsgeldentscheidung gegen zwei Schöffen das Recht auf Beratung wie folgt auf den Punkt gebracht:

„1. Eine ausreichende Urteilsgrundlage kann der Schöffe nur gewinnen, wenn der Berufsrichter im Rahmen der Prozessleitung für ein allgemein verständliches Verfahren sorgt.
2. Meldet ein Schöffe Beratungsbedarf an, da er der Hauptverhandlung nicht mehr folgen kann, und besteht Gelegenheit für eine Zwischenberatung, kann sich das Ermessen des Vorsitzenden, wie er für ein verständliches Verfahren zu sorgen hat, in der Weise verdichten, dass er dem Bedarf des Schöffen nur durch eine Zwischenberatung nachkommen kann."[4]

Ist ein Schöffe mit Vorkommnissen in der Hauptverhandlung nicht einverstanden, hat er seine Auffassung rechtzeitig in die Beratung einzubringen. Dies machen nachträgliche Äußerungen eines Schöffen im „Fall Mollath" deutlich. Mit der Verhandlungsführung des Vorsitzenden war er nach seiner Schilderung schon damals nicht einverstanden. Sechs Jahre nach der Verhandlung kommt eine solche Kritik allerdings reichlich spät.

„Im Verfahren des zwangsweise in die Psychiatrie Eingewiesenen bestehen Zweifel, ob der Angeklagte ein faires Verfahren vor dem Landgericht Nürnberg bekommen hatte. Das Urteil aus 2006 sei aus seiner Sicht ‚überaus angreifbar', da wichtigen Fragen nicht nachgegangen worden sei, sagte H. W., der damals Schöffe im Prozess war, der ‚Süddeutschen Zeitung'. Er kritisierte zudem den Ton des Vorsitzenden Richters in der Verhandlung. Nach Angaben von Prozessbeobachtern wurde *Mollath* regelrecht schikaniert. Der Richter sei wie ein ‚Diktator' gewesen."[5]

1.4 Vernehmung des Angeklagten zur Person

Haben die Zeugen den Saal verlassen, werden die Personalien des Angeklagten festgestellt. Die Vernehmung zur Person (§ 68 StPO) dient der Feststellung der Identität des Angeklagten. Er ist zur Angabe der Personalien (Vor-, Famili-

---

4   LG Münster, Beschluss vom 07.10.1992, Az.: 7 Qs 13/92 XII, RohR 1992, S. 59 mit Anm. *Lieber*.
5   *Olaf Przybilla/Uwe Ritzer*, Vom Richter „malträtiert und provoziert", in: Süddeutsche Zeitung vom 24.11.2012, www.sueddeutsche.de/bayern/fall-mollath-vom-richter-maltraetiert-und-provoziert-1.1531706.

en- und Geburtsname, Ort und Tag der Geburt, Familienstand, Beruf, Anschrift und Staatsangehörigkeit) verpflichtet. Weitergehende Angaben zu den Lebensumständen des Angeklagten (wirtschaftliche Verhältnisse, Vorstrafen), die für die Sanktion von Bedeutung sein können, zählen zur Vernehmung zur Sache, zu der der Angeklagte die Einlassung verweigern darf. Diese Angaben sollen erst nach Abschluss der Beweisaufnahme erfragt werden, wenn sie tatsächlich benötigt werden.

2   Aktenkenntnis

Eines der im Laufe der Geschichte der Schöffenbeteiligung umstrittensten Themen ist das Recht der Einsicht in die Akten durch die Schöffen. Die Beurteilung nach dem reinen Wortlaut des § 30 GVG ist klar. Die Schöffen dürfen alles, was der Berufsrichter auch darf, es sei denn, das Gesetz sagt ausdrücklich etwas anderes. Eine Vorschrift, dass die Schöffen nicht die Akten einsehen dürfen, gibt es nicht. Also müssten sie eigentlich wie die Berufsrichter die Akten als Arbeitsmittel nutzen dürfen. Nach der Rechtsprechung des Reichsgerichts war den Schöffen die Einsicht in die Akten insoweit versperrt, als sie das „wesentliche Ergebnis der Ermittlungen", also den zweiten Teil der Anklageschrift, nicht lesen durften.[6] Das Gericht war der Auffassung, dass eine solche Kenntnis gegen den Grundsatz der Mündlichkeit und Unmittelbarkeit verstoße und die Schöffen unzulässig beeinflussen würde, sodass sie befangen seien. Aus dieser Einschränkung haben Juristen den – generalisierenden – Satz gemacht „Schöffen dürfen nicht in die Akten sehen", obwohl weder das Reichsgericht noch später der BGH dies in dieser Ausschließlichkeit jemals entschieden haben. Bereits 1960 hatte sich der BGH (in einer nicht für die Entscheidung erheblichen Nebenbemerkung, sog. obiter dictum) von dieser Auffassung gelöst, ohne dass dieses Urteil damals in der Fachliteratur veröffentlicht wurde. Er hatte damals ausgeführt:

„Er [der Senat] sieht keinen überzeugenden Grund, eine im Gesetz nicht ausdrücklich vorgesehene unterschiedliche Behandlung von Berufs- und Laienrichtern aufrechtzuerhalten. Auch den Laienrichtern, die dazu berufen sind, alle schwierigen Fragen tatsächlicher und rechtlicher Art gemeinsam und gleichberechtigt mit den Berufsrichtern zu entscheiden, darf nach Ansicht des Senats unbedenklich zugetraut werden, Sinn und Bedeutung der Anklageschrift zu verstehen."[7]

---

6 RG, Urteil vom 08.02.1935, Az.: 4 D 787/34, RohR 2003, S. 95.
7 BGH, Urteil vom 23.02.1960, Az.: 1 StR 648/59, RohR 1997, S. 95.

Erst im Zusammenhang mit der endgültigen Abkehr des BGH von der Rechtsprechung des Reichsgerichts ist das Urteil im Jahre 1997 einer breiteren Öffentlichkeit bekannt gemacht worden. Nunmehr hat sich der BGH der in der Literatur bereits seit langem überwiegend vertretenen Meinung angeschlossen, dass die Kenntnis von Teilen der Akten nicht automatisch zur Befangenheit der Schöffen führe. Er führt u. a. aus:

„Nach § 30 Abs. 1 GVG üben die Schöffen ihr Richteramt grundsätzlich im gleichen Umfang, mit gleichem Stimmrecht und in gleicher Verantwortung wie die Berufsrichter aus. Sie haben dabei an einer Vielzahl von Entscheidungen in der Hauptverhandlung mitzuwirken, die Aktenkenntnis voraussetzen, wie etwa Vorliegen eines Vereidigungsverbotes nach § 60 Nr. 2 StPO, Berechtigung einer Auskunftsverweigerung nach § 55 StPO, Zulässigkeit von Fragen nach § 242 StPO und anderen im Freibeweisverfahren zu treffende Entscheidungen. Zwar können sich die Schöffen die erforderliche Tatsachengrundlage auch durch einen entsprechenden Sachvortrag eines Berufsrichters verschaffen, doch widerspricht es grundsätzlich der gebotenen Gleichstellung, sie von jeglicher unmittelbaren Kenntnisnahme aus den Akten auszuschließen. Andernfalls bestünde die Gefahr, dass die Schöffen insbesondere in komplizierten Verfahren gegenüber den Berufsrichtern benachteiligt und zu bloßen Statisten werden."[8]

2.1 Umfang der Akteneinsicht

Wenn man von der Akteneinsicht durch die Schöffen spricht, bedeutet dies nicht, dass die Schöffen vor der Hauptverhandlung im Gericht erscheinen und die Akten vollständig durcharbeiten sollen. Dieser Aufwand ist den Schöffen – besonders in umfangreichen Verfahren – kaum zuzumuten. Zudem hat es durchaus Vorteile, dass im Gericht Personen sind, die durch das Aktenstudium nicht vorgeprägt sind und denen in der Beratung ggf. auffällt, dass eine bestimmte Tatsache in der Hauptverhandlung gar nicht erörtert wurde und daher nicht zur Grundlage der Beratung und Entscheidung gemacht werden darf. Das setzt natürlich entsprechende Aufmerksamkeit der Schöffen während der Hauptverhandlung voraus. Wenn von Akteneinsicht der Schöffen gesprochen wird, bedeutet das, dass die Akten (in bestimmten Teilen) als Arbeitsmaterial genutzt werden. Der BGH hat dies in dem Urteil vom 26.03.1997 anhand folgenden Sachverhaltes entschieden:

---

8 BGH, Urteil vom 26.03.1997, Az.: 3 StR 421/96, RohR 1997, S. 95.

In der Hauptverhandlung wurden umfangreiche fremdsprachige Tonbandprotokolle aus einer Telefonüberwachung vorgespielt, die jeweils nach einigen Sätzen von einem Dolmetscher übersetzt wurden. Nachdem die Schöffen äußerten, dass sie dem Wortwechsel nicht folgen konnten und ihnen die jeweils sprechende Person, die Bezugspunkte, Örtlichkeiten und mögliche Tarnbezeichnungen für Rauschgift undurchsichtig geblieben seien, ließ ihnen der Vorsitzende Kopien der bereits im Ermittlungsverfahren übersetzten Tonbandprotokolle, die sich in den Akten befanden, aushändigen. Die Aufzeichnungen enthielten Anmerkungen am Rand, Hervorhebungen durch Fettdruck, Bearbeitungszusätze der Berufsrichter und Ähnliches. Die Schöffen haben diese Protokolle während des weiteren Abspielens der Tonbänder und deren Übersetzung mitlesen können.

Soweit die Akten Beweise enthalten, müssen diese ohnehin in der Hauptverhandlung wegen des Grundsatzes der Mündlichkeit und Unmittelbarkeit verlesen werden (ausgenommen beim sog. Selbstleseverfahren). Aber es sind auch Fallkonstellationen denkbar, in denen die Schöffen im Wege des Freibeweises, zur Erinnerung an vorherige Vernehmungen oder zur Erleichterung des Verständnisses auf Aktenteile zurückgreifen können. Wenn etwa der Vorsitzende einem Zeugen einen Vorhalt aus einer früheren polizeilichen Vernehmung gemacht hat, kann es durchaus bei einem der nächsten Zeugen erforderlich sein, dass der Schöffe sich dieses polizeiliche Protokoll zur Erinnerung noch einmal ansieht, um ggf. eine Frage an den neuen Zeugen stellen zu können (oder auch zu unterlassen, wenn er etwa feststellt, dass seine Erinnerung an die Passage aus dem Protokoll falsch war).

Der BGH hat eine Befangenheit der Schöffen auch in einem Fall ausgeschlossen, in dem noch vor Eintritt in die Beweisaufnahme ein Beschluss verlesen wurde, wonach der Vorsitzende des Schöffengerichts dem LG die Sache zur Übernahme vorgelegt hatte (§ 209 Abs. 2 StPO). In der (verlesenen) Begründung dieses Beschlusses wurde ausgeführt, dass der Angeklagte einer Geiselnahme in Tateinheit mit Vergewaltigung und versuchter sexueller Nötigung hinreichend verdächtig sei, weil die Aussagen der Hauptbelastungszeugin glaubhaft seien. Die Gesamtwürdigung von Tat und Täterpersönlichkeit werde wahrscheinlich zur Verneinung eines minder schweren Falles einer Geiselnahme führen – und die Strafe daher die Strafgewalt des Schöffengerichts übersteigen. Der BGH hat keinen Grund zu der Annahme gesehen, dass die Schöffen befangen sein könnten.

„Im Übrigen sind Schöffen auch sonstigen Einflussnahmen durch wertende Stellungnahmen der Verfahrensbeteiligten in der Hauptverhandlung und in wesentlich stärkerem Maße durch tendenziöse Berichterstattung der Medien

ausgesetzt, von denen sie sich ebenfalls freimachen müssen, um zu einem unbeeinflussten Urteil zu gelangen. Bei diesen von außen kommenden Einwirkungen geht die Rechtsprechung davon aus, dass der Schöffe seiner Pflicht, ihnen keinen Einfluss zu gewähren und seine Überzeugungen ausschließlich aufgrund der Hauptverhandlung zu gewinnen, kennt und beachtet. Auch wird von ihnen erwartet, dass sie sich etwa nach erfolgter Erhebung eines Beweises wegen eines später zutage tretenden Verwertungsverbots von diesem Beweisergebnis innerlich freimachen. Eine entsprechende Kritikfähigkeit ist den Schöffen auch gegenüber dem Akteninhalt zuzubilligen. Für dieses Ergebnis spricht zudem, dass der Gesetzgeber den Schöffen durch das erweiterte Selbstleseverfahren nach § 249 Abs. 2 StPO die Kenntnisnahme von Urkunden nicht nur gestattet, sondern sogar ausdrücklich vorschreibt."[9]

2.2 Aushändigung des Anklagesatzes

Nach der Vernehmung des Angeklagten zur Person verliest der Staatsanwalt die Anklage. Besonders in Verfahren mit mehreren Angeklagten, vielen Zeugen und einer Vielzahl einzelner Taten ist es für den Schöffen schwierig, sich allein aus diesem Vortrag Personen und Sachverhalte zu merken. Wenn sich insbesondere junge Angeklagte und Zeugen nur mit Spitznamen anreden, hilft das Mitschreiben nicht. Da in der Beratung jede einzelne Tat erörtert und nachgewiesen werden muss, die Schöffen sich also erinnern müssen, zu welchem Angeklagten in welcher Tatbeteiligung mit einem Mitangeklagten welcher Zeuge den Angeklagten be- oder entlastet hat, bedürfen sie der notwendigen Hilfsmittel, um der Verhandlung stets folgen zu können. Der Vorsitzende soll ihnen deshalb eine **Abschrift des Anklagesatzes** aushändigen.

> **VERWALTUNGSVORSCHRIFT**
>
> **Nr. 126 Abs. 3 RiStBV**
> Die Anklageschrift darf den Schöffen nicht zugänglich gemacht werden. Ihnen kann jedoch, namentlich in Verfahren mit einem umfangreichen oder schwierigen Sachverhalt, für die Dauer der Hauptverhandlung eine Abschrift des Anklagesatzes nach dessen Verlesung überlassen werden.

9 BGH, Urteil vom 10.12.1997, Az.: 3 StR 250/97, RohR 1998, S. 85.

Was sind Anklageschrift und Anklagesatz? Die Anklage*schrift* besteht aus zwei Teilen: dem „Anklagesatz" und dem „wesentlichen Ergebnis der Ermittlungen". Der Anklage*satz* wird von dem Staatsanwalt in der Hauptverhandlung verlesen und enthält die Personalien des Angeklagten, die ihm zur Last gelegten Handlungen und die dadurch verletzten Strafvorschriften. Das **wesentliche Ergebnis der Ermittlungen** fasst die Maßnahmen und Ergebnisse des Ermittlungsverfahrens zusammen und enthält eine Bewertung der erheblichen Tatsachen durch die Staatsanwaltschaft, warum die Hauptverhandlung gegen den Angeklagten (nach der Auffassung des Staatsanwaltes) wahrscheinlich zu einer Verurteilung führen wird. Das wesentliche Ergebnis der Ermittlungen soll den Schöffen nach den derzeit bestehenden Richtlinien für das Strafverfahren und das Bußgeldverfahren nicht zugänglich gemacht werden, obwohl der BGH in einigen Entscheidungen zu erkennen gegeben hat, dass er seine damit übereinstimmende frühere Rechtsprechung nicht mehr aufrechterhalten werde, wenn ihm diese Frage zur Entscheidung vorgelegt würde. Im Rahmen der Akteneinsicht hat sich der BGH auch mit der Überlassung des wesentlichen Ergebnisses der Ermittlungen beschäftigt:

„Das Reichsgericht hat hierzu ... ausgeführt, dass eine solche Überlassung den Grundsätzen der Mündlichkeit und Unmittelbarkeit zuwiderlaufe, weil bei Schöffen die Gefahr bestehe, dass sich ihre Eindrücke aus dieser Darstellung mit denen aus der Hauptverhandlung vermischen könnten, während die Berufsrichter im Allgemeinen auf Grund ihrer Schulung und beruflichen Erfahrung zwischen beiden Erkenntnisquellen unterscheiden könnten. Der BGH ist bisher dieser Rechtsauffassung gefolgt. Jedoch hat der 1. Strafsenat in einem obiter dictum [Nebenbemerkung] Bedenken geäußert, dieser Rechtsprechung weiter zu folgen, weil die im Gesetz nicht vorgesehene unterschiedliche Behandlung von Berufs- und Laienrichtern nicht überzeugend begründbar sei. Auch den Laienrichtern, die dazu berufen sind, alle schwierigen Fragen tatsächlicher und rechtlicher Art gemeinsam und gleichberechtigt mit den Berufsrichtern zu entscheiden, dürfe unbedenklich zugetraut werden, Sinn und Bedeutung der Anklageschrift zu verstehen [...]. Der Senat braucht hier nicht zu entscheiden, ob die bisherige Rechtsprechung des BGH zur Überlassung des wesentlichen Ergebnisses der Ermittlungen an die Schöffen nicht aufrechterhalten werden kann, oder ob den Bedenken des 1. Strafsenats und der ablehnenden Meinung in der Literatur der Vorzug zu geben ist, **wozu er allerdings neigt.**"[10]

---

10 BGH, Urteil vom 26.03.1997, Az.: 3 StR 421/96, RohR 1997, S. 95.

Einen Schritt weiter geht der EGMR. In dem Urteil vom 12.06.2008 hat er zur Überlassung auch des wesentlichen Ergebnisses der Ermittlungen entschieden:

> 1. Den Schöffen den Teil der Anklageschrift zugänglich zu machen, der das wesentliche Ergebnis der Ermittlungen enthält, kann unter bestimmten Umständen (hier: umfangreiche Anklageschrift von 641 Seiten, auf die eine der Angeklagten in ihrem Geständnis Bezug nimmt) sachlich gerechtfertigt sein.
>
> 2. Die Unparteilichkeit der Schöffen kann durch hinreichende Schutzvorkehrungen gewährleistet werden, etwa dadurch, dass der Kammervorsitzende sie vor der Übergabe der Abschrift über die Art des wesentlichen Ergebnisses der Ermittlungen aufklärt, sodass ihnen noch einmal bewusst wird, dass die darin enthaltene Sichtweise der Staatsanwaltschaft nicht dem in der Rechtssache des Beschwerdeführers zu erlassenden Urteil zugrunde gelegt wird, für das allein die Beweisaufnahme in der Hauptverhandlung maßgeblich ist.
>
> 3. Die Garantie des Art. 6 Abs. 1 EMRK auf ein unparteiisches Gericht wird hierdurch nicht berührt.[11]

2.3 Selbstleseverfahren

Der Gesetzgeber hat eine wesentliche Ausnahme vom Grundsatz der Mündlichkeit und Unmittelbarkeit in die StPO eingefügt. Nach § 249 Abs. 2 StPO kann auf die Verlesung von Urkunden (insbesondere in „papierintensiven" Wirtschaftsstrafverfahren) in der Hauptverhandlung verzichtet und durch das Selbstleseverfahren ersetzt werden. Die Verlesung endloser Schriftstücke wie Bilanzen, Rechnungen usw. ist entbehrlich, wenn alle Mitglieder des Gerichts (also auch die Schöffen) vom Wortlaut der Schriftstücke durch eigenes Lesen tatsächlich Kenntnis genommen haben (die bloße Möglichkeit zur Kenntnisnahme reicht nicht aus). Für diesen Fall ist die Aktenkenntnis für die Schöffen schon von Gesetzes wegen zwingend vorgeschrieben.

2.4 Entscheidungen nach Aktenlage, Freibeweis

Eine Reihe von Entscheidungen werden im Laufe des Verfahrens nicht im Wege des Strengbeweises durch Zeugen, Sachverständige, Urkunden oder richterlichen Augenschein getroffen, sondern durch Freibeweis unter Nutzung der Akten oder formloser Auskünfte entschieden. Dabei geht es vor allem um Prozessvor-

---

11 EGMR, Urteil vom 12.06.2008, Az.: 26771/03, RohR 2009, S. 74.

aussetzungen oder sonstige prozessrelevante Tatsachen. Wenn sich z. B. in einem Verfahren wegen Förderung der Prostitution die Prostituierte auf ein Zeugnisverweigerungsrecht beruft, weil sie inzwischen mit dem wegen Zuhälterei Angeklagten verlobt sei, muss das Gericht darüber entscheiden, ob tatsächlich ein solches Verlöbnis vorliegt. Dazu kann es sich des Akteninhalts bedienen oder formlose Auskünfte einholen (z. B. bei Angehörigen).

Dem Freibeweisverfahren unterliegen z. B. die Klärung oder Beurteilung

- der Gründe für das Ausbleiben eines Angeklagten,
- der Sachdienlichkeit eines Zeugen im Ausland für eine Beweisfrage,
- der tatsächlichen Voraussetzungen für die Ablehnung eines Beweisantrages,
- der tatsächlichen Voraussetzungen von Beweisverwertungsverboten (etwa wegen unterlassener Belehrung des Beschuldigten, einen Verteidiger hinzuziehen zu können),
- eines Zeugnisverweigerungsrechts,
- von Rechtzeitigkeit, Form und Aufrechterhaltung eines Strafantrages,
- der Sachkunde eines Sachverständigen,
- eines Vereidigungsverbotes,
- der Verhandlungsfähigkeit.

Die Entscheidungen über diese Verfahrensfragen werden vom Gericht mit einfacher Mehrheit getroffen.

2.5 Sonstige Benutzung der Akten

In welchem Umfang die Nutzung der Akten über die gesetzlich vorgesehenen Fälle hinaus geboten ist, ist an Hand der Umstände des konkreten Verfahrens zu entscheiden. Nach der Auffassung des BGH ist die Einsicht in die Akten durch die Schöffen generell zulässig (dann liegt der Umfang der Einsicht im Ermessen des Vorsitzenden), in manchen Fällen sogar geboten (dann ist der Vorsitzende gezwungen, die Akteneinsicht zu gewähren). Immer dann, wenn es für das Verständnis der Sache erforderlich ist, stehen den Schöffen auch die Akten zur Einsichtnahme zur Verfügung.

KAPITEL 2

Beweisaufnahme

Die Beweisaufnahme ist das Kernstück der Hauptverhandlung. Ihr Ziel ist es zu klären,

- ob eine Verfolgung des Angeklagten zulässig ist (Prozessvoraussetzungen),
- ob die angeklagte Tat dem Angeklagten nachzuweisen ist oder eine Verurteilung nicht in Betracht kommt,
- welche Umstände einem überführten Täter strafmildernd oder strafschärfend zugerechnet werden können.

Es müssen also Tatsachen festgestellt werden. Dafür gibt es bestimmte Regeln, die einzuhalten sind. Nur solche Tatsachen dürfen festgestellt werden, die für die angeklagte Tat erheblich sind, d. h. in Beziehung zu dem Tatbestand oder zu den für die Strafbemessung wichtigen Umständen stehen. Die Anklage begrenzt den zu untersuchenden Prozessstoff. Die Beweisaufnahme soll also nicht *die* Wahrheit über den Angeklagten feststellen, sondern nur eine prozessuale Wahrheit über den Umfang der Anklage.

Den Ablauf der Beweisaufnahme bestimmt der Vorsitzende (Reihenfolge der zu vernehmenden Zeugen und Sachverständigen, Verlesung der Urkunden, Ortstermine und andere Inaugenscheinnahmen usw.). Wie die Beweisaufnahme abläuft, richtet sich allein nach der Logik; eine gesetzliche Festlegung gibt es nicht. Gegen die Anordnungen des Vorsitzenden zur Organisation der Beweisaufnahme gibt es keine Einwendungen; die übrigen Mitglieder des Gerichts können ihm hier nicht „reinreden".

1   Fragen an den Angeklagten zur Sache und an Zeugen

(a) Die Leitung der Vernehmung erfolgt durch den Vorsitzenden. Daraus folgt, dass er das Recht hat, als Erster eine Vernehmung von Angeklagten, Zeugen und Sachverständigen im Zusammenhang durchzuführen. Dazu hat er sich ein Vernehmungskonzept zurechtgelegt, in das nicht durch Zwischenfragen eingegriffen werden soll. Soweit ein Schöffe Frage- oder Erklärungsbedarf hat, sollte er sich diesen notieren und dann fragen, wenn er an der Reihe ist. Im Anschluss an die Vernehmung des Vorsitzenden haben die Schöffen Gelegenheit, ihre Fragen zu stellen. Wenn der Schöffe es für das Verständnis der Verhandlung (ausnahmsweise!) für absolut notwendig hält, während der Vernehmung durch den Vorsitzenden eine Frage zu stellen, kann er sich beim Vorsitzenden unauffällig bemerkbar machen. Dieser kann dann entscheiden, ob er eine Zwischenfrage zulässt.

(b) Der Vorsitzende übergibt das Fragerecht anschließend an die anderen Prozessbeteiligten (§ 240 StPO) und unterbindet missbräuchliche Fragen (§ 241 StPO). Dass die Schöffen Fragen stellen dürfen, ergibt sich zum einen aus ihrer Gleichstellung (§ 30 Abs. 1 GVG), zum anderen aus einer ausdrücklichen gesetzlichen Regelung.

RECHTSVORSCHRIFT

§ 240 StPO
(1) Der Vorsitzende hat den beisitzenden Richtern auf Verlangen zu gestatten, Fragen an den Angeklagten, die Zeugen und die Sachverständigen zu stellen.
(2) Dasselbe hat der Vorsitzende der Staatsanwaltschaft, dem Angeklagten und dem Verteidiger sowie den Schöffen zu gestatten.

Aus der Formulierung des Gesetzes („hat ... zu gestatten") ergibt sich, dass der Schöffe seine Fragen direkt an den Angeklagten, Zeugen oder Sachverständigen richten kann.

Schöffen werden von den Verfahrensbeteiligten in der Praxis häufig als schweigend wahrgenommen. Dass dieses von den Schöffen auch anders gesehen werden kann, wusste die Thüringer Allgemeine zu berichten, in der sich der Schöffe Dieter Sch. zu seinem Fragerecht äußerte: „Das muss ich doch! Wenn mir ein Sachverhalt nicht ganz klar ist, ich nicht weiß, wie ich den Sinn einer Aussage deuten soll oder nicht verstehe, was der Zeuge oder der Angeklagte beschreibt, verschaffe ich mir Klarheit. Das gehört dazu, wenn man beim Urteilsspruch Mitspracherecht hat."[12]

Schöffen sind nicht darauf angewiesen – was in der Praxis den Schilderungen zufolge oft geschieht -, eine Frage zuerst dem Vorsitzenden mitzuteilen oder auf einen Zettel zu schreiben, damit dieser dann die Frage an Zeugen, Sachverständigen oder Angeklagten mit seinen Worten stellt. Ein solches Ansinnen ist auch nicht durch die Angst zu rechtfertigen, Schöffen könnten nach einer Frage wegen der **Besorgnis der Befangenheit** abgelehnt werden. Zum einen gebietet es die Stellung des Schöffen als gleichberechtigter Richter, dass er in der Verhandlung nicht entmündigt wird; zum anderen ist die Revisionsrechtsprechung sehr viel großzügiger (und realitätsbezogener), als die Angst mancher Vorsitzender vermu-

---

12 *Klaus-Dieter Simmen*, Gesunder Menschenverstand ist immer gefragt, Thüringer Allgemeine vom 06.07.2017, https://gotha.thueringer-allgemeine.de/web/gotha/startseite/detail/-/specific/Gesunder-Menschenverstand-ist-immer-gefragt-933366589.

ten ließe. Um eine Besorgnis der Befangenheit anzunehmen, müssen sich aus der Frage des Schöffen Anhaltspunkte ergeben, dass er sich eine abschließende Meinung gebildet oder Vorurteile gegen den Angeklagten hat. Schöffen müssen sich nach einem Befangenheitsantrag „dienstlich äußern" und Stellung zu ihrer Bemerkung nehmen. Wird aus dieser deutlich, dass die Reaktion nicht nur der spontanen Situation („Unmutsaufwallung"), sondern einer Voreingenommenheit entsprang, kann sich der Befangenheitsantrag als begründet erweisen.

> **BEISPIEL**
> Ein Schöffe unterbrach die Ausführungen des Angeklagten und bezeichnete diese als „Quatsch".[13] Der BGH verneinte eine bloße „Unmutsaufwallung", weil der Schöffe in grob unsachlicher Weise die Einlassung des Angeklagten als unsinnig bewertet habe. Dass es dem Schöffen nicht nur darum ging, den Angeklagten auf gewisse Bedenken gegen die Einlassung hinzuweisen, um diesem die Chance zu eröffnen, diese auszuräumen, schloss der BGH nicht nur aus der Wortwahl, sondern auch aus dem Umstand, dass er das Ende der Ausführungen nicht einmal abgewartet hatte. Die anschließende dienstliche Äußerung bestätigte das Misstrauen, indem er seine spontane Frage dahingehend zu erklären versuchte, er habe lediglich wissen wollen, ob der Angeklagte mit seinen Äußerungen ernst genommen werden wolle oder ob es sich dabei für alle erkennbar um provozierenden Unsinn handele. Er habe auch aus einer gewissen Distanz heraus die Einlassung des Angeklagten weiterhin als entweder nicht ernst gemeint oder als „Unsinn" bewertet. Seine nicht mehr unter dem unmittelbaren Eindruck der Hauptverhandlung abgegebene Stellungnahme verdeutliche, dass es sich bei seiner Frage gerade nicht um eine durch das Prozessgeschehen provozierte „Unmutsaufwallung" handelte.

(c) Der Vorsitzende kann ungeeignete oder nicht zur Sache gehörende **Fragen** der Verfahrensbeteiligten und der Schöffen (nicht jedoch der berufsrichterlichen Beisitzer) **zurückweisen.** *Ungeeignet* sind solche Fragen, die nach den Vorschriften der StPO nicht gestellt werden dürfen oder sollen. Nach Vorstrafen soll ein Zeuge z. B. nur gefragt werden, wenn dies notwendig ist, um seine Glaubwürdigkeit zu beurteilen (§ 68a StPO). Weitere ungeeignete Fragen sind diejenigen, die gegen das Verbot bestimmter Vernehmungsmethoden verstoßen. *Nicht zur Sache gehörende Fragen* sind solche, die verfahrensfremden Zwecken dienen, z. B. um Aufsehen zu erregen, Werbung zu machen oder Zeugen bloßzustellen. Für die Zulässigkeit der Frage ist es allerdings nicht nötig, dass sie für die rechtliche Qualifikation der Tat entscheidend ist. Es genügt, dass sie sich auf den Prozessstoff bezieht.

---

13   BGH, Beschluss vom 06.03.2018, Az.: 3 StR 559/17, HRRS 2018 Nr. 590.

Gegen die Zurückweisung einer Frage kann das Gericht angerufen werden (§ 242 StPO). Dann entscheidet es in seiner vollen Besetzung einschließlich der Schöffen darüber, ob die Zurückweisung des Vorsitzenden zu Recht erfolgte. Auch der Schöffe ist dazu berechtigt, weil allen Personen, die in § 240 Abs. 2 StPO aufgeführt sind, im Falle der Zurückweisung ihrer Frage das Recht der Gerichtsentscheidung zusteht. Eine Zurückweisung ist zu begründen. Bei unzulässiger Zurückweisung einer Frage des Verteidigers kann dieser später die Revision damit begründen, in seiner Verteidigung unzulässig behindert worden zu sein.

Die Entscheidung des Gerichts kann auch beantragt werden, wenn der Vorsitzende es bewusst unterlässt, eine Frage zu beanstanden. Der Vertreter der Staatsanwaltschaft kann etwa beantragen, intensive Fragen des Verteidigers an eine Zeugin, die er für ehrenrührig oder sachfremd hält, zurückzuweisen. Verweigert der Vorsitzende dies, kann der Staatsanwalt, im umgekehrten Fall der Verteidiger, die gerichtliche Entscheidung beantragen.

(d) Denkbar ist auch die Situation, dass ein Schöffe der Auffassung ist, eine Frage des Verteidigers oder des Staatsanwaltes sei zu beanstanden. Dann kann der Schöffe zwar nicht die Untätigkeit des Vorsitzenden beanstanden, aber eine Beratung des Gerichts hierüber anregen. In einer solchen Situation kann er das Ende der Befragung nicht abwarten, weil sich sein Einwand dann erledigt hat. Er muss also in diesem Fall seinen Beratungsbedarf dringlich machen.

2 Befragung des Sachverständigen

Der Sachverständige ist der Gehilfe des Gerichts bei der Beurteilung außerjuristischer Fragen. Die Schöffen haben das Recht, vom Sachverständigen eine verständliche Erläuterung seines Gutachtens zu bekommen, notfalls unter Hinweis darauf, dass die Gerichtssprache Deutsch ist. Jeder Schöffe muss davon ausgehen, dass, wenn er die Ausführungen des Sachverständigen nicht versteht, der durchschnittliche Angeklagte diese ebenfalls nicht begreift. Er braucht also keine Scheu zu haben, den Sachverständigen um verständliche Erklärungen zu bitten. Er hat gerade die **Pflicht,** aufklärende Fragen zu stellen. Hat der Schöffe etwas nicht verstanden, kann er es nicht zur Grundlage seines Urteils machen. Er kann auch Fragen nach der Erfahrung und der Sachkunde des Gutachters stellen.

3 Urkundenbeweis

Urkunden zählen zu den verlässlicheren Sachbeweismitteln. Im strafprozessualen Sinne sind Urkunden in Schrift oder Zeichen verfasste Gedankenerklärungen, die verlesen werden können und geeignet sind, Beweis über Tatsachen zu erbringen. Deshalb kann auch ein anonymer Brief in der Hauptverhandlung als Beweismittel verlesen werden zum Beweis dafür, dass der Zeuge bedroht wurde. Die Schöffen müssen nicht nur die *Gelegenheit* zur Kenntnisnahme gehabt, sondern die Urkunden auch tatsächlich gesehen und gelesen haben (ggf. im Selbstleseverfahren).

4 Richterlicher Augenschein

Der richterliche Augenschein (§ 86 StPO) ist ein Sammelbegriff für jede sinnliche Wahrnehmung des Gerichts durch Sehen, Fühlen, Schmecken, Riechen oder Tasten. Dieser kann innerhalb des Gerichtssaals durch Besichtigung z. B. der Tatwerkzeuge oder der gefälschten Urkunde erfolgen, aber auch durch Ortsbesichtigungen. Gegenstände des Augenscheins sind u. a.

- Abbildungen, Lichtbilder, Tatort- und Unfallskizzen,
- CD-, DVD- und sonstige Ton- und Bildaufnahmen,
- technische Urkunden wie etwa Fahrtenschreiberaufzeichnungen,
- Experimente wie etwa Fahr- oder Schießversuche.

Was man unmittelbar sieht oder sonst wahrnimmt, eignet sich gut als Beweis. *„Augenschein ist der beste aller Zeugen"*, sagt schon ein altes Rechtssprichwort.

5 Verbotene Beweismethoden und Beweisverbote

Die Erhebung und Gewinnung bestimmter Beweise ist gesetzlich verboten (§§ 136a, 163a StPO). Ob aus einem Verstoß gegen solche Verbote auch folgt, dass die Erkenntnisse, die daraus gewonnen wurden, bei der Beweiswürdigung nicht berücksichtigt werden dürfen (Beweis*verwertungs*verbot), entscheiden in der Hauptverhandlung auch die Schöffen mit. Maßstab für die Entscheidung ist die Wertung, ob sie es für fair halten, Kenntnisse zu verwerten, die unter Verstoß gegen gesetzliche Regeln gewonnen wurden, oder ob z. B. die Schwere der Tat die Verwertung rechtswidrig gewonnener Tatsachen zulässig macht.

6 Indizien

Indizien sind Beweiszeichen, aus denen sich Schlüsse auf beweiserhebliche Haupttatsachen ziehen lassen. Fingerabdrücke z. B. weisen auf die Anwesenheit einer bestimmten Person am Tatort hin, lassen aber nur den Schluss zu, dass der Betreffende am Tatort gewesen ist und nicht zwangsläufig, dass es sich dabei um den Täter handelt. Indizien können aus geschilderten Verhaltensweisen geschlossen werden. Beobachtet z. B. der Geschädigte nach einem Verkehrsunfall, dass der Unfallgegner seinen Pkw abschließt und zu Fuß flüchtet, kann dies ein Indiz dafür sein, dass dieser der Eigentümer oder Halter des Pkw ist. Behauptet der Halter später als Angeklagter, der Wagen sei ihm gestohlen worden, dürfte diese Einlassung wenig wahrscheinlich sein, da ein Dieb bei der Flucht vom Unfallort kaum daran denkt, den Pkw ordnungsgemäß zu sichern.

KAPITEL 3

Beweisanträge und Beweisanregungen

Das Gericht ist von Amts wegen zur Wahrheitserforschung verpflichtet und muss auch ohne Antrag jedes Beweismittel heranziehen, das zur Aufklärung des Sachverhalts erforderlich ist. Es ist das Recht aller Prozessbeteiligten, Anträge zur Beweisaufnahme zu stellen. Wenn die Anträge zur weiteren Aufklärung der Sache beitragen können, muss das Gericht ihnen nachgehen. Das Gericht kann diese Anträge bei Vorliegen bestimmter Gründe zurückweisen. Hält der Vorsitzende einen Beweisantrag für zulässig, wird er diesem ohne Beratung stattgeben und das Notwendige veranlassen, z. B. die Ladung des Zeugen. Soll der Beweisantrag als unzulässig zurückgewiesen werden, muss dies vom gesamten Gericht mit einfacher Mehrheit beschlossen werden. Eine fehlerhafte Ablehnung eines Beweisantrages kann den Revisionsgrund der mangelnden Aufklärung begründen und zur Aufhebung des Urteils führen.

Auch die Schöffen können Anregungen für die weitere Beweisaufnahme geben. Wenn sich ihnen im Laufe der Beweisaufnahme Fragen gestellt haben, die von den bisher gehörten Zeugen nicht beantwortet wurden, können sie die erneute Vernehmung eines bereits vernommenen Zeugen oder die Ladung eines neuen Zeugen beantragen. Sie können auch die Hinzuziehung eines Sachverständigen anregen. Einen förmlichen Beweisantrag, wie etwa der Sitzungsvertreter der Staatsanwaltschaft oder der Verteidiger, müssen sie nicht stellen. Ihre Anregungen geben sie anlässlich einer Beratung. Bei unterschiedlichen Auffassungen der Mitglieder des Gerichts über die Erforderlichkeit der Beweiserhebung wird mit einfacher Mehrheit abgestimmt. Der Schöffe muss begründen können, warum er die zu beweisende Tatsache im Hinblick auf den Schuldspruch oder die Strafhöhe für wesentlich hält.

TEIL D

KAPITEL 4

Verständigung über Verfahren und Urteil

Die Strafprozessordnung lässt seit 2009 die Verständigung über das Verfahren und das Ergebnis einer Hauptverhandlung ausdrücklich zu. Die für die Hauptverhandlung maßgebliche Vorschrift des § 257c StPO versucht eher unzureichend, eine bedenkliche Praxis in rechtsstaatliche Bahnen zu lenken. Schöffen müssen wissen, dass das Gericht über die Frage, ob und zu welchen Bedingungen es eine Verständigung mit dem Angeklagten herbeiführen will, einen Beschluss mit einer Zwei-Drittel-Mehrheit fassen muss.

Nur selten hebt sich der Schleier dessen, was in den Beratungszimmern vor sich geht – etwa durch den Bericht der Hilfsschöffin „Frida" über ihren ersten Einsatz beim LG Düsseldorf, Kleine Strafkammer, also in einer Berufungssache.

„Kurz darauf erscheint die Richterin, sie ist eine nette, ziemlich lebendige. Im Besprechungszimmer erläutert sie uns den anstehenden Berufungsfall, der sich als etwas kniffliger, uneindeutiger Fall erweist." Die Verhandlung beginnt nach der Vereidigung. Frida findet sich langsam in ihre Rolle ein: „Die Richterin rekapituliert die Resultate aus der Verhandlung vor dem Amtsgericht und gibt ein wenig die Richtung vor, in der sie die Verhandlung zu lenken gedenkt. Nach kurzer Zeit ziehen sich Richterin, Staatsanwalt und Verteidiger zu einem internen Gespräch zurück. […] Die Justizvertreter sind zurück. Über den Fall an sich gibt es nichts mehr zu diskutieren. Die bereits bestellten Zeugen werden wieder abbestellt. Verteidigung und Staatsanwaltschaft halten ihre Plädoyers. Danach kommt unser Einsatz.
Im Besprechungszimmer legt die Richterin noch einmal ihre Sicht der Dinge dar. Unter uns Schöffen herrscht etwas Ratlosigkeit, wie die Verhaltensweise des Angeklagten einzuschätzen ist. Wir diskutieren länger hin und her, da dieser Fall sehr uneindeutig ist, kommen dann aber zu einer gemeinschaftlichen Entscheidung: Es gilt „in dubio pro reo", der Berufung wird stattgegeben … Freispruch".[14]

14 Online-blog „Opinion" der Rheinischen Post vom 20.10.2009.

Der Fall wimmelt vor Fehlern. Die Berufsjuristen ziehen sich zu einem „internen Gespräch" zurück. So etwas gibt es nach der Strafprozessordnung nicht. Die Schöffen sind an allen Beratungen zu beteiligen (§ 30 GVG). Das „interne Gespräch" war offenkundig eine Verständigung (§ 257c StPO); diese ist in öffentlicher Hauptverhandlung zu führen, der Inhalt der Vereinbarung zu protokollieren. Die Juristen haben über die Beweislage „gedealt"; ansonsten hätte man die Zeugen nicht ohne Vernehmung entlassen können. Die Schöffen wissen nichts über die Beweislage, außer dem, was die Vorsitzende erzählt hat. Die Schöffen vertrauen auf eine Darstellung, die sie selbst nicht aus dem „Inbegriff der Hauptverhandlung" nachvollziehen können. Trotzdem lassen sie sich zu einem Freispruch überreden. Ein klarer Verstoß gegen die Prinzipien der Mündlichkeit und Unmittelbarkeit der Hauptverhandlung. Solche grundlegenden Verfahrensprinzipien müssen Schöffen kennen. Hätten die Schöffen auf einer Hauptverhandlung bestanden, hätten sie die Vorsitzende überstimmt, die dann gegenüber Staatsanwaltschaft und Verteidigung ihr Gesicht verloren hätte.

KAPITEL 5

Entscheidungen, die das Verfahren vor dem Urteil beenden

Das Verfahren kann ganz oder wegen einzelner Taten eingestellt werden, weil den Angeklagten nur eine geringe Schuld trifft (§ 153 StPO) oder weil die wegen dieser Tat zu erwartende Strafe neben anderen Strafen nicht ins Gewicht fällt (§ 154 StPO). Es kann auch vorläufig eingestellt werden; dann erteilt das Gericht dem Angeklagten Auflagen oder Weisungen, nach deren Erfüllung das Verfahren endgültig eingestellt wird (§ 153a StPO). Der Einstellung muss neben der Staatsanwaltschaft und dem Angeklagten (außer bei § 154 StPO) auch das Gericht zustimmen. Zustimmung heißt in der Praxis, dass das Gericht sich zur Beratung zurückzieht und (ggf. mehrheitlich) eine Entscheidung darüber trifft, ob es einer Einstellung zustimmt. Unzulässig ist es, die Einstellung des Verfahrens zwischen Verteidiger, Staatsanwalt und Berufsrichtern zu vereinbaren und die Schöffen nicht zu beteiligen. Eine Einstellung, die ohne Beteiligung der Schöffen zustande gekommen ist, ist unwirksam, weil in diesem Fall nicht der gesetzliche Richter entschieden hat.

KAPITEL 6

Aufrechterhaltung der Ordnung

(a) Der Vorsitzende leitet die Sitzung. Dazu gehört, dass er für die Ordnung in der Sitzung zu sorgen hat (§ 176 GVG). Er kann die erforderlichen Anordnungen treffen, wie z. B. die Ausgabe von Besucherkarten für einen besonders aufsehenerregenden Prozess, die Durchsuchung von Personen vor dem Betreten des Gerichtssaals, Ausweiskontrollen, die Fesselung des Angeklagten, das Verbot an einen polizeilichen Zeugen, während der Vernehmung eine Waffe zu tragen. Weigert sich eine Person, eine Anordnung des Vorsitzenden zu befolgen, kann sie aus dem Sitzungssaal entfernt oder bis zu 24 Stunden in Ordnungshaft genommen werden (§ 177 Satz 1 GVG). Diese Maßnahmen dienen allein dazu, die Ordnung in der Sitzung aufrechtzuerhalten; sie enden spätestens mit der Beendigung der Sitzung oder – bei entsprechendem Anlass – dann, wenn alle anderen Beteiligten das Gerichtsgebäude verlassen haben. Diese Art der Ordnungshaft kann bei erneuter Störung auch wiederholt angeordnet werden.

(b) Gegen Personen, die sich in der Sitzung **ungebührlich verhalten** haben, kann nach § 178 GVG als Sanktion Ordnungsgeld oder Ordnungshaft verhängt und sofort vollstreckt werden. Ungebühr ist sowohl die Verletzung der Würde des Gerichts als auch die Störung der Sitzung. Vorrangig soll diese Maßnahme dazu dienen, die Hauptverhandlung geordnet durchzuführen. Das GVG hat keine Definition für eine Ungebühr. Welches Verhalten im Einzelfall als Ungebühr zu betrachten ist, ist aus dem Zweck der Norm abzuleiten (Sicherung eines ordnungsgemäßen Ablaufs der Verhandlung, Wahrung des Gerichtsfriedens). Beispiele hierfür sind Tätlichkeiten im Gerichtssaal, ehrverletzende Äußerungen über Mitglieder des Gerichts oder Verfahrensbeteiligte (wenn es sich nicht um eine einmalige Entgleisung handelt, die aus einer angespannten Verhandlungssituation entstanden ist), angetrunkener Zustand, Entkleiden, Singen, mehrfache Zwischenrufe. *Keine* Ungebühr: das Mitschreiben in der Verhandlung (!), spontaner Beifall, soweit er nicht der bewussten Unterbrechung der Verhandlung dient, Kaugummikauen oder Bonbonlutschen. Voraussetzung für eine Ordnungsmaßnahme wegen Ungebühr ist schuldhaftes (also vorsätzliches oder fahrlässiges) Handeln. Wer sich im Gerichtssaal übergibt, weil ihm krankheitsbedingt schlecht wird, kann nicht wegen Ungebühr gemaßregelt werden. Hingegen kann der Angetrunkene, dem Gleiches passiert, in eine Ordnungsstrafe genommen werden, weil das Verhalten auf der von ihm zu verantwortenden Trunkenheit beruht.

Das Ordnungsgeld beträgt nach Art. 6 Abs. 1 EGStGB mindestens 5,00 €, höchstens 1.000,00 €. Die Dauer der Ordnungshaft beträgt mindestens einen Tag, höchstens eine Woche, wobei sie immer in vollen Tagen festzusetzen ist.

(c) Über Maßnahmen gegen **Verfahrensbeteiligte** wie den Angeklagten, Zeugen, Sachverständigen, Nebenkläger oder Antragsteller im Adhäsionsverfahren beschließt das gesamte Gericht unter Beteiligung der Schöffen. Verteidiger und Nebenklägervertreter, Opfer- oder Zeugenanwalt sind zwar Verfahrensbeteiligte, unterfallen als Organe der Rechtspflege aber nicht der Ordnungsgewalt des Gerichts.

Für Maßnahmen gegen **Personen, die keine Verfahrensbeteiligten sind** (Zuhörer, Journalisten usw.), ist allein der Vorsitzende zuständig. Ob eine Maßnahme festgesetzt wird, liegt im Ermessen des Gerichts bzw. des Vorsitzenden. Es kann durchaus davon abgesehen werden, obwohl die Voraussetzungen vorliegen, z. B. um eine gespannte Atmosphäre zu entkrampfen.

Schöffen (incl. Ergänzungsschöffen) sind staatliche Verfahrensbeteiligte. Bei einem Fehlverhalten ihrerseits gelten nicht die Ordnungsmittel nach § 178 GVG, sondern die Maßnahmen nach § 51 (Amtsenthebung wegen gröblicher Verletzung der Schöffenpflichten) und § 56 GVG (Ordnungsgeld bei unentschuldigtem Verspäten und Fernbleiben). Weitere Ordnungsmittel gegen Schöffen sieht das Gesetz nicht vor. Insbesondere fehlt die gesetzliche Grundlage einer Auferlegung der Verfahrenskosten für den Fall, dass der Schöffe wegen der Besorgnis der Befangenheit erfolgreich abgelehnt wurde.

TEIL D

KAPITEL 7

Schlussvorträge als Erkenntnisquellen für Schöffen

Mit den **Plädoyers** nach dem Ende der Beweisaufnahme fassen Ankläger, ggf. Nebenkläger(vertreter) und Verteidiger das Ergebnis der Beweisaufnahme zusammen und würdigen es jeweils aus ihrer Sicht. Für die Schöffen ergeben sich hieraus für die anschließende Beratung wichtige Erkenntnisquellen. Der Aufbau des Plädoyers entspricht dem späteren Beratungsverlauf. Zunächst wird der Sachverhalt vorgetragen, den der Plädierende für erwiesen hält. Danach erläutert er, auf Grund welcher Umstände er diesen Sachverhalt für bewiesen hält. Er würdigt die Glaubhaftigkeit der Aussagen von Zeugen, den Inhalt von Urkunden und die Schlüssigkeit von Indizien. Ergeben die in der Beweisaufnahme festgestellten Tatsachen, dass der Angeklagte die ihm zur Last gelegte Tat nicht begangen hat, oder bleiben daran erhebliche Zweifel, beantragt er, den Angeklagten freizusprechen. Wenn er die Tatsachen in der Anklage für bewiesen hält, legt er dar, gegen welche Strafvorschriften die nachgewiesenen Handlungen verstoßen. Zum Schluss wägt er die strafschärfenden und strafmildernden Gründe gegeneinander ab und beantragt eine bestimmte Strafe und/oder Maßregel sowie Nebenfolgen. Der Angeklagte hat das letzte Wort. Aus dem Vergleich der Vorträge kann der Schöffe Informationen für seine Meinungsbildung gewinnen.

TEIL D

KAPITEL 8

Beratung über das Urteil

Nach dem letzten Wort des Angeklagten zieht sich das Gericht zur Beratung zurück. An der Beratung nehmen nur die vom Gesetz vorgesehenen Mitglieder des Gerichts teil. Am Ende der Beratung wird das Urteil – bestehend aus Urteilstenor und Urteilsgründen – formuliert. Der Tenor wird noch in der Beratung schriftlich festgehalten. Die Begründung erfolgt in aller Regel zunächst nur mündlich durch den Vorsitzenden und wird später schriftlich abgefasst. Das schriftliche Urteil wird von den Berufsrichtern unterschrieben. Die Unterschriften der Schöffen sind entbehrlich.

1 Nachweis der angeklagten Tat, freie Beweiswürdigung

In der Beratung würdigt das Gericht zunächst die einzelnen Beweismittel daraufhin, ob sie für die Täterschaft des Angeklagten oder für seine Unschuld sprechen. Beweismittel, die einander widersprechen, sind daraufhin zu untersuchen, welche den größeren Wahrheitsgehalt in sich bergen. An strikte Beweisregeln ist das Gericht dabei nicht gebunden. Es findet sein Urteil aus der freien Würdigung aller Umstände, über die Beweis erhoben worden ist. Nach diesem „Grundsatz der freien Beweiswürdigung" ist nur die (subjektive) Überzeugung des Richters maßgebend. Vernünftige Zweifel an der Täterschaft schließen eine Verurteilung aus. Regeln gelten für den Richter nur insoweit, als das Gesetz der Überzeugungsbildung bestimmte Grenzen setzt. Das Schweigen des Angeklagten oder ein Beweis, dessen Verwertung verboten ist, dürfen nicht zu seinem Nachteil berücksichtigt werden. Der Grundsatz der freien Beweiswürdigung besagt aber nicht, dass Richter bzw. Schöffen an keine rationalen Kriterien der Überzeugungsbildung gebunden wären. Die Überzeugung muss auf einer widerspruchsfreien, logischen und nachvollziehbaren Grundlage erfolgen.

Dieser Grundsatz ist einer der Errungenschaften des modernen Strafprozesses, der mit der Aufklärung und der bürgerlichen Revolution verbunden ist. Ältere Rechtskreise haben die Richter an bestimmte Regeln gebunden, bei denen sie von der Schuld des Angeklagten auszugehen hatten. Die Peinliche Halsgerichtsordnung verlangte ein Geständnis des Angeklagten, übereinstimmende Aussagen zweier Zeugen waren für den Richter bindend.

2 Rechtsfolgen

Steht die Täterschaft des Angeklagten fest, ist über die angemessene Strafe zu beraten. Diese richtet sich nach dem gesetzlichen Strafrahmen einschließlich der Strafmilderungs- und -schärfungsgründe, den Elementen der Schuld und der Wirkung der Strafe auf den Täter für ein künftiges straffreies Leben (§ 46 StGB). Ggf. kommen auch Maßregeln der Besserung und Sicherung in Betracht. Zu den Rechtsfolgen gehören auch Nebenstrafen (Fahrverbot), Nebenfolgen (z. B. Verlust der Wählbarkeit) und weitere Entscheidungen wie die Einziehung des Tatwerkzeuges oder eines durch die Tat erlangten Vermögensvorteils.

3 Abstimmung

(a) Nach der Beratung wird über die einzelnen Elemente des Urteils abgestimmt. Das GVG sieht eine bestimmte **Reihenfolge** der Stimmabgabe vor (§ 197 GVG). Zuerst stimmt der jüngere, dann der ältere Schöffe. Ist ein Berichterstatter (Berufsrichter) bestellt, stimmt dieser zuerst. Nach den Schöffen stimmen die Berufsrichter, und zwar der dienstjüngere vor dem dienstälteren. Haben beide das gleiche Dienstalter, stimmt der nach dem Lebensalter jüngere Berufsrichter zuerst. Der Vorsitzende gibt als Letzter seine Stimme ab. Sinn der Regelung soll sein, dass die nach dem Status im Gericht Schwächeren unbeeinflusst ihre Stimme abgeben. In der täglichen Praxis der Gerichte wird selten in dieser formellen Weise abgestimmt. In Konfliktfällen kann aber auf die Einhaltung dieser Regel bestanden werden. Die Psychologie kennt den sog. **Ankereffekt**. Derjenige, der zuerst eine Meinung äußert, setzt damit Maßstäbe, an denen sich die Nachfolgenden bewusst oder unbewusst orientieren. Da vor der Stimmabgabe die Sache im Gericht ausgiebig beraten wird, hat dieser Effekt in der Abstimmungs*praxis* nur geringe Bedeutung. Allerdings macht es Sinn, dass sich der Vorsitzende generell bei Beratung und Abstimmung zunächst zurückhält, um die anderen Mitglieder des Gerichts nicht zu sehr zu beeinflussen.

(b) Jeder Schöffe hat – wie die Berufsrichter – die **Pflicht zur Abstimmung**. Eine Enthaltung bei der Abstimmung ist nicht zulässig. Wer sich bei einer Frage nicht entscheiden kann, muss für die dem Angeklagten günstigere Variante stimmen.

(c) Jede Entscheidung des Gerichts muss über die **erforderliche Mehrheit** verfügen. Grundsätzlich wird zwischen Abstimmungen unterschieden, die das Verfahren betreffen, und solchen, die die Schuld und die Rechtsfolgen (im Strafverfahren gegen Heranwachsende auch die Anwendbarkeit des Jugendrechts) betreffen. *Verfahrensfragen* (Beweisverbot usw.) werden mit einfacher Mehrheit entschieden (§ 196 Abs. 1 GVG); bei Stimmengleichheit gibt die Stimme des Vorsitzenden den Ausschlag (§ 196 Abs. 4 GVG). Die Abstimmung über Fragen, die die *Schuld oder Strafe* betreffen, erfordert eine **Zwei-Drittel-Mehrheit**

(§ 263 Abs. 1 StPO), sodass bei diesen Entscheidungen die Schöffen zum Nachteil des Angeklagten nicht überstimmt werden können.

BEISPIEL

Bei einem Vortrag vor 170 Teilnehmern vor einigen Jahren in Halle/Saale auf Einladung der Friedrich-Naumann-Stiftung meldeten sich auf meine (HL) Darstellung des Zwei-Drittel-Erfordernisses bei der Abstimmung über Schuld und Rechtsfolgen nicht weniger als ein Dutzend der anwesenden Schöffen, die meine Darstellung bezweifelten, da sie in ihrem Gericht alle Fragen mit absoluter Mehrheit entschieden und bei Stimmengleichheit (2:2-Besetzung des Gerichts) der Vorsitzende den Ausschlag gebe. Der Unterschied zwischen einer Abstimmung über das Verfahren (absolute Mehrheit) und der über Schuld und Strafe (Zwei-Drittel-Mehrheit) war ihnen offensichtlich nicht erläutert worden.

(d) Über die **Schuldfrage,** d. h. ob der Angeklagte die Tat(en) begangen hat, wird insgesamt abgestimmt; über einzelne Schritte auf dem Weg zu diesem Schuldspruch findet keine ausdrückliche Abstimmung statt. Es wird z. B. nicht darüber abgestimmt, ob der Belastungszeuge so glaubhaft ist, dass der Tatvorwurf gegen den Angeklagten auf diesen Zeugen gestützt werden kann. Ob dem Zeugen geglaubt werden kann, muss jeder Richter für sich entscheiden, um darauf seine Stimme für ein „Schuldig" oder „Nicht schuldig" zu stützen. Am Schluss der Beratung steht also immer die Frage: *„Hat der Angeklagte die ihm mit der Anklage vorgeworfene Tat begangen oder nicht?"*

(e) Hingegen wird bei der Entscheidung über die **Rechtsfolgen der Tat** Schritt für Schritt abgestimmt. Über die Art der Sanktion (Geld- oder Freiheitsstrafe, Erziehungsmaßnahme oder Zuchtmittel bei Jugendlichen usw.), ihre Höhe, das Vorliegen von Strafschärfungs- oder -milderungsgründen, die Strafaussetzung zur Bewährung bei einer Freiheitsstrafe, die Verhängung einer Maßregel der Besserung und Sicherung, Feststellung der besonderen Schwere der Schuld usw. kann jeweils getrennt abgestimmt werden, wenn sich das Gericht nicht von vornherein über eine bestimmte Rechtsfolge einig ist. Auch bei der Abstimmung über die Rechtsfolgen ist immer eine Zwei-Drittel-Mehrheit erforderlich. Kommt es in einer Abstimmung nicht zu der erforderlichen Mehrheit, gilt die für den Angeklagten günstigere Alternative (§ 196 Abs. 4 GVG).

(f) Ein Mitglied des Gerichts, das in einer Frage überstimmt wurde, ist in den folgenden Abstimmungen verpflichtet, vom Standpunkt der Mehrheit aus weiterzustimmen. Weder darf ein Schöffe die weitere Abstimmung verweigern, noch bewusst so stimmen, dass er unabhängig von der festgestellten Schuld seiner vorher gefassten Meinung möglichst nahekommt. Wer etwa bei der Abstimmung über die Schuld für einen Freispruch gestimmt hat, darf nicht einfach für die Mindeststrafe stimmen. Von der Mehrheit festgestellte Tatumstände – wie z. B. die bewaffnete Begehung des Raubes – muss der Schöffe seiner folgenden Stimmabgabe zugrunde legen, auch wenn er den Angeklagten des Raubes nicht für überführt gehalten hat.

4 Stationen der Abstimmung – ein praktischer Fall

A ist angeklagt, eine Körperverletzung mit Todesfolge begangen zu haben (§ 227 StGB). Ihm wird vorgeworfen, nach einem Streit mit einem Stuhlbein auf das Opfer eingeschlagen zu haben, wodurch dieses so unglücklich gestürzt ist, dass es an den Folgen der Verletzung gestorben ist. A behauptet, in Notwehr gehandelt zu haben. Die Große Strafkammer, die über den Fall zu entscheiden hat, ist mit zwei Berufsrichtern und zwei Schöffen besetzt.

Variante 1:
Beide Schöffen sind im Gegensatz zu den beiden Berufsrichtern der Auffassung, dass der Täter in einer Notwehrsituation gehandelt hat, und haben für Freispruch gestimmt. *Ergebnis:* Der Angeklagte wird freigesprochen, da die für eine Verurteilung erforderliche Zwei-Drittel-Mehrheit nicht zustande gekommen ist. Berichterstatter und Vorsitzender haben das Urteil entsprechend dem Ergebnis der Abstimmung zu schreiben.

Variante 2:
(a) Nur der Schöffe X hält die Notwehrlage für gegeben, wird aber von den drei anderen überstimmt. *Zwischenergebnis:* Der Angeklagte ist der Körperverletzung mit Todesfolge schuldig.

(b) Im Anschluss an die Feststellung der Schuld des Angeklagten berät das Gericht über die Höhe der Strafe. Dabei geht es zunächst darum, ob die Tat des Angeklagten aufgrund der festgestellten näheren Umstände (Provokation durch das Opfer) ein minder schwerer Fall nach § 227 Abs. 2 StGB ist. Nach der Abstimmung steht es 2:2; die Schöffen sehen in der Tat des Angeklagten einen minder schweren Fall, weil sich Täter und Opfer gegenseitig in einem Streit „hochgeschaukelt" hätten und der Eintritt des Todes eher unglücklichen Umständen zu verdanken sei. Bei diesem Stimmergebnis ist auf einen minder schweren Fall erkannt, da auch die das Strafmaß erhöhenden oder vermindernden Elemente einer Zwei-Drittel-Mehrheit bedürfen (§ 263 Abs. 2 StPO). Stehen sich zwei Meinungen gegenüber, bei der keine der beiden die notwendige Zwei-Drittel-Mehrheit für sich verbuchen kann, gilt die dem Angeklagten günstigere Variante. *Ergebnis:* Das Gericht hat den minder schweren Fall einer Körperverletzung mit Todesfolge beschlossen. Dieser eröffnet einen Strafrahmen von einem Jahr bis zu zehn Jahren Freiheitsstrafe.

(c) Bei der nächsten Abstimmung über die Höhe der festzusetzenden Strafe stimmen die Mitglieder des Gerichts wie folgt ab:

Jüngerer Schöffe:	1 Jahr 9 Monate Freiheitsstrafe
Älterer Schöffe:	1 Jahr 6 Monate Freiheitsstrafe
Beisitzer:	2 Jahre Freiheitsstrafe
Vorsitzender:	2 Jahre 6 Monate Freiheitsstrafe

Da sich die Mitglieder des Gerichts nicht einigen können, wird die Zwei-Drittel-Mehrheit durch ein rechnerisches Verfahren hergestellt, das in § 196 Abs. 3 GVG geregelt ist. Man beginnt bei der höchsten Strafe und schlägt die Stimmen für diese Strafe so lange der nächstmilderen Strafe zu, bis ein Vorschlag zur Strafhöhe erreicht ist, auf den zwei Drittel der Stimmen des Gerichts entfallen. Also: Für 2 Jahre 6 Monate gibt es eine Stimme (des Vorsitzenden). Diese wird der nächstmilderen Strafe (2 Jahre, des Beisitzers) zugeschlagen, sodass auf diese Strafe jetzt zwei Stimmen entfallen. Da dies für die erforderliche Mehrheit noch nicht reicht, werden diese beiden Stimmen wieder der nächstmilderen Strafe (1 Jahr 9 Monate, des jüngeren Schöffen) zugeschlagen. Mit drei Stimmen ist die erforderliche Mehrheit erreicht.

(d) Die gefundene Strafe liegt nicht über zwei Jahre, könnte also zur Bewährung ausgesetzt werden. Über die Frage der Strafaussetzung herrscht im Gericht wieder Uneinigkeit. Die beiden Berufsrichter sind der Auffassung, dass es zur Einwirkung auf den Angeklagten erforderlich sei, dass er die Strafe verbüßt. Die Schöffen stellen nach ihrem Eindruck in der Verhandlung die Prognose, dass er sich allein die Verurteilung zur Warnung gereichen lässt und künftig keine Straftaten mehr begehen wird. Bei der Konstellation 2:2 gilt wieder die Regel, dass dann, wenn keine von zwei Meinungen eine Zwei-Drittel-Mehrheit erreicht, die für den Angeklagten mildere Strafe gilt. Das hat im vorliegenden Fall die Strafaussetzung zur Bewährung zur Folge.

Die Abstimmungsverhältnisse zwischen Schöffen und Berufsrichtern wurden aus didaktischen Gründen gewählt, damit der Einfluss der Schöffen und ihre Verantwortung für Verurteilung und Strafmaß deutlich werden. Die Abstimmungslinien können auch so verlaufen, dass ein Berufsrichter und ein Schöffe einheitlich stimmen.

TEIL D

Kontrollfragen

Es können eine oder mehrere der vorgegebenen Antworten richtig sein.

1. Welche Teile aus den Akten dürfen den Schöffen ausgehändigt werden?
a) Anklagesatz
b) Anklageschrift
c) das wesentliche Ergebnis der Ermittlungen

2. Wann darf der Schöffe Fragen an einen Zeugen stellen?
a) jederzeit
b) wenn der Vorsitzende ihm das Wort erteilt
c) wenn die Berufsrichter ihre Fragen gestellt haben

3. Woraus ergibt sich das Recht der Schöffen, Akten oder Aktenteile einsehen zu dürfen?
a) GVG § 30 und RiStBV Nr. 126
b) Urteil des BGH vom 26.03.1997
c) Urteil des EGMR vom 12.06.2008

4. Wann liegt eine Ungebühr des Angeklagten vor, die mit einem Ordnungsgeld belegt werden kann?
a) Er duzt den Vorsitzenden.
b) Er erscheint in einem ölbefleckten Monteuranzug.
c) Er steht bei der Urteilsverkündung nicht auf.

5. Für welche Entscheidungen des Gerichts ist eine Zwei-Drittel-Mehrheit erforderlich?
a) über die Täterschaft des Angeklagten
b) über ein Ordnungsgeld gegen den Angeklagten wegen Ungebühr
c) über die Strafaussetzung zur Bewährung

6. Wie wird in einem Schöffengericht abgestimmt?
a) Der Vorsitzende stimmt zuerst.
b) Der Vorsitzende stimmt zuletzt.
c) Der jüngere Schöffe stimmt zuerst.

TEIL D KONTROLLFRAGEN

7. Wie kann sich ein Schöffe bei der Abstimmung über die Strafhöhe verhalten, wenn er bei der Schuldfrage überstimmt wurde?
a) Er darf sich enthalten.
b) Er darf für die gesetzliche Mindeststrafe stimmen.
c) Er muss bei seiner Stimmabgabe über die Strafe von der Schuld des Angeklagten ausgehen.

8. Die Kleine Strafkammer stimmt über die Höhe der Strafe wie folgt ab: 1. Schöffe: 8 Monate Freiheitsstrafe, 2. Schöffe: 10 Monate Freiheitsstrafe, Vorsitzender: 12 Monate Freiheitsstrafe. Welche Strafe wird verkündet?
a) 10 Monate Freiheitsstrafe, weil dies das arithmetische Mittel ist
b) 10 Monate Freiheitsstrafe, weil dies der Zwei-Drittel-Mehrheit entspricht
c) 12 Monate Freiheitsstrafe, weil der Vorsitzende einer Kleinen Strafkammer nicht überstimmt werden kann

9. Das erweiterte Schöffengericht berät, ob eine Zeugin als Verlobte anzusehen ist, die ein Zeugnisverweigerungsrecht hätte. Die Abstimmung geht 2:2 aus. Wie ist entschieden?
a) Die Stimme des Vorsitzenden entscheidet.
b) Die Abstimmung muss wiederholt werden.
c) Das Zeugnisverweigerungsrecht wird abgelehnt, da keine Mehrheit zustande gekommen ist.

10. Ein Schöffe will anregen, eine weitere Person als Zeugen zu vernehmen. Wie verhält er sich?
a) Er meldet beim Vorsitzenden Beratungsbedarf an.
b) Er setzt sich mit dem Verteidiger in Verbindung, damit dieser einen Beweisantrag stellt.
c) Er wartet bis zur nächsten Beratung und stellt einen Antrag auf Vernehmung des Zeugen.

Lösung:
1. a); 2. b) c); 3. a) b); 4. a); 5. a) c); 6. b) c); 7. c); 8. b); 9. a); 10. a) c)

TEIL E

Befreiung und Ausschluss vom Schöffendienst

Teil E befasst sich mit der Befreiung des Schöffen von einem einzelnen Verfahren auf seinen Antrag und aus gesetzlichen Gründen, dem Verlust des Amtes durch Streichung von der Schöffenliste wegen des nachträglichen Wegfalls der Wahlvoraussetzungen sowie der Amtsenthebung wegen pflichtwidrigen Verhaltens.

KAPITEL 1

Ausschluss von einzelnen Verfahren

Schöffen können aus zwei großen Gruppen von Gründen vom Verfahren ausgeschlossen werden: entweder generell aus bestimmten gesetzlichen Gründen (§§ 22, 23 StPO) oder im Einzelfall wegen der Besorgnis einer Befangenheit, wenn aus bestimmten Tatsachen geschlossen werden kann, dass der Schöffe dem Angeklagten nicht neutral und unvoreingenommen entgegentritt (§§ 24, 31 StPO).

1 Gesetzlicher Ausschluss

(a) Nach § 22 StPO ist ein Schöffe vom Verfahren ausgeschlossen, wenn er

- selbst durch die Straftat, die er abzuurteilen hätte, verletzt ist (Nr. 1). Er muss durch die Tat *unmittelbar* betroffen sein; eine mittelbare Beeinträchtigung reicht nicht aus. Eine mittelbare Beeinträchtigung liegt z. B. dann vor, wenn der Angeklagte beschuldigt würde, gefälschte Markenartikel hergestellt und in Verkehr gebracht zu haben, und der Schöffe auch auf einen solchen falschen Artikel hereingefallen ist, ihn aber im Handel gekauft und nicht von dem Angeklagten erworben hat. Er gehört dann nicht zu den Verletzten dieses Verfahrens, sondern allgemein zu dem getäuschten Verbraucherkreis. Anders wäre es, wenn der Schöffe den Artikel im Internet direkt von dem Angeklagten bezogen hätte, z. B. eine gefälschte Eintrittskarte für ein Großereignis;

- Ehegatte, Vormund oder Betreuer des Beschuldigten oder des Verletzten ist oder war (Nr. 2). Der Ausschlussgrund bleibt auch bestehen, wenn die nach deutschem Recht gültig geschlossene Ehe oder das Vormund- bzw. Betreuerverhältnis nicht mehr besteht;

- mit dem Beschuldigten bzw. Verletzten in gerader Linie verwandt (aufsteigende Linie: Eltern, Großeltern usw.; absteigende Linie: Kinder, Enkel usw.) oder verschwägert (Schwiegereltern) sowie in der Seitenlinie bis zum dritten Grad verwandt (Nichte, Neffe, Großnichte usw.) oder bis zum zweiten Grad verschwägert (Schwager, Schwägerin) ist (Nr. 3). Das Verwandtschafts- oder Verschwägerungsverhältnis richtet sich nach §§ 1589, 1590 BGB. Verschwägert ist man mit den Geschwistern des Ehepartners. Die Ehegatten der Geschwister des Ehepartners sind sog. Schwipp-Schwäger, die als Beschuldigte oder Verletzte den Schöffen nicht von vornherein vom Verfahren ausschließen. Es kann aber eine Besorgnis der Befangenheit gegeben sein;

- in der Sache, in der er als Richter tätig werden soll, bereits als Zeuge oder Sachverständiger vernommen worden ist (Nr. 5). Dabei sind diese Voraussetzungen weit auszulegen, damit jeder Anschein einer Parteilichkeit vermieden wird.

(b) Ein gesetzlicher Ausschluss liegt nach § 23 Abs. 1 StPO vor, wenn der Schöffe in einer früheren Instanz als Schöffe an einer Verhandlung *in dieser Sache* teilgenommen hat.

BEISPIEL

Am Ende der Amtsperiode hat eine Schöffin an einem Verfahren beim Amtsgericht teilgenommen. Für die folgende Amtsperiode wurde sie zum Landgericht gewählt. Wie der Zufall es wollte, wurde sie der Kleinen Strafkammer und dem Termin zugelost, in dem über die Berufung des Angeklagten gegen das amtsgerichtliche Urteil, an dem sie mitgewirkt hatte, verhandelt wurde.

Zweck dieses Ausschlussgrundes ist allein, dass niemand in zwei Instanzen über *dieselbe Sache* richten soll und damit sich selbst und das in erster Instanz gesprochene Urteil kontrollieren würde. **Kein Ausschließungsgrund** nach § 23 Abs. 1 GVG liegt vor, wenn der Schöffe gegen den Angeklagten bereits früher *in einer anderen Sache* verhandelt hat. Ebenso wenig ist ein Schöffe ausgeschlossen, der in der gleichen Sache bereits an einer Hauptverhandlung gegen den Angeklagten teilgenommen hat, ohne dass es zu einem Urteil gekommen ist (z. B. weil die Sitzung wegen eines nicht erschienenen Zeugen vertagt wurde); wird er bei der Neuterminierung der Sache zufällig wieder auf die Hauptverhandlung gegen diesen Angeklagten ausgelost, liegt darin kein Grund für eine Befangenheit aus gesetzlichen Gründen.

2 Besorgnis der Befangenheit

Ein Schöffe kann wegen der Besorgnis der Befangenheit abgelehnt werden, wenn ein Grund vorliegt, der geeignet ist, Misstrauen gegen seine Unparteilichkeit zu rechtfertigen (§ 24 Abs. 2 StPO in Verbindung mit § 31 Abs. 1 StPO). Zu den Gründen, die das Misstrauen wecken können, hat die Rechtsprechung eine Reihe von Fallgruppen herausgearbeitet.

(a) Aus Äußerungen des Schöffen können Rückschlüsse auf eine Befangenheit gezogen werden. Die Bekundungen müssen deutlich machen, dass er in der Beurteilung der Schuld- oder Straffrage nicht mehr unparteiisch ist. Eine Befangenheit muss auch angenommen werden, wenn der Schöffe einen Zeugen in der Sitzungspause befragt, obwohl dessen Vernehmung noch nicht abgeschlossen ist. Auch heftiges Kopfnicken als Zustimmung zum Schlussvortrag des Staatsanwaltes hat Schöffen bereits einen Antrag auf Ausschluss wegen Besorgnis der Befangenheit eingetragen. Ungewöhnlich scharfe Worte, die Bemerkung bei durchaus offener Beweislage, nun habe der Zeuge „endlich" die Wahrheit gesagt, oder die Aufforderung, der Angeklagte möge zu seiner Tat stehen und kein Feigling sein, haben zur Annahme von Befangenheit geführt. Einmalige **Unmutsäußerungen**, z. B. der Angeklagte möge „sein dummes Geschwätz" unterlassen, nachdem er mehrfach gestört hatte, lassen keine Zweifel an der Objektivität aufkommen. Auch Zuneigung oder Sympathiebekundungen können Grund für eine Befangenheit sein.

> **BEISPIEL 1**
> Eine Schöffin sorgte für große Aufregung am LG Bochum: Weil sie dem Angeklagten des Prozesses, an dem sie teilnahm, eine Art Liebesbrief überreicht hatte, wurde sie für befangen erklärt. Sie hatte dem mutmaßlichen Steuerbetrüger, dem die Anklage einen Schaden von 1,7 Mio. € vorwarf, in einem zweiseitigen persönlichen Brief ihre tiefe Sympathie offenbart – den hatte er morgens in der Kantine von der Frau bekommen, die schon seit sieben Jahren Schöffin am Landgericht ist. Dort hieß es sinngemäß: „Lieber Herr K., ich habe in den vergangenen Monaten festgestellt, dass Sie ein ganz toller Mensch sind. Sie sind irgendwie in diese Sache hineingeschlittert, Sie können ja nichts dafür. Ich bewundere Ihren Lebenslauf, Sie sind ein Mann, der viel geleistet hat." Der Verteidiger stellte einen Befangenheitsantrag. Ob allerdings der Verteidiger gut beraten war, seine Kenntnisse von dem Brief für einen Befangenheitsantrag zu nutzen, steht auf einem anderen Blatt.[1]

> **BEISPIEL 2**
> Die Angeklagten lehnten einen Schöffen wegen Besorgnis der Befangenheit ab, weil dieser vor Beginn des 26. Verhandlungstages – dem 06.12. – den Sitzungssaal durch das Beratungszimmer betrat, auf den regelmäßig von den Vertretern der Staatsanwaltschaft benutzten Sitzungstisch zwei „Schokola-

---

[1] *Heike Haarhoff,* Schöffin verliebt sich in Angeklagten: Große Gefühle im Gerichtssaal, taz vom 12.11.2007, www.taz.de/!5191816/.

den-Nikoläuse" legte und sodann den Sitzungssaal wieder verließ. Zu dieser Zeit war noch kein Vertreter der Staatsanwaltschaft anwesend. Das Gericht sah die Besorgnis der Befangenheit als begründet an.[2]

(b) Das **Verhalten** des Schöffen innerhalb oder außerhalb der Hauptverhandlung kann die Besorgnis einer Befangenheit begründen. Eine ca. halbstündige Handynutzung während der laufenden Beweisaufnahme hat beim LG Koblenz zum Ausschluss eines Schöffen geführt, weil sein Verhalten den Eindruck der Gleichgültigkeit gegenüber der Beweisaufnahme erwecken könne.[3] Auch Berufsrichter sind schon von diesem „Bannstrahl" getroffen worden, weil sie mit der Bedienung eines Handys ihre privaten Belange (SMS zur Kinderbetreuung) während der Verhandlung über die Dienstpflichten gestellt hätten.[4]

Oftmals geäußerte Befürchtungen, ein Schöffe, der sein **Fragerecht** in Anspruch nehme, setze sich der Gefahr eines Befangenheitsantrages aus, sind grundlos, wenn sich der Schöffe an die Regeln der Befragung hält.

(c) Das Erscheinungsbild des Schöffen wie die **Kleidung** kann zur Besorgnis der Befangenheit führen. Das LG Berlin hat einen Schöffen ausgeschlossen, der in einer Hauptverhandlung gegen einen ausländischen Angeklagten in einem T-Shirt mit der Aufschrift „Pit Bull Germany" erschien.[5] Hinsichtlich des Tragens eines Kopftuches aus religiösen Gründen gibt es unterschiedliche Rechtsprechung. Das LG Dortmund hat eine Befangenheit angenommen, weil die Schöffin auf die Frage nach der Begründung für das Kopftuch angegeben hat, dass sie einer religiösen Richtung angehöre, die davon ausgeht, dass Frauen grundsätzlich weniger glaubwürdig seien als Männer.[6] Das KG hat einen Ausschluss abgelehnt, allerdings nicht unter dem Aspekt der Befangenheit, sondern weil von dem Kopftuch nicht auf die Ungeeignetheit zum Schöffenamt geschlossen werden konnte, die zur Streichung von der Schöffenliste geführt hätte.[7]

Einige Länder haben Gesetze zur **Wahrung der Neutralität** der Justiz erlassen, die den Amtsträgern untersagen, in den Verhandlungen und bei sonstigen hoheitlichen Handlungen politische, weltanschauliche und religiöse Symbole (einschließlich der so motivierten Kleidung) zu tragen. Baden-Württemberg hat die

---

[2] LG Koblenz, Beschluss vom 19.12.2012, Az.: 2090 Js 29752/10 - 12 KLs, RohR 2013, S. 24.
[3] LG Koblenz, Beschluss vom 28.09.2015, Az.: 2090 Js 29752/10 - 12 KLs, RohR 2015, S. 140.
[4] BGH, Urteil vom 17.06.2015, Az.: 2 StR 228/14, RohR 2015, S. 101.
[5] LG Berlin, Beschluss vom 26.11.2001, Az.: (501) 68 Js 693/00 KLs (24/01), StV 2002, S. 132.
[6] LG Dortmund, Beschluss vom 12.02.2007, Az.: 14 Gen. StrK 12/06, RohR 2007, S. 73; a.A. LG Bielefeld, Beschluss vom 16.03.2006, Az.: 3221b E H 68, RohR 2007, S. 148 mit Anm. *Lieber.*
[7] KG, Urteil vom 09.10.2012, Az.: (3) 121 Ss 166/12 (120/12), RohR 2013, S. 21.

ehrenamtlichen Richter aus dem Gesetz ausdrücklich ausgenommen, NRW diese ausdrücklich einbezogen.[8]

(d) Die Tätigkeit des Schöffen ist auf die Hauptverhandlung, d.h. den Gerichtssaal beschränkt. **Eigene Ermittlungen** außerhalb des Gerichts können den Schöffen befangen machen. Recherchiert er allgemeine Fragen im Internet (Was sind Hells Angels, zu denen der Angeklagte gehören soll? Was ist Ecstasy?), ist das unproblematisch. Erkundigt er sich aber z.B. bei den Nachbarn über den Angeklagten, wird dies einen (erfolgreichen) Antrag auf Ausschluss wegen der Besorgnis der Befangenheit nach sich ziehen. Die Tatsache, dass ein Schöffe vor der Verhandlung eingehend die **Berichterstattung in der örtlichen Presse** gelesen hat, lässt in der Regel keine Zweifel an der Unbefangenheit aufkommen.

(e) Aus den **persönlichen Verhältnissen** des Schöffen ist im Allgemeinen kein Befangenheitsgrund abzuleiten. Weder aus der Zugehörigkeit zu einer Partei oder Religion, noch aus der Herkunft oder dem Geschlecht kann auf eine Voreingenommenheit geschlossen werden, wenn kein weiterer konkreter Anhaltspunkt gegeben ist. Wenn Schöffe und Angeklagter den gleichen **Beruf** ausüben, ergibt sich daraus nicht notwendigerweise eine Besorgnis der Befangenheit. Das gilt selbst dann, wenn der Tatvorwurf mit der beruflichen Stellung von Angeklagtem und Schöffen in Verbindung steht.

> **BEISPIEL**
> Der Schöffe war als Inkassounternehmer tätig. Etwa einen Monat vor der Hauptverhandlung richtete er unter seiner Firma „Inkasso T" ein Schreiben an einen Schuldner, welches folgenden Wortlaut hatte: „Herr (…)! Auch dieses Schreiben wird Ihnen irgendwie am A… vorbeigehen. Vorab: Sie brauchen sich nicht wieder ‚hilfesuchend' an Ihren ‚Spannmann' in Aachen [gemeint ist der Verteidiger in diesem Strafverfahren] zu wenden. Was zu regeln gilt, werden wir in Belgien ‚unter Männern klären'. Kooperation oder Konfrontation; Sie haben die ‚Wahl der Waffen'." Der Angeklagte macht nun geltend, in dem zitierten Schreiben komme eine feindselige Einstellung des Schöffen gegen seinen Verteidiger zum Ausdruck, der herabsetzend als „Spannmann" bezeichnet werde. Der Schöffe neige zum Rechtsbruch und zu rabiaten Drohungen. Dies begründe die Besorgnis des Angeklagten, der Richter werde auch ihm nicht unbefangen gegenüberstehen und sein Amt nicht rechtstreu

---

[8] Gesetz zur Neutralität bei Gerichten und Staatsanwaltschaften des Landes, vom 23.05.2017, Gesetzblatt für Baden-Württemberg 2017, S. 265; Gesetz zur Stärkung religiöser und weltanschaulicher Neutralität der Justiz des Landes Nordrhein-Westfalen, Gesetzentwurf der Landesregierung, Drucksache/Landtag Nordrhein-Westfalen 17/3774 vom 01.10.2018.

ausüben. In seiner dienstlichen Stellungnahme führte der Schöffe in der Sache aus, er kenne den Angeklagten nicht; „ich kann Beruf und ehrenamtliche Richtertätigkeit trennen". Das LG hat das Befangenheitsgesuch als unbegründet zurückgewiesen, weil eine Verbindung der beiden Verfahren nicht bestehe und das Schreiben eine rechtsfeindliche Gesinnung des abgelehnten Richters nicht dokumentiere. Der BGH hat in der Revision diese Auffassung für fehlerhaft erachtet. Das Ehrenamt des Schöffen in Strafgerichten stelle an rechtliche Gesinnung und Rechtstreue des Schöffen hohe Anforderungen.[9]

(f) Anders ist die Sachlage zu bewerten, wenn der Schöffe **in Diensten des Verletzten** steht. Dies kann aus der Sicht eines Angeklagten ein Grund zum Zweifel an der Objektivität des Schöffen sein.

(g) Die **Zugehörigkeit zu einem Gremium** oder einer Institution ist in der Regel kein Befangenheitsgrund. Dies kann jedoch der Fall sein, wenn der Schöffe wegen dieser Zugehörigkeit besondere Kenntnisse über den Angeklagten oder den Tatvorwurf hat oder mit seiner Meinung zu der Sache öffentlich hervorgetreten ist.

(h) Bei einer **engen Lebensbeziehung** (Ehe, Verlöbnis, Partnerschaft) der Schöffen untereinander muss im Einzelfall genau geprüft werden, wie unabhängig die beiden mit dieser Situation umgehen können. Zwar enthält § 22 StPO, der u. a. die Ausschließung eines mit dem Beschuldigten oder Verletzten verheirateten oder (näher) verwandten Richters von der Ausübung des Richteramtes regelt, keinen Ausschließungstatbestand für den Fall der Ehe bzw. Verwandtschaft des Richters mit einem anderen mitwirkenden Richter oder Staatsanwalt usw.; jedoch ist anerkannt, dass in einem solchen Fall ggf. die Besorgnis der Befangenheit eines Richters vorliegen kann. Bei Berufsrichtern kann diese Konstellation durch die gerichtsinterne Geschäftsverteilung vermieden werden. Bei Schöffen (die auf die Termine ausgelost werden) kann dies nur durch den Schöffenwahlausschuss vermieden werden, der Ehepartner in unterschiedliche Gerichte (Amts- und Landgericht, Schöffe in Jugend- und allgemeinen Strafsachen) wählt. Kommt es zum gleichzeitigen Einsatz eines Schöffenehepaars in einem aus drei Richtern bestehenden Spruchkörper, ist aus der Sicht eines vernünftig abwägenden Angeklagten zumindest Anlass zu der Besorgnis gegeben, dass sie sich ggf. von wechselseitigen Rücksichtnahmen leiten lassen könnten.[10]

(i) **Privates Wissen** oder **Beziehungen zu dem Angeklagten** können den Schöffen befangen machen. Ein Lehrer, der über einen Schüler seiner Schule urteilen

---

9 BGH, Urteil vom 28.04.2010, Az.: 2 StR 595/09, RohR 2010, S. 108.
10 OLG Jena, Beschluss vom 15.08.2016, Az.: 1 Ws 305/16, juris.

muss, kann befangen sein, wenn er in der Gefahr steht, Umstände bei seiner Urteilsbildung zu verwerten, die das übrige Gericht nicht kennt.

Die Bekanntschaft mit einem anderen **Prozessbeteiligten** als den Angeklagten oder einen Zeugen begründet nicht unbedingt die Besorgnis einer Befangenheit. Wenn ein Schöffe z. B. den Verteidiger aus einem anderen (etwa zivilrechtlichen) Verfahren kennt, ist er in aller Regel auch dann nicht befangen, wenn der Anwalt in diesem Verfahren einen Prozessgegner des Schöffen vertritt oder vertreten hat.

Verteidiger überprüfen häufig die Schöffen, ob eine Beziehung zu einem Beteiligten oder auch eine öffentliche Äußerung vorliegt, die geeignet ist, einen gesetzlichen Ausschlussgrund oder eine Besorgnis der Befangenheit geltend zu machen.

> **BEISPIEL**
> In einem Verfahren, in dem es um ein Tötungsdelikt ging, hatte die Schöffin, eine Kinder- und Jugendpsychologin, den Bruder des Tatopfers einige Jahre zuvor behandelt. Nach der in diesem Verfahren verhandelten Tat stand sie mit der Mutter des Tatopfers in Kontakt und sprach ihr dabei ihr Beileid aus. Dies führte zum Ausschluss der Schöffin wegen Besorgnis der Befangenheit.
> Hinweis einer Rechtsanwältin im Rechtsportal Juris dazu: „Es schadet zur Meidung von Schöffen 'mit Familienanschluss' nicht, wenn man sich als Verteidiger nach Mitteilung der Gerichtsbesetzung die Mühe macht, die Namen der Schöffen in eine Suchmaschine oder in die Suchfunktion eines sozialen Netzwerks einzugeben. Ebenso wie bei der Suche nach dem Schuldner können derartige Ermittlungen, die nur einen geringen Aufwand darstellen, von Erfolg gekrönt sein, etwa wenn es darum geht zu hinterfragen, ob Kontakte zu Prozessbeteiligten (Opfer, Zeugen) bestehen. Im Prozess können die gewonnenen Erkenntnisse zur Begründung eines Antrages wegen Besorgnis der Befangenheit verwendet werden. Ebenso wie der Richter ist auch der Schöffe zur Abgabe einer Erklärung verpflichtet."[11]

(k) Die **Beurteilung einer Befangenheit** ist objektiv vom Standpunkt eines vernünftigen Ablehnenden (Angeklagter, Staatsanwalt) vorzunehmen, sodass nicht jede abwegige Mutmaßung des Angeklagten zur Annahme einer Befangenheit führt.

Schöffen können sich nicht selbst ablehnen. Grundsätzlich ist von der Unparteilichkeit des Schöffen auszugehen. Sie können aber Tatsachen offenbaren, die geeignet sind, diese Befangenheit aus der Sicht des Angeklagten zu begrün-

---

11 LG Augsburg, Beschluss vom 24.01.2012, Az.: Jug KLs 401 Js 107041/02, RohR 2013, S. 24; *Kerstin Rueber,* jurisPR-StrafR 23/2012, Anm. 2.

den. Die Prüfung darüber hat der nach der Geschäftsverteilung zuständige Berufsrichter oder Spruchkörper vorzunehmen (§ 30 StPO). Hat ein Schöffe Bedenken, ob ein Umstand geeignet ist, Zweifel an seiner Objektivität zu begründen, hat er dies dem Vorsitzenden unverzüglich mitzuteilen. Ob ein solcher Umstand vorliegt, hat der Schöffe nach eigenem, pflichtgemäßem Ermessen zu entscheiden.

Zu der Anzeige von Befangenheitsgründen ist den anderen Verfahrensbeteiligten **rechtliches Gehör** zu geben. Die Beurteilung, ob die Besorgnis einer Befangenheit vorliegt, wird danach vorgenommen, ob der Ablehnungsberechtigte von seinem Standpunkt aus bei verständiger Überlegung Grund zu der Annahme hat, dass die innere Haltung des Schöffen die erforderliche Neutralität, Distanz und Unparteilichkeit zu einem Verfahrensbeteiligten störend beeinflussen kann.

Da die *Besorgnis* der Befangenheit ausreicht, muss keine tatsächliche Befangenheit vorliegen. Ein entsprechender Antrag gegen einen Schöffen ist deshalb nicht ehrenrührig. Der Beschluss, mit dem die Befangenheit festgestellt wird, ist nicht anfechtbar. Wird der Antrag abgelehnt, kann er nur zusammen mit der Revision gerügt werden (§ 28 StPO). Bevor über den Antrag entschieden wird, muss das Gericht alle unaufschiebbaren Amtshandlungen erledigen (§ 29 StPO). Der Befangenheitsantrag muss bis zum Beginn der Vernehmung des ersten Angeklagten zu seinen persönlichen Verhältnissen gestellt werden, in der Berufungsverhandlung bis zum Beginn des Vortrags des Berichterstatters (§ 25 StPO).

Die Möglichkeit der Richterablehnung ist Ausdruck des fairen Verfahrens, auch wenn die Verteidigung den Antrag aus anderen Motiven gestellt haben mag, z. B. zur Provozierung eines Revisionsgrundes. Ob ein *zulässiger* Befangenheitsantrag gegen einen Schöffen begründet ist, entscheiden die Berufsrichter ohne Mitwirkung der Schöffen (§ 27 StPO). An der Verwerfung eines *unzulässigen* Ablehnungsantrages wirken auch die Schöffen mit (§ 26a StPO). Unzulässig ist ein Antrag, wenn er verspätet gestellt wurde, keinen Grund zur Ablehnung oder kein Mittel zur Glaubhaftmachung angibt oder durch den Antrag das Verfahren verschleppt oder verfahrensfremde Zwecke (politische Demonstration, Verunglimpfung des Gerichts) verfolgt werden sollen. Eine Verwerfung des Antrages als unzulässig muss einstimmig erfolgen.

TEIL E

KAPITEL 2

Streichung von der Schöffenliste

1 Streichung von Amts wegen

Ein Schöffe ist von der Schöffenliste zu streichen, wenn nachträglich Gründe eintreten oder bekannt werden, nach denen er nicht hätte gewählt werden dürfen (§ 52 GVG). Das sind zum einen die Gründe, wonach ein Schöffe unfähig zur Übernahme des Amtes ist und nicht gewählt werden *durfte* (§§ 31 Satz 2, 32 GVG), zum anderen diejenigen, bei denen eine Ungeeignetheit vorliegt, eine Berufung in das Schöffenamt also nicht erfolgen *sollte* (§§ 33, 34 GVG). Das gilt sowohl für den Fall, dass der Schöffe unter Verletzung dieser Voraussetzungen gewählt wurde, als auch für den Fall, dass diese Voraussetzungen später wegfallen.

Einige Ausschlussgründe führen zur sofortigen Streichung des Schöffen von der Liste, während in anderen Fällen der Schöffe erst nach dem Ende der laufenden Sitzung von der Liste gestrichen wird. Der Schöffe, der von der Liste gestrichen wurde, kann in der laufenden Amtsperiode nicht mehr eingesetzt werden, auch wenn die Gründe für die Streichung später entfallen. Zieht etwa der Schöffe aus dem Gerichtsbezirk weg und wird deshalb von der Liste gestrichen, wird er nicht wieder in die Liste der Schöffen aufgenommen, wenn er in der laufenden Amtsperiode seinen Wohnsitz wieder im Gerichtsbezirk nimmt. Für den aus der Liste gestrichenen Schöffen tritt der Hilfsschöffe ein, der zu diesem Zeitpunkt an erster Stelle in der Hilfsschöffenliste steht.

Kein Grund für eine Streichung von der Schöffenliste ist die **Auflösung eines Spruchkörpers.** Das gilt selbst dann, wenn die Schöffen zu einer auswärtigen Kammer des LG durch den Schöffenwahlausschuss am Sitz des AG gewählt wurden, bei dem die Kammer besteht. Die auswärtige Kammer ist kein selbstständiges Gericht, sondern Spruchkörper des LG. Ebenso wie deren Berufsrichter wechseln auch die Schöffen an den Sitz des LG.

1.1 ... wegen Unfähigkeit zum Amt

Zur sofortigen Streichung eines Schöffen von der Schöffenliste führen alle Gründe, nach denen der Schöffe unfähig ist, das Amt auszuüben (§ 52 Abs. 1 Nr. 1 GVG). Stellt sich der Fehler während eines Verfahrens, an dem der Schöffe teilnimmt, heraus, muss das Verfahren – wenn nicht ein Ergänzungsschöffe nachrücken kann – neu beginnen, da das Gericht mit diesem Schöffen nicht ordnungsgemäß besetzt war (Grundsatz des gesetzlichen Richters).

Vom Schöffenamt sofort ausgeschlossen sind Personen,

- die nicht die deutsche Staatsangehörigkeit besitzen oder diese nach ihrer Wahl verlieren (§ 31 Satz 2 GVG). Unschädlich ist es, wenn ein Deutscher eine weitere Staatsangehörigkeit besitzt;

- die infolge einer gerichtlichen Entscheidung die Fähigkeit zur Bekleidung öffentlicher Ämter nicht besitzen oder die wegen einer vorsätzlichen Tat zu einer Freiheitsstrafe von mehr als sechs Monaten verurteilt wurden (§ 32 Nr. 1 GVG). Das gilt auch bei einer Aussetzung der Freiheitsstrafe zur Bewährung;

- gegen die ein Ermittlungsverfahren eröffnet wurde wegen einer Tat, die den Verlust der Fähigkeit zur Bekleidung öffentlicher Ämter zur Folge haben kann (§ 32 Nr. 2 GVG). Das ist bei jedem Vorwurf eines Verbrechens der Fall (§ 45 Abs. 1 StGB) sowie bei Verfahren wegen Delikten, bei denen das Gesetz die Möglichkeit des Verlustes der Amtsfähigkeit ausdrücklich vorsieht (§ 45 Abs. 2 StGB);

- die gegen die Grundsätze der Menschlichkeit oder der Rechtsstaatlichkeit verstoßen haben oder wegen einer Tätigkeit als hauptamtlicher oder inoffizieller Mitarbeiter des Staatssicherheitsdienstes der DDR nicht geeignet sind (§ 44a DRiG).

Zum sofortigen Ausschluss des Schöffen führt auch, wenn sich herausstellt, dass er aus gesundheitlichen Gründen nicht zum Schöffenamt geeignet ist (§ 33 Nr. 4 GVG). Zwar ist dieser Grund nicht in den absoluten Unfähigkeitsgründen der §§ 31, 32 GVG aufgeführt; jedoch bedarf es keiner näheren Begründung, dass ein Schöffe nicht an einem Verfahren und der Aburteilung anderer Menschen weiter teilnehmen kann, wenn feststeht, dass er zur Ausübung des Amtes wegen körperlicher oder geistiger Mängel nicht geeignet ist. Dasselbe gilt, wenn sich herausstellt, dass der Schöffe die deutsche Sprache nicht ausreichend beherrscht (§ 33 Nr. 5 GVG).[12]

1.2 ... wegen Ungeeignetheit zum Amt

(a) §§ 33, 34 GVG bestimmen, welche Personen nicht zu Schöffen berufen werden „sollen". Werden Verstöße gegen diese Voraussetzungen bekannt oder treten diese Bedingungen später ein, ist der betreffende Schöffe ebenfalls von

---

12 BGH, Urteil vom 26.01.2011, Az.: 2 StR 338/10, NStZ-RR 2011, S. 349; *Anna Fischhaber/Christian Rost*, Schöffe mit Sprachproblem, Süddeutsche Zeitung vom 15.03.2012, www.sueddeutsche.de/muenchen/doppelmord-in-portugal-prozess-beginnt-von-vorne-1.1306573.

der Schöffenliste zu streichen (§ 52 Abs. 1 Nr. 2 GVG). Ist der Schöffe in einer Hauptverhandlung eingesetzt, wenn der Umstand bekannt wird oder eintritt, kann mit der Streichung bis zum Ende dieser Hauptverhandlung gewartet werden. Wenn z.B. ein Schöffe während eines Verfahrens in einen Ort außerhalb seines Gerichtsbezirks umzieht, kann er auch erst zum Ende dieses Verfahrens von der Liste gestrichen werden, wenn ansonsten eine längere Hauptverhandlung „platzen" würde. Der Schöffe ist zum nächsten geeigneten Zeitpunkt von der Schöffenliste zu streichen.

(b) Die wichtigsten **persönlichen Gründe** nach § 33 GVG:

– Ein Schöffe, der bei Beginn der Amtsperiode das 25. Lebensjahr noch nicht vollendet hatte, ist auch dann zu streichen, wenn er bei Bekanntwerden des Fehlers inzwischen das erforderliche Alter erreicht hat. Das Gleiche gilt, wenn der Schöffe vor Amtsantritt das 70. Lebensjahr vollendet hatte. Eine Revision wird aber wahrscheinlich erfolglos bleiben, da der BGH diese Regelung als reine Ordnungsvorschrift ansieht.

– Verlegt der Schöffe seinen Wohnsitz aus der Gemeinde, in der er gewählt wurde, in eine neue Wohngemeinde, die in einem anderen Landgerichtsbezirk liegt, ist er von der Liste zu streichen. Behält der Schöffe einen Zweitwohnsitz in der alten Gemeinde bei, wird er nicht von der Liste gestrichen, wenn er sich überwiegend an seinem zweiten Wohnsitz aufhält (z.B. Studenten oder Selbstständige). Er verliert sein Schöffenamt auch, wenn die Gemeinde, in der er wohnt, aus dem Landgerichtsbezirk ausgegliedert wird.

– Der Vermögensverfall eines Schöffen schließt ihn vom Amt aus. Der Hauptfall des Vermögensverfalls ist die Insolvenz, sowohl die Regel-(Unternehmens)insolvenz als auch die Privatinsolvenz. Der Grund entfällt, wenn das Regelinsolvenzverfahren abgeschlossen bzw. die Privatinsolvenz mit der Restschuldbefreiung beendet ist.

(c) Aus **beruflichen Gründen** (§ 34 GVG) kann der Schöffe gestrichen werden, wenn er

– zum politischen Beamten ernannt wird. Wer politischer Beamter ist, regeln Bund und Länder in den Beamtengesetzen (z.B. Staatssekretäre, Polizeipräsidenten, Leiter der Verfassungsschutzbehörden, Abteilungsleiter in den Bundesministerien).

– zum **Berufsrichter, Beamten** der Staatsanwaltschaft, Notar oder Rechtsanwalt, gerichtlichen Vollstreckungsbeamten, Polizeivollzugsbeamten (nicht hingegen ein Polizeiverwaltungsbeamter), Bediensteten des Strafvollzuges, hauptamtlichen Bewährungs- oder Gerichtshelfer ernannt oder berufen wird.

Das gleiche gilt, wenn der Schöffe bei seiner Wahl einen dieser Berufe bereits ausgeübt hat und diese Tatsache erst später bekannt wird. Gestrichen wird der Schöffe auch dann, wenn er zum Zeitpunkt der Wahl diesen Beruf ausübte, aber nicht mehr bei Bekanntwerden dieser Tatsache. Für die Streichung ist auf den Zeitpunkt der Wahl abzustellen, weil er nicht hätte zum Schöffen gewählt werden dürfen.

Verletzungen der beruflichen Ausschlussgründe des § 34 GVG werden in Literatur und Rechtsprechung für gravierender gehalten als Verstöße gegen die persönlichen Voraussetzungen des § 33 GVG. Der Ausschluss dieser Personengruppen ist Ausdruck des **Gewaltenteilungsprinzips.** Wer einer Berufsgruppe angehört, die exekutive Aufgaben wahrnimmt, soll nicht an der Rechtsprechung teilnehmen. Personen, die hauptberuflich Organe der Rechtspflege sind oder sonst Strafverfolgung bzw. -vollstreckung von Berufs wegen betreiben, sollen nicht auf der Bank der Richter sitzen, die das Volk repräsentieren.

Solange der Schöffe wegen der Gründe nach §§ 33, 34 GVG nicht von der Schöffenliste gestrichen ist, sind alle Urteile, an denen er mitgewirkt hat, wirksam und können nicht mit der Besetzungsrüge angegriffen werden. Eine Ausnahme gilt nur dann, wenn der Schöffe willkürlich nicht gestrichen wurde, obwohl seine Mitwirkung gerügt wurde.

2 Streichung auf Antrag

2.1 ... wegen der Zahl von geleisteten Sitzungstagen

Schöffen können die Streichung von der Schöffenliste beantragen, wenn sie während eines Geschäftsjahres an mehr als 24 Sitzungstagen an Sitzungen teilgenommen haben (§ 52 Abs. 2 Nr. 2 GVG). Es zählen dabei die Wochentage, an denen sie zum Einsatz kamen. Der Antrag kann sowohl dann gestellt werden, wenn ein Schöffe in *einem* umfangreichen Verfahren mitgewirkt hat, das an mindestens 24 Tagen stattgefunden hat, als auch dann, wenn er in *mehreren* Verfahren insgesamt mindestens 24 Tage tätig war. Gezählt wird jeder Verhandlungstag, auch wenn die Sitzung nur wenige Minuten gedauert hat (z. B. weil die Sache vertagt werden musste). Bei Hauptschöffen wird die Streichung nur für Sitzungen wirksam, die später als zwei Wochen nach dem Eingang des Antrages auf Streichung beginnen. Eine Streichung kurz vor einer Hauptverhandlung könnte als Manipulation der Besetzung angesehen werden. Ein Hilfsschöffe muss alle Sitzungen noch zu Ende führen, zu denen er vor Einreichung des Antrages bereits geladen war. Die Streichung wird erst nach Abschluss dieser Hauptverhandlungen wirksam.

In einem bayerischen Verfahren entstand eine Diskussion darüber, ob der Schöffe den Befreiungsantrag stellen könne, wenn sich ein Umfangsverfahren über zwei Kalenderjahre erstreckte und insgesamt mehr als 24 Tage gedauert hatte. Grundsätzlich ist das Geschäftsjahr identisch mit dem Kalenderjahr. Da die (Haupt)Schöffen jährlich neu ausgelost werden, der Schöffe an dem im Vorjahr begonnenen Umfangsverfahren weiter teilnehmen muss, ist § 52 GVG so zu lesen, dass das gesamte Verfahren zu dem Geschäftsjahr zählt, in dem es begonnen hat. Ein Antrag auf Streichung von der Schöffenliste wird nicht dadurch unzulässig, dass sich die Verhandlung über zwei Kalenderjahre erstreckt. Die 24-Tage-Regelung soll den Schöffen vor übermäßiger Belastung schützen. Dann kann es keinen Unterschied machen, ob die Sitzungstage eines Umfangsverfahrens in einem Jahr anfallen oder ob innerhalb dieses Verfahrens ein Jahreswechsel stattfindet. Jedenfalls fehlt es für eine unterschiedliche Behandlung eines Umfangsverfahrens innerhalb eines Kalenderjahres und dem, in dessen Verlauf ein Jahreswechsel fällt, an einem sachlichen Grund.

2.2 ... wegen nachträglich eingetretener Ablehnungsgründe

Zu Beginn der Amtszeit kann der Schöffe aus den in § 35 GVG aufgezählten Gründen die Übernahme des Amtes ablehnen. Wenn diese Gründe erst im Laufe der Amtszeit eintreten, besteht für den Schöffen die Möglichkeit, die weitere Ausübung des Amtes abzulehnen. Er wird dann von der Schöffenliste gestrichen. Aus folgenden Gründen kann das Amt abgelehnt werden:

- Der Schöffe wird Mitglied einer Gesetzgebungskörperschaft (§ 35 Nr. 1 GVG).

- Er erwirbt die Zugehörigkeit zu Heilberufen (§ 35 Nr. 3 und 4 GVG).

- Es entsteht eine dauernde Fürsorge für Familienangehörige (§ 35 Nr. 5 GVG).

- Die wirtschaftliche Lebensgrundlage wird massiv beeinträchtigt (§ 35 Nr. 7 GVG).

- Verlegt der Schöffe beim Amtsgericht seinen Wohnsitz innerhalb des Landgerichtsbezirks in den Bezirk eines anderen Amtsgerichts, ist er auf seinen Antrag von der Schöffenliste zu streichen. Im Unterschied zur Verlegung des Wohnsitzes in einen anderen Landgerichtsbezirk wird er bei bloßem Wechsel des Amtsgerichtsbezirkes nicht automatisch gestrichen. Die Antragsbefugnis gilt nur für Schöffen beim Amtsgericht, da Schöffen beim Landgericht ihren zuständigen Gerichtsbezirk nicht verlassen, wenn sie innerhalb des Landgerichtsbezirks umziehen.

Streichungsgründe nach § 35 GVG sind **innerhalb von einer Woche**, nachdem der Schöffe von dem Eintritt des Grundes Kenntnis erhalten hat, geltend zu machen (§ 53 Abs. 1 GVG). Die Wochenfrist ist eine Ausschlussfrist, d.h. nach ihrem Ablauf kann sich der Schöffe auf diese Gründe nicht mehr berufen. Insbesondere ein plötzlich auftretender Pflegefall in der Familie oder wirtschaftliche Gefährdungen müssen deshalb schnell daraufhin überprüft werden, ob sie für den Schöffen einen Grund darstellen, sich vom Schöffenamt entbinden zu lassen.

2.3 Antragsberechtigung

Nur der Schöffe selbst ist berechtigt, den Antrag auf Streichung zu stellen. Der Antrag eines Arbeitgebers, den Schöffen wegen eines oben aufgeführten oder sonstigen (betrieblichen) Grundes von der Schöffenliste zu streichen, ist unzulässig. Das hatte ein norddeutsches Landgericht übersehen, als es einen Schöffen auf Wunsch seines Arbeitgebers, der um Streichung seines Beschäftigten von der Schöffenliste gebeten hatte, von der Liste herunternahm.[13]

Eine auf Antrag erfolgte Streichung kann nicht durch Rücknahme des Antrages rückgängig gemacht werden.

3 Zuständigkeit für die Entscheidung

Über die Streichungen nach § 52 Abs. 1 und 2 GVG entscheidet bei Schöffen am AG der nach § 45 Abs. 3 GVG (Auslosung) zuständige Richter beim AG (§ 53 Abs. 2 GVG); über die Streichung eines Schöffen am LG entscheidet eine durch die Geschäftsverteilung des Gerichts bestimmte Strafkammer (§ 77 Abs. 3 Satz 2 GVG). Die Staatsanwaltschaft ist vorher anzuhören.

Hat der Schöffe einen Antrag auf Streichung gestellt (§ 52 Abs. 2 GVG), wird er nicht automatisch von der Liste gestrichen, sondern der zuständige Richter muss über die Streichung ausdrücklich entscheiden. Auch im Falle der Streichung müssen Hauptschöffen noch alle Termine wahrnehmen, die innerhalb der nächsten zwei Wochen – von der Streichung (nicht der Antragstellung) an gerechnet – beginnen. Hilfsschöffen müssen die Termine wahrnehmen, zu denen sie am Tag der Streichung von der Liste bereits geladen worden sind. Selbstverständlich müssen Haupt- wie Hilfsschöffen an allen Hauptverhandlungen, an denen sie am Tag der Streichung teilnehmen, bis zum Urteil mitwirken.

---

13 Vgl. RohR 2009, S. 13.

KAPITEL 3

Amtsenthebung

(a) § 51 Abs. 1 GVG regelt, dass ein Schöffe seines Amtes zu entheben ist, wenn er seine Amtspflichten gröblich verletzt hat. Zuständig für die Entscheidung ist ein Senat des OLG.

Ein Schöffe, der die freiheitliche demokratische, rechts- und sozialstaatliche Ordnung ablehnt, ist seines Amtes zu entheben. Zu den unverzichtbaren Amtspflichten eines Schöffen gehört u. a. seine Treuepflicht gegenüber dem Staat und dessen verfassungsrechtlicher Ordnung. Diese gebietet, den Staat und seine geltende verfassungsrechtliche Ordnung zu bejahen, sie als schützenswert anzuerkennen, in diesem Sinne sich zu ihm zu bekennen und aktiv dafür einzutreten.[14] In der amtlichen Begründung des Gesetzes heißt es, dass Schöffen einer besonderen **Verfassungstreue** unterliegen. Sie fungieren gleichberechtigt mit den hauptamtlichen Richtern als Organe staatlicher Aufgabenerfüllung. „Daher ist es ausgeschlossen, dass der Staat zur Ausübung von Staatsgewalt Bewerberinnen und Bewerber zulässt und dass er in (Ehren-)Ämtern, die mit der Ausübung staatlicher Gewalt verbunden sind, Bürgerinnen und Bürger belässt, die die freiheitliche demokratische rechts- und sozialstaatliche Ordnung ablehnen oder bekämpfen."[15]

Die Pflicht zur Verfassungstreue erstreckt sich auch auf Aktivitäten außerhalb des Ehrenamtes. Das Erfordernis der Verfassungstreue fehlt bei einem sog. Reichsbürger, sodass die Voraussetzung einer Amtsenthebung erfüllt ist.[16] Für einen Schöffen, der der Argumentation dieser Bewegung und der ihr angehörenden Organisationen folgt, gilt nichts anderes, zumal wenn er ein zentrales Element der freiheitlich-demokratischen Ordnung, nämlich die Existenz der Bundesrepublik Deutschland als Staat sowie das Bestehen demokratisch legitimierter Gerichte ablehnt. Dabei kommt es nicht darauf an, ob er auch „formal" Angehöriger einer der Reichsbürgerbewegung zugehörigen Gruppierung ist oder sich ausschließlich deren Ideologie zu eigen macht.[17]

---

14 OLG Dresden, Beschluss vom 13.09.2017, Az.: 2 (S) AR 32/17, 2 (S) AR 32/17 (2), RohR 2018, S. 66.
15 BT-Drs. 17/3356 vom 21.10.2010, S. 16, dipbt.bundestag.de/doc/btd/17/033/1703356.pdf; *Ursula Sens,* Erweiterung der Sanktionen bei Pflichtverletzungen der Schöffinnen und Schöffen, RohR 2011, S. 28.
16 OLG Dresden, Beschluss vom 08.12.2014, Az.: 2 (S) AR 37/14, RohR 2015, S. 64.
17 OLG Hamm, Beschluss vom 14.06.2017, Az.: 1 Ws 258/17, RohR 2017, S. 146.

(b) Auch Verstöße gegen Obliegenheitspflichten können eine gröbliche Verletzung der Amtspflichten darstellen, wenn sie beharrlich sind. Ein Schöffe ist seines Amtes zu entheben, wenn er ein Verhalten zeigt, welches ihn aus objektiver Sicht für die Ausübung des Schöffenamtes ungeeignet macht, weil er nicht mehr die Gewähr dafür bietet, unparteiisch und nur nach Recht und Gesetz zu entscheiden. Erforderlich ist daher unter Gesamtwürdigung aller Umstände des Einzelfalles eine Pflichtverletzung von besonderer Erheblichkeit, etwa wiederholtes unentschuldigtes Fernbleiben von der Sitzung.[18]

Dass ein Schöffe durch „nachhaltig distanzloses Verhalten gegenüber einer Verteidigerin" seine erfolgreiche Ablehnung wegen der Besorgnis der **Befangenheit** und damit die Aussetzung der Hauptverhandlung verursacht hat, reicht als Grund zur Amtsenthebung nicht aus. Dies folgt aus dem Verhältnismäßigkeitsgrundsatz, dem in Verfahren nach § 51 Abs. 1 GVG im Hinblick auf die Bedeutung des Grundsatzes des gesetzlichen Richters in besonderem Maße Rechnung zu tragen ist.[19]

Hingegen kann die Verbreitung von **Hassbotschaften** in den sozialen Medien gegen Pädophile, Straftäter und Ausländer, die Forderung nach Todesstrafe und maßlos übersteigerten Strafen sowie die Propagierung von Selbstjustiz mit der Tätigkeit einer Recht und Gesetz verpflichteten Schöffin nicht in Einklang zu bringen sein.[20]

Aus einem Fehlverhalten, das nur in einem Einzelfall die Besorgnis der Befangenheit begründet, kann sich ausnahmsweise eine gröbliche Pflichtverletzung im Sinne des § 51 Abs. 1 GVG ergeben. Dies setzt aber voraus, dass aufgrund konkreter Tatsachen zu befürchten ist, der Schöffe werde das beanstandete Verhalten auch in Zukunft in weiteren Fällen wiederholen.

Ebenso können Charaktereigenschaften wie übermäßige, unbegründete Angst vor befürchteten Folgen einer Entscheidung die Eignung zum Schöffenamt in Frage stellen. Besteht etwa Grund zu der Annahme, eine Schöffin werde in einem Verfahren wegen Gewalt- oder organisierter Kriminalität nicht unparteiisch, sondern aus Sorge um sich und ihre Familie auf jeden Fall ohne Berücksichtigung des Ergebnisses der Beweisaufnahme zugunsten der Angeklagten entscheiden, steht ein solches Verhalten nicht in Einklang mit den Pflichten einer ehrenamtlichen Richterin und ist, da es den Kernbereich der richterlichen Tätigkeit berührt, eine gröbliche Pflichtverletzung. Dann ist die Amtsenthebung das einzige geeignete, erforderliche und angemessene Mittel, um darauf zu reagieren.

---

18 OLG Hamm, Beschluss vom 14.05.2015, Az.: 1 Ws 147/15, juris; *Herbert Mayer*, in: Kissel/Mayer, Gerichtsverfassungsgesetz, 9. Aufl., München 2018, § 51 Rn. 2.
19 OLG Köln, Beschluss vom 26.07.2017, Az.: 2 Ws 421/17, RohR 2017, S. 146.
20 KG, Beschluss vom 25.05.2016, Az.: 3 ARs 5/16, RohR 2016, S. 145.

> **BEISPIEL**
> In dem zugrunde liegenden Fall hatte sich eine Ergänzungsschöffin im Schwurgericht für befangen erklärt, weil sie wegen ihrer Tätigkeit um das Leben ihrer Familie fürchtete und deshalb, falls sie von dem Fall nicht entbunden würde, in jedem Fall für einen Freispruch des Angeklagten stimmen würde. Diese Schlussfolgerung hatte sie nicht aus einer konkreten Morddrohung der kriminellen Szene gezogen, sondern nach der Lektüre von allgemein gehaltenen Presseberichten zu dem anstehenden Strafprozess.[21]

(c) Da die Amtsenthebung einen schweren Eingriff in die Rechtsstellung der Schöffen darstellt, ist das **Verfahren** in einer eigenen Vorschrift (§ 51 GVG) geregelt und wird nicht im Wege der bloßen Streichung von der Schöffenliste (§ 52 GVG) vollzogen. Eine vollständige Gleichstellung in der richterlichen Unabhängigkeit ist damit jedoch nicht gewährleistet. Das liegt daran, dass weder gegen die Amtsenthebung noch die vorläufige Enthebung ein Rechtsmittel des betroffenen Schöffen möglich ist.[22] Allerdings sind die Oberlandesgerichte in ihrer Rechtsprechung bei einer Amtsenthebung sehr zurückhaltend.

Die ehrenamtlichen Richter sind bei der Entscheidung über die Amtsenthebung in den erkennenden Spruchkörpern nicht vertreten. Zur Wahrung der Unabhängigkeit der ehrenamtlichen Richter hat der Bundesverband ehrenamtlicher Richterinnen und Richter im Gesetzgebungsverfahren zu § 51 GVG gefordert, dass in dem Senat, der über die Amtsenthebung befindet, auch Schöffen vertreten sind. Dies entspricht dem Standard in den Richterdienstgerichten für die Berufsrichter, in denen neben anderen (richterlichen) Mitgliedern des Dienstgerichts immer auch ein Richter der betroffenen Gerichtsbarkeit vertreten sein muss. Da die Amtsenthebung von dem betroffenen Schöffen nicht angefochten werden kann und auch dann Wirkung behält, wenn sich später herausstellt, dass eine gröbliche Amtspflichtverletzung nicht vorgelegen hat, gehört eine Vertretung der ehrenamtlichen Richter im erkennenden Senat zum Mindeststandard der richterlichen Unabhängigkeit nach Art. 97 GG, der insoweit auch für ehrenamtliche Richter Geltung hat. Dem ist der Gesetzgeber allerdings nicht gefolgt.

---

21   OLG Celle, Beschluss vom 23.09.2014, Az.: 2 ARs 13/14, RohR 2015, S. 63.
22   Vgl. dazu die Rede des Abg. *Jens Petermann* im Deutschen Bundestag, BT-PlPr. 17/78 vom 02.12.2010, S. 8690C, dipbt.bundestag.de/dip21/btp/17/17078.pdf.

Kontrollfragen

Es können eine oder mehrere der vorgegebenen Antworten richtig sein.

1. In welchen Fällen ist der Schöffe schon von Gesetzes wegen von der Teilnahme an einem Strafverfahren ausgeschlossen?
   a) Er ist mit der Angeklagten verheiratet.
   b) Er ist der Onkel des Angeklagten.
   c) Er soll Zeuge in demselben Verfahren sein.

2. Wann kann der Schöffe auf seinen Antrag von der Schöffenliste gestrichen werden?
   a) Er verlegt seinen Wohnsitz in einen anderen Amtsgerichtsbezirk, bleibt aber im Landgerichtsbezirk wohnen.
   b) Ein neuer Arbeitsgeber verlangt, dass er sein Amt aufgeben soll.
   c) Er hat im vorhergehenden Jahr bereits an 25 Sitzungen teilgenommen.

3. In welchen Fällen kann ein Schöffe seines Amtes enthoben werden?
   a) Er spielt in einer rechtsextremen Band Lieder mit Texten, in denen Angehörige bestimmter Bevölkerungsgruppen mit dem Tod bedroht werden.
   b) Er weigert sich prinzipiell, die Nationalhymne zu singen.
   c) Er stimmt beharrlich anders ab als der Vorsitzende.

4. In welchen Fällen kann der Schöffe nach der Wahl das Amt ablehnen?
   a) Seine Tochter wird nach einem Unfall zum Pflegefall und muss ständig betreut werden.
   b) Der Arbeitgeber droht mit Kündigung, wenn er das Amt nicht niederlegt.
   c) Der einer Wirtschaftsstrafkammer zugeloste Schöffe macht sich selbstständig, hat sich dafür verschuldet und würde bei einem mehrwöchigen Verfahren in wirtschaftliche Schwierigkeiten geraten.

5. In welchen Fällen sollte der Schöffe eine mögliche Befangenheit dem Vorsitzenden anzeigen?
   a) Er liegt mit dem Angeklagten seit Jahren in einem Nachbarstreit.
   b) Er ist mit dem Angeklagten im selben Sportverein.
   c) Er ist beruflich in der gleichen Branche tätig.

Lösung:
1 a), b), c); 2 a); 3 a); 4 a) c); 5 a)

TEIL F

Soziale Sicherung, Entschädigung, Steuern

Schöffen werden bei der Wahrnehmung ihres Amtes auch als Arbeitnehmer, Selbstständige, Steuerpflichtige oder Sozialversicherte berührt. Das Verhältnis der Pflichten aus dem Schöffenamt zu den damit einhergehenden Beeinträchtigungen, der Versicherungsschutz, die Entschädigung für Nachteile und ihre steuerliche Behandlung sind Gegenstand von Teil F.

KAPITEL 1

Sozialversicherung

Jeder Schöffe bekommt mit der Benachrichtigung über seine Wahl das *„Merkblatt zur Information ehrenamtlicher Richterinnen und Richter über sozialversicherungsrechtliche Auswirkungen ihrer Tätigkeit und über die Möglichkeit weiterer Nutzung des Fünften Vermögensbildungsgesetzes"*. Im Wesentlichen richten sich diese Hinweise zur Kranken- und Rentenversicherung an Arbeitnehmer. Selbstständige müssen für Alterssicherung und gesundheitliche Vorsorge ohnehin selbst sorgen. Beamte sind von der Erstattung der Beiträge zur Kranken-, Renten- und Unfallversicherung nicht betroffen.

Da die Erstattung des Verdienstausfalls nach dem Brutto-Prinzip (Einkommen incl. Steuern und Sozialabgaben) erfolgt, kann eine Kürzung des Lohnes bzw. Gehaltes durch den Arbeitgeber auch eine geringere Abführung von Sozialversicherungsbeiträgen zur Folge haben. Die entstehende Differenz bekommt der Schöffe mit dem Verdienstausfall von der Justizkasse entschädigt. Er muss dann den Anteil an Sozialabgaben selbst abführen. Bei der Bescheinigung des Verdienstausfalls sollte der Schöffe deshalb darauf bestehen, dass der Arbeitgeber die Höhe der nicht abgeführten Sozialabgaben gesondert ausweist.

1 Krankenversicherung

Auf die Mitgliedschaft in der (versicherungspflichtigen) Krankenversicherung wirkt sich die Schöffentätigkeit nicht oder höchstens in Extremfällen aus, da der Verlust der Krankenversicherung eine einmonatige Unterbrechung voraussetzt. Bei einer freiwilligen Krankenversicherung sind die hierfür aufgewendeten Beiträge nicht zu erstatten. Bei der Berechnung des Krankengeldes bleiben Fehlzeiten infolge der Einsätze im gerichtlichen Verfahren unberücksichtigt.[1] Bei Schwierigkeiten oder Zweifelsfragen empfiehlt sich, mit der Krankenkasse Rücksprache zu nehmen bzw. den Arbeitgeber zu bitten, dort über eventuelle Nachteile nachzufragen.

---

1 *Hagen Schneider*, JVEG, 3. Aufl., München 2018, § 18 Rn. 16.

2 Rentenversicherung

Aufgrund der Begrenzung der Entschädigung für Verdienstausfall auf 24,00 € (bzw. 46,00 oder 61,00 €) pro Stunde können bei langen Verfahren wegen des reduzierten Gehaltes Nachteile bei der Rentenversicherung entstehen. Der Arbeitgeber führt die Sozialabgaben nur entsprechend dem Umfang ab, wie der Betrieb Lohn bzw. Gehalt an den Arbeitnehmer auszahlt. Auch den Arbeitgeberanteil hat der Arbeitnehmer insoweit zu tragen.

TIPP
Wird das Arbeitsentgelt eines versicherungs**pflichtigen** Arbeitnehmers infolge seiner Schöffentätigkeit gemindert, gilt gemäß § 163 Abs. 3 SGB VI der Differenzbetrag zwischen dem tatsächlichen Entgelt und dem ohne die Schöffentätigkeit zu beanspruchenden bis zur Beitragsbemessungsgrenze als Arbeitseinkommen (sog. Unterschiedsbetrag). Der Schöffe kann bei seinem Arbeitgeber beantragen, dass dieser den Beitrag zur Rentenversicherung unter Einschluss dieses Unterschiedsbeitrages abführt. Der Antrag ist Voraussetzung für dieses Verfahren und kann nur für laufende und künftige Lohnabrechnungszeiträume gestellt werden. Er gilt, solange er nicht widerrufen wird, für die gesamte Dauer der Beschäftigung. **Der Antrag sollte vorsorglich zu Beginn der Schöffentätigkeit beim Arbeitgeber gestellt werden.**

Eigentlich (!!!) sollte das oben genannte Problem in der Praxis nicht auftreten. Bis zu einem Brutto-Stundenlohn von 24,00 € (bzw. 46,00 oder 61,00 €) erhalten Arbeitnehmer den Verdienstausfall von der Justizkasse ersetzt. Liegt der Verdienst des Schöffen über 24,00 €/Std. bzw. dem Erhöhungsbetrag, hat ihm der Arbeitgeber gemäß § 616 BGB wegen nur kurzfristiger Abwesenheit von der Arbeitsstelle den normalen Verdienst abzüglich des von der Justizkasse erstatteten Betrages zu zahlen. Insbesondere die Rechtsprechung des BAG und des BVerwG hat in diese eigentlich klare Rechtslage Unsicherheiten gebracht; ausführlich siehe Kapitel 2, 2 (f).

3 Unfallversicherung

Für alle Schöffen besteht auf dem Weg vom und zum Gericht sowie im Gerichtsgebäude ein gesetzlicher Unfallversicherungsschutz gegen **Körperschäden** (§ 2 Abs. 1 Nr. 10 SGB VII). Sie erhalten zur gesetzlichen Unfallversicherung Mehrleistungen nach § 94 SGB VII. Dabei muss ein Zusammenhang zwischen dem Weg vom und zum Gericht und dem Unfallereignis bestehen. Der Versicherungsschutz erlischt im Regelfall, wenn von dem unmittelbaren Weg zwischen Wohnung bzw. Arbeitsplatz und Gericht abgewichen wird. Unfälle müssen dem Gericht, bei dem die Schöffentätigkeit ausgeübt wird, unverzüglich angezeigt werden.

Andere Schäden als Körperverletzungen sind nicht versichert. Erleidet ein Schöffe z. B. auf dem Weg zum Gericht einen Unfall mit seinem Pkw, sind die Schäden an dem Fahrzeug über seine Haftpflichtversicherung auszugleichen. Bleibt der Wagen mit einem Defekt liegen, liegt schon begrifflich kein „Unfall" vor. Auch eine Entschädigung nach beamtenrechtlichen Vorschriften ist ausgeschlossen, da diese nur auf die Berufsrichter Anwendung finden.[2]

Da das Amt des Schöffen ein (staatliches) Ehrenamt ist, ist es auch sozialversicherungsfrei, wenn eine angemessene Aufwandsentschädigung gewährt wird. Die Entschädigung für Zeitversäumnis und besonderen Aufwand (Tagegeld) werden nicht zu Sozialversicherungsbeiträgen herangezogen.[3]

---

[2] VG Braunschweig, Urteil vom 30.11.2017, Az.: 7 A 132/16, RohR 2018, S. 143.
[3] BSG, Urteil vom 16.08.2017, Az.: B 12 KR 14/16 R, NZS 2018, S. 572 (hier: ehrenamtliche Tätigkeit in der Kreishandwerkerschaft).

TEIL F

KAPITEL 2

Entschädigung

Ehrenamtliche Richter erhalten für ihre Tätigkeit keine Vergütung, sondern Entschädigung nach dem JVEG für einen Aufwand oder Nachteile, die sie durch ihr Amt haben. § 15 JVEG nennt die einzelnen Entschädigungen für Fahrtkostenersatz (§ 5), Aufwand (§ 6), sonstige Aufwendungen (§ 7), Zeitversäumnis (§ 16), Nachteile bei der Haushaltsführung (§ 17) sowie Verdienstausfall (§ 18).

1 Entschädigung für Zeitversäumnis

Nach § 16 JVEG erhalten unterschiedslos *alle* Schöffen eine Entschädigung in Höhe von **6,00 € pro Stunde** für den Zeitaufwand, der mit der Teilnahme an der Hauptverhandlung verbunden ist. Die Zeit wird vom Verlassen der Wohnung oder des Arbeitsplatzes bis zum Zeitpunkt der Rückkehr berechnet. Die Entschädigung wird für maximal 10 Std./Tag gewährt, wobei die angebrochene letzte Stunde auf eine volle Stunde aufgerundet wird (§ 15 Abs. 2 JVEG).

2 Entschädigung für Verdienstausfall

(a) Ein Arbeitnehmer geht des Anspruchs auf die Vergütung in seinem Beruf nicht dadurch verlustig, dass er für eine „verhältnismäßig nicht erhebliche Zeit" durch einen in seiner Person liegenden Grund ohne sein Verschulden an der Dienstleistung verhindert ist (§ 616 Abs. 1 BGB, Vorübergehende Verhinderung). Als „nicht erhebliche" Zeit sieht die Rechtsprechung grundsätzlich auch die Abwesenheit eines Arbeitnehmers wegen seines Einsatzes beim Gericht an.[4] Er muss sich aber auf diesen Anspruch Entschädigungsleistungen anrechnen lassen, die er für die Zeit der Abwesenheit erhält. Schöffen erhalten diese Entschädigung für Verdienstausfall nach § 18 JVEG.

(b) Bemessungsgrundlage für den Verdienstausfall ist der „regelmäßige" Bruttoverdienst, also die auf eine Stunde berechnete Vergütung unter Einbeziehung der Sozialabgaben, bei Arbeitnehmern einschließlich der Arbeitgeberanteile zur Sozialversicherung. Bei der Berechnung des Stundensatzes ist auch ein 13. und

---

[4] OLG Hamm, Beschluss vom 13.02.1962, Az.: 3 Ws 532/61, Rpfleger 1962, S. 229.

14. Monatsgehalt zu berücksichtigen.[5] Voraussetzung für die Erstattung ist eine tatsächliche Minderung des Einkommens durch den Einsatz als ehrenamtlicher Richter; fiktive Einkommensverluste werden nicht erstattet.[6] **Nebeneinkünfte** werden ebenfalls nur dann erstattet, wenn es sich um regelmäßige Einnahmen handelt, die durch den Einsatz verloren gehen.

(c) Wer für die Zeit der Abwesenheit **Lohnfortzahlung** erhält, hat keinen Verdienstausfall, demgemäß auch keinen Erstattungsanspruch. Beamte haben nach den jeweiligen Bundes- oder Landesregelungen über die Gewährung von Sonderurlaub einen Anspruch auf bezahlte Freistellung für die Ausübung des Ehrenamtes. Eine eigene Regelung sieht § 29 Abs. 2 TVöD für Tarifbeschäftigte vor. Für die Wahrnehmung staatsbürgerlicher Ehrenämter wird Arbeitsbefreiung unter Fortzahlung der Vergütung gewährt, soweit kein Anspruch auf Ersatz der Vergütung besteht. Da der Schöffe grundsätzlich einen solchen Anspruch nach dem JVEG hat, gilt die Gehaltsfortzahlung des öffentlichen Arbeitgebers als Kostenvorschuss auf die Erstattung durch die Staatskasse. Der Schöffe muss diesen Ersatzanspruch geltend machen und die erstattete Entschädigung für den Verdienstausfall an seinen Dienstherrn abführen. In keinem Fall muss der Schöffe die Entschädigung für Zeitversäumnis oder die Fahrtkosten an den Dienstherrn abführen, auch dann nicht, wenn der Verdienstausfall des Schöffen höher ist als die Entschädigung durch das Gericht. Die Differenz hat der Arbeitgeber zu tragen.

Keinen Verdienstausfall erleiden Empfänger von Arbeitslosengeld (§§ 136–164 SGB III) und Grundsicherung für Arbeitsuchende nach dem ALG II, Pensionäre sowie Rentner. Dürfen zu diesen Leistungen bestimmte Summen ohne Anrechnung hinzuverdient werden, wird ein Ausfall erstattet, soweit die Tätigkeit regelmäßig ausgeübt wird und der Schöffe ihr auf Grund des Einsatzes nicht nachgehen kann.

(d) Die Entschädigung für den Verdienstausfall muss **versteuert**, also bei der Steuererklärung als Einnahme angegeben werden. Auch in der Entschädigung eventuell enthaltene **Sozialabgaben** müssen abgeführt werden. Dazu ist kaum ein Schöffe ohne Hilfe seines Arbeitgebers in der Lage.

TIPP
Einfacher ist es, wenn der Schöffe mit seinem Arbeitgeber die Fortzahlung der Bezüge vereinbart und ihm den **Anspruch auf Erstattung des Verdienstausfalls abtritt.** Die Abtretung muss dem Gericht angezeigt werden. Der Arbeitgeber erhält den Verdienstausfall direkt von der Justizkasse er-

---

5   *Hagen Schneider*, JVEG, 3. Aufl., München 2018, § 18 Rn. 2.
6   LSG Sachsen-Anhalt, Beschluss vom 21.03.2014, Az.: L 1 SV 1/12 B, RohR 2014, S. 59.

stattet. Der Schöffe bekommt dann lediglich die Entschädigung für Zeitversäumnis (6,00 €/Std.) und die Fahrtkosten.

(e) Die **Höhe der Erstattung** des Verdienstausfalls ist für den normalen Sitzungsdienst auf höchstens **24,00 € pro Stunde** begrenzt.

Bei großen Belastungen durch **erhöhten Einsatz** in Umfangsverfahren wird die Höchstgrenze angehoben, um die Schöffen vor allzu großen Einkommenseinbußen zu bewahren. Bis zu **46,00 €** pro Stunde werden gemäß § 18 Satz 2 JVEG erstattet, wenn der Schöffe

– innerhalb von 30 Tagen an mindestens sechs Tagen in *einem oder mehreren* Verfahren seiner regelmäßigen Erwerbstätigkeit entzogen wurde oder
– in *einem* Verfahren an mehr als 20 Tagen herangezogen wurde.

Die Erhöhung des Verdienstausfallrahmens gilt für **jeden Sitzungstag** (vom ersten Sitzungstag an), der mit fünf weiteren Sitzungstagen in einem Zeitraum von 30 Tagen liegt bzw. die 20-Tages-Grenze überschritten wird.[7] Die frühere Rechtsprechung, dass die höhere Entschädigung im ersten Fall erst ab dem siebten und im zweiten Fall ab dem 21. Verhandlungstag gewährt wird, ist inzwischen durch die neuere Rechtsprechung aller Gerichtsbarkeiten erledigt.

BEISPIEL: BERECHNUNG DES 6-TAGE-RHYTHMUS
Die Terminstage fallen auf den 9., 13., 20., 23., 27. April, 6., 15., 18. Mai. Alle Tage, die mit 5 weiteren Tagen in einen Zeitraum von 30 Tagen fallen, werden mit bis zu 46,00 €/Std. entschädigt.
a) Die Verhandlungstage vom 09.04. bis 06.05. liegen in einem Zeitraum von 30 Tagen und werden sämtlich nach dem erhöhten Rahmen entschädigt.
b) Die Verhandlungstage vom 15.05. und 18.05. liegen mit denen vom 20.04. bis 06.05. zusammen in einem Zeitraum von 30 Tagen und werden ebenfalls nach dem erhöhten Rahmen entschädigt.

Die Berechnungsmethode, dass mit jedem Sitzungstag ein neuer 30-Tages-Rhythmus beginnt, wird von der neueren Rechtsprechung einhellig nicht geteilt;

---

7 KG, Beschluss vom 13.12.2017, Az.: 1 Ws 56/17, RohR 2018, S. 65; OLG Celle, Beschluss vom 10.08.2015, Az.: 2 Ws 131/15, RohR 2015, S. 137; LG Krefeld, Beschluss vom 25.04.2017, Az.: 322 SH 4/15, RohR 2018, S. 26 (bestätigt durch OLG Düsseldorf, Beschluss vom 01.06.2017, Az.: 4 Ws 234/17); LG Köln, Beschluss vom 09.04.2013, Az.: 103 KLs 16/12, 36/12, 37/12, RohR 2013, S. 70.

die Bezirksrevisoren machen sich diese Methode aus Kostengründen aber gerne zu eigen.[8]

Auf bis zu **61,00 €** pro Stunde erhöht sich die Grenze gemäß § 18 Satz 3 JVEG, wenn der Schöffe in *einem* Verfahren zu insgesamt mehr als 50 Sitzungstagen herangezogen wurde. Auch in diesem Fall tritt die Erhöhung der Erstattung ab dem ersten Hauptverhandlungstag ein. Der erhöhte Betrag ist rückwirkend für alle Sitzungstage zu gewähren, wenn nur an einem Tag die Voraussetzungen für eine Erhöhung nach § 18 Satz 2 und 3 JVEG vorliegen.[9]

Werden die 20 oder 50 Sitzungstage in verschiedenen Verfahren abgeleistet, bleibt es bei dem Ausgangsrahmen von 24,00 €, soweit nicht ein anderes Kriterium (z. B. der 6-Tage-Rhythmus) greift.

> **BEISPIEL**
> Der Verdienstausfall des Schöffen beträgt regelmäßig 65,00 € je Stunde. Er wird
> a) in demselben Verfahren an 25 Tagen herangezogen und
>   erhält 25 × 46,00 €/Std.
> b) in demselben Verfahren an mehr als 55 Tagen herangezogen und
>   erhält 55 × 61,00 €/Std.
> c) in mehreren Verfahren innerhalb von 30 Tagen an 7 Tagen
>   herangezogen und erhält 7 × 46,00 €/Std.

Der Schöffe hat keinen Anspruch auf den höchstmöglichen Erstattungsbetrag. Die Erhöhung bezieht sich nur auf den **tatsächlichen Verdienstausfall.** Werden die Voraussetzungen für die Erstattung des erhöhten Verdienstausfalls erreicht, ist die Entschädigung von Amts wegen – ohne Antrag des Schöffen – von der Anweisungsstelle entsprechend zu berechnen. Die Gewährung der erhöhten Entschädigung steht nicht im Ermessen des Anweisungsbeamten oder des Gerichts.[10]

(f) Entschädigt wird der Verdienstausfall für die **Zeit,** die der Schöffe für seine Heranziehung versäumt, einschließlich der Reise- und ggf. Vorbereitungszeiten (z. B. für ein vom Vorsitzenden angeordnetes Selbstleseverfahren). Ist es aus betrieblichen Gründen nicht möglich, dass ein Arbeitnehmer vor der Sitzung für einige Stunden die Arbeit aufnimmt oder nach der Sitzung in den Arbeitsablauf zurückkehrt, gilt auch diese Zeit als entschädigungspflichtig versäumt.[11]

---

8 *Meyer/Höver/Bach/Oberlack/Jahnke,* JVEG, 27. Aufl., Köln 2018, § 18 Rn. 20; vgl. dagegen die Berechnungsbeispiele bei *Hagen Schneider,* JVEG, 3. Aufl., München 2018, § 18 Rn. 14.
9 *Hagen Schneider,* JVEG, 3. Aufl., München 2018, § 18 Rn. 13.
10 *Hagen Schneider,* JVEG, 3. Aufl., München 2018, § 18 Rn. 10.
11 *Meyer/Höver/Bach/Oberlack/Jahnke,* JVEG, 27. Aufl., Köln 2018, § 18 Rn. 8.

BEISPIEL
Die Hauptverhandlung dauert von 9.00 bis 13.15 Uhr. Die regelmäßige Arbeitszeit geht von 8.30 bis 17.00 Uhr. Der Arbeitgeber bescheinigt, dass (abzüglich einer halben Stunde unbezahlter Pause) die versäumte Arbeitszeit 8 Stunden beträgt, weil die Aufnahme der Arbeit vor der Sitzung und ihre Wiederaufnahme nach der Verhandlung aus betriebsorganisatorischen Gründen nicht möglich war. Die Justizkasse hat 8 Stunden versäumter Arbeit zu entschädigen.

Wenn der Schöffe z. B. Nachtdienst hat, der um 6.00 Uhr endet, die Sitzung aber um 9.00 Uhr beginnt, hat er kaum Gelegenheit, ausgeruht bei Gericht zu erscheinen. Beendet er vorzeitig den Dienst, um vor der Sitzung schlafen zu können, ist dieser Verdienstausfall zu erstatten. Die Entschädigung für eine vorzeitige Beendigung der Arbeit sollte sich der Schöffe vorher vom Vorsitzenden genehmigen lassen.

Wurde der Schöffe für den gesamten Tag freigestellt und beträgt seine regelmäßige Arbeitszeit täglich 8 Stunden, sind für die Entschädigung nach § 18 JVEG 8 Stunden in Ansatz zu bringen, auch wenn die Hauptverhandlung länger gedauert hat.[12]

BEISPIEL
Der Schöffe wird von 8.00 Uhr (Verlassen der Wohnung) bis 17.15 Uhr (Rückkehr) herangezogen. Er hat eine regelmäßige Arbeitszeit von 8 Stunden von 8.00 bis 16.30 Uhr. Enthalten ist eine unentgeltliche Mittagspause von 12.00 bis 12.30 Uhr. Verdienstausfall ist nur für 8 Stunden zu gewähren, da die Entschädigung den tatsächlich eingetretenen Verdienstausfall nicht überschreiten darf. Hinsichtlich der Zeitversäumnis ist hingegen auf volle 10 Stunden aufzurunden.

Ein Problem entsteht bei Schöffen (vornehmlich aus dem öffentlichen Dienst), die in **gleitender Arbeitszeit** tätig sind. Nach der Rechtsprechung des BAG ist die Arbeitszeit, die der Schöffe bei Gericht verbringt und die nicht in die Kernarbeitszeit fällt, nicht als „entschuldigt versäumt" zu betrachten. Der Schöffe könne in dieser Zeit seine Arbeitszeit so gestalten, dass er seine Freizeit auf die Gerichtszeit hin einrichtet.[13] Was der Schöffe aber in seiner Freizeit mache, gehe den Arbeitgeber nichts an; er sei nicht verpflichtet, den Gerichtseinsatz als Arbeitszeit zu berücksichtigen. Zu dieser Auffassung gelangt das BAG aufgrund eines „Auslegungstricks", den weder der Gesetzgeber noch die Tarifparteien des TVöD so gesehen und gewollt haben.

---

12 LG Krefeld, Beschluss vom 25.04.2017, Az.: 322 SH 4/15, RohR 2018, S. 26.
13 BAG, Urteil vom 22.01.2009, Az.: 6 AZR 78/08, RohR 2009, S. 47.

RECHTSVORSCHRIFT

§ 29 Abs. 2 Satz 1 TVöD
Bei Erfüllung allgemeiner staatsbürgerlicher Pflichten nach deutschem Recht, soweit die Arbeitsbefreiung gesetzlich vorgeschrieben ist und soweit die Pflichten nicht außerhalb der Arbeitszeit, *gegebenenfalls nach ihrer Verlegung,* wahrgenommen werden können, besteht der Anspruch auf Fortzahlung des Entgelts nach § 21 nur insoweit, als Beschäftigte nicht Ansprüche auf Ersatz des Entgelts geltend machen können.

Aus diesem Vergütungsfortzahlungsanspruch hat das BAG auf einen Freistellungsanspruch geschlossen und die Formulierung „gegebenenfalls nach ihrer Verlegung" nicht auf eine Verlegung der staatsbürgerlichen Pflichten bezogen (die für die Schöffen nicht möglich ist, da die Terminierung vom Gerichtsvorsitzenden bestimmt wird), sondern auf die Verlegung der Arbeitszeit. Das BAG hat behauptet, dem Anspruch der Klägerin stehe nicht entgegen, dass § 29 Abs. 2 Satz 1 TVöD nach seinem Wortlaut einen Anspruch auf *Entgeltfortzahlung* regelt, die Schöffin dagegen eine *Zeitgutschrift* auf ihrem Arbeitszeitkonto begehre. Das Arbeitszeitkonto drücke nur „in anderer Form den Vergütungsanspruch aus". Mit weiteren Behauptungen erklärt das BAG, dass weder der Freistellungsanspruch nach § 45 Abs. 1a DRiG noch der Anspruch aus § 616 BGB dieser Auffassung entgegenstehe, da außerhalb der Kernzeit keine Arbeitspflicht bestehe. Dabei lässt das BAG außer Betracht, dass die Gleitzeit im Kontext mit der wöchentlichen Regelarbeitszeit steht. Die Gleitzeit ist keine Freizeit, sondern Dispositionszeit, über die der Arbeitnehmer bei (mit Zwang versehener) Heranziehung zur Dienstleistung beim Gericht nicht verfügen kann. Die Arbeitsleistung bei seinem Arbeitgeber/Dienstherrn muss er gleichwohl erbringen, obwohl er einen Anspruch auf (bezahlte oder zu entschädigende) Freistellung hat.

In schlichten Worten ausgedrückt, sagt das BAG nichts anderes, als dass es zumutbar sei, im Rahmen der Heranziehung durch das Gericht doppelt zu arbeiten. Weder sagt das Gericht etwas dazu, ob diese Auffassung auch Gültigkeit hat, wenn die Arbeitsleistung im Rahmen des Arbeitszeitgesetzes nicht erlaubt ist, noch setzt es sich mit der Frage einer Verletzung von Art. 3 GG (Gleichheitsgrundsatz) gegenüber Beschäftigten auseinander, die feste Arbeitszeiten haben bzw. nicht zum richterlichen Ehrenamt herangezogen werden.

Die Entscheidung ist ein geradezu klassisches Beispiel dafür, dass manch ein (auch hohes) Gericht nicht in der Lage ist, über den Tellerrand seiner Erfahrungen hinauszublicken. Der gravierendste Fall, der aufgrund dieser Rechtsprechung entstanden ist, betraf einen Schöffen beim LG Köln, der in einem Umfangsverfahren 80 Fehltage ansammelte, die er innerhalb der zulässigen Arbeitszeit nach dem Arbeitszeitgesetz gar nicht nacharbeiten konnte. Diese Rechtsprechung ist mit dem Freistellungsanspruch und dem Benachteiligungsverbot nach § 45 Abs. 1a DRiG nicht vereinbar.

Das BVerwG hat sich dieser Rechtsprechung angeschlossen, allerdings mit der Einschränkung, dass die „für die Allgemeinheit aufzuwendende Zeit" im Ehrenamt auf drei Stunden in der Woche begrenzt ist.[14] Woher die Rechtsprechung diesen Aufopferungsanspruch nimmt, ist nicht nachvollziehbar. Die Vertreter des Volkes in der ersten Gewalt (Legislative) üben mit verfassungsgerichtlichem Segen inzwischen einen vollalimentierten Beruf aus, die gewählten Vertreter in den (exekutiven) Kommunalverwaltungen erhalten neben der ungedeckelten Entschädigung für den Verdienstausfall eine Aufwandspauschale (und/oder Sitzungsgeld), die ehrenamtlichen Helfer des Technischen Hilfswerkes haben einen gesetzlichen Lohnfortzahlungsanspruch, für den der Arbeitgeber einen Ausgleich bei der öffentlichen Kasse geltend macht – die Vertreter der Bevölkerung in der dritten Gewalt sind einem „für die Allgemeinheit aufzubringenden" Aufopferungsanspruch unterworfen. Diese Ungleichbehandlung bedarf der verfassungsrechtlichen (und rechtspolitischen) Erörterung.

(g) Fällt der Sitzungstag auf einen bereits genehmigten **Urlaubstag**, hat der Schöffe weder einen Anspruch auf **Nachurlaub** gegen den Arbeitgeber noch darauf, dass der Urlaub für die Wahrnehmung des Schöffendienstes unterbrochen wird, also nicht als Urlaubstag angerechnet wird. Andererseits muss sich kein Arbeitnehmer darauf einlassen, für jeden Sitzungstag einen Tag seines Jahresurlaubs oder unbezahlten Urlaub zu nehmen. Eine Entschädigung für Verdienstausfall kann im Falle des bezahlten Urlaubs nicht beansprucht werden, da es keinen Verdienstausfall gibt.

(h) Der Anspruch auf Erstattung von Verdienstausfall steht auch **Selbstständigen und Freiberuflern** unter der Voraussetzung zu, dass sie während ihrer regelmäßigen Arbeitszeit herangezogen werden. Da die Entschädigung nicht für Stunden, sondern für betragsmäßig nachgewiesenen Verdienstausfall gewährt wird, ist – wie bei abhängig Beschäftigten – der tatsächliche Einkommensverlust die Obergrenze der Entschädigung.[15] Der Verdienstausfall ist deshalb nicht nur für die Zeit der eigentlichen Heranziehung zu gewähren, sondern auch für die sich an die Heranziehung anschließende oder vorhergehende Zeit, wenn der Schöffe aus betrieblichen Gründen seiner Erwerbstätigkeit nicht nachgehen konnte. Zwar verlangen Bedeutung und Gewicht des Amtes, dass der Schöffe seine beruflichen Interessen grundsätzlich zurückstellt. Allerdings gilt dies nur, wenn und soweit es ihm möglich und zumutbar ist.

---

14 BVerwG, Urteil vom 28.07.2011, Az.: 2 C 45.09, RohR 2011, S. 143 mit Anm. *Wolmerath;* a.A. die Vorinstanz OVG Rheinland-Pfalz, Urteil vom 19.06.2009, Az.: 10 A 10171/09 – Leitsatz: „Der als ehrenamtlicher Richter tätige Beamte hat gemäß § 45 Abs. 1a Satz 2 DRiG einen Anspruch auf Arbeitszeitgutschrift auch für diejenigen Sitzungszeiten, die in die Gleitzeit seiner Dienststelle fallen, jedoch nur bis zur Höhe der täglichen Regelarbeitszeit."

15 KG, Beschluss vom 26.01.2016, Az.: 1 Ws 33.38/14, RohR 2016, S. 24.

> **BEISPIEL**
> Die in einem Umfangsverfahren eingesetzte Schöffin war u. a. in regelmäßigem Turnus als Gutachterin für die EU-Kommission tätig. Aufgrund der zeitlichen Belastung durch die Hauptverhandlung war sie nicht in der Lage, ein anstehendes Panel in der vorgeschriebenen Zeit zu begutachten, und musste dieses daher ablehnen. Das dadurch entgangene Honorar konnte bei der Entschädigung (im Rahmen der gesetzlichen Grenzen) berücksichtigt und entschädigt werden.

Bei einem selbstständig tätigen Schöffen, der eine Verdienstausfallbescheinigung eingereicht und durch Gehaltsabrechnung und Nachweis der Krankenversicherung ergänzt hat (z. B. eine geschäftsführende Gesellschafterin, die einen Angestelltenvertrag mit ihrer Gesellschaft hat), kann der Verdienstausfall konkret berechnet werden, sodass es auf die exakte Dauer der Heranziehung am jeweiligen Sitzungstag ankommt.

Lässt sich ein tatsächlicher Verdienstausfall nicht beziffern, ist der geldwerte Ersatz der für das Gericht erbrachten Zeit zu schätzen. Dann muss auf eine pauschalierte Berechnung zurückgegriffen werden, wofür es neben dem „regelmäßigen Bruttoverdienst" gemäß § 18 JVEG vor allem auf die Heranziehungsdauer ankommt, welche für jeden Sitzungstag nach § 15 Abs. 2 JVEG[16] und gemäß der Rundungsvorschrift in Satz 2 der Vorschrift zu ermitteln ist.[17]

Auch die Entschädigung der Selbstständigen unterliegt den **Höchstgrenzen** der §§ 15, 18 JVEG. Es besteht aber die Möglichkeit, Erstattung für eine notwendige Vertretung zu erhalten. Diese ist in vollem Umfang zu ersetzen. Sind die Vertretungskosten deutlich höher als die Entschädigungssätze für den Verdienstausfall, sollte das Gericht vorher informiert werden.

(i) Schöffen, die lohnabhängig beschäftigt sind, legen zum **Nachweis des Verdienstausfalls** eine Lohn- oder Gehaltsbescheinigung ihres Arbeitgebers vor. Es muss darauf geachtet werden, dass auch die weiteren Lohnbestandteile wie Auslösungen und Zuschläge sowie die Arbeitgeberanteile zur Sozialversicherung ausgewiesen sind. In aller Regel ist es ausreichend, die Grundlagen für den Verdienstausfall (z. B. die Höhe des Stundensatzes) einmal mitzuteilen und nur bei Veränderungen einen neuen Nachweis vorzulegen.[18]

Bei Selbstständigen ist es in der Regel ausreichend, dass ein behaupteter Verdienstausfall wahrscheinlich und die Höhe ggf. zu schätzen ist. Die Höchstgrenzen können in fast allen Fällen unterstellt werden. Dies gilt jedoch nicht, wenn die Angaben eines Selbstständigen über seine Erwerbstätigkeit oder seinen Verdienst

---

16 LG Bonn, Beschluss vom 26.10.2015, Az.: 29 KLs 410 Js 511/10 1/14, RohR 2016, S. 26.
17 KG, Beschluss vom 13.12.2017, Az.: 1 Ws 56/17, RohR 2018, S. 65.
18 *Hagen Schneider*, JVEG, 3. Aufl., München 2018, § 18 Rn. 3.

unwahrscheinlich sind. In diesem Fall ist die Glaubhaftmachung nach § 294 ZPO oder sogar ein Nachweis zu verlangen.[19] Letztlich wird sich der Anweisungsbeamte – bzw. das Gericht – auf seine Erfahrung verlassen müssen. Eine Steuererklärung des selbstständigen Schöffen wird in der Praxis wenig aussagekräftig sein, da der zu versteuernde Betrag in aller Regel nicht das Bruttoeinkommen des Steuerpflichtigen darstellt. Allzu großes Misstrauen gegen Schöffen ist mit der Bedeutung des Amtes nicht vereinbar.

3 Fahrtkosten

(a) Es werden die tatsächlich entstandenen Fahrtkosten erstattet, die anlässlich der Fahrt vom Wohn- oder Arbeitsort zur Gerichtsstelle und zurück anfallen. Grundsätzlich sind die Schöffen gehalten, das preisgünstigste Beförderungsmittel zu wählen, sind aber frei in der Wahl, ob ein öffentliches Verkehrsmittel oder ein Pkw zur An- und Abreise benutzt wird; nach Sparpreisen oder Sonderangeboten müssen sie nicht suchen. Entschädigungen, die früher für den Fußweg oder die Benutzung eines Fahrrades gezahlt wurden, sind weggefallen.

(b) Für öffentliche Verkehrsmittel werden auch eventuelle Zuschläge erstattet, ebenso die Kosten der ersten Wagenklasse. Auch für eine Strecke, auf der eine Regionalbahn verkehrt, kann ein zuschlagpflichtiger IC oder ICE benutzt werden; Kosten für die Platzreservierung und die Beförderung des Gepäcks werden erstattet. Ausgaben, die nicht erforderlich sind, werden nicht erstattet (z. B. Mehrkosten durch Nachlösen im Zug). Entstehen für die Anreise keine Kosten, weil z. B. eine **Zeit- oder Netzkarte** benutzt wird, wird weder der gewöhnliche Fahrpreis erstattet noch der Anteil an der Karte. Dasselbe gilt für die Benutzung der BahnCard.

(c) Für eine **Anreise mit dem Pkw** werden **pro Kilometer 0,30 €** erstattet sowie die **Parkgebühren.** Höhere als die preisgünstigsten Fahrtkosten werden erstattet, wenn dadurch insgesamt Mehrbeträge an Entschädigung eingespart werden oder die höheren Kosten wegen besonderer Umstände notwendig sind. Bei der Bemessung der Wegstrecke ist nicht von „amtlichen" Entfernungen von Ortsmitte zu Ortsmitte auszugehen, von Wegberechnungsprogrammen oder von „Routenplanern"[20], sondern von der tatsächlich gefahrenen Wegstrecke.[21] Diese kann z. B. an Hand des Tageszählers im Pkw glaubhaft gemacht werden. Ein angefangener Kilometer ist auf einen vollen aufzurunden. Generell gilt, dass die Kosten von den ehrenamtlichen Richtern nicht bewiesen, sondern nur glaubhaft gemacht werden müssen.

---

19 KG, Beschluss vom 29.11.2017, Az.: 1 Ws 27-28/17, RohR 2018, S. 65.
20 So aber KG, Beschluss vom 29.11.2017, Az.: 1 Ws 27-28/17, RohR 2018, S. 65.
21 LG Dresden, Beschluss vom 22.06.2005, Az.: 10-O-2618/04, MDR 2005, S. 1260; OLG Celle, Beschluss vom 08.06.1960, Az.: 4 U 69/59, Rpfleger 1964, S. 231.

(d) In Ausnahmefällen können auch die **Taxikosten** erstattet werden, etwa einem gehbehinderten Schöffen, dem ein öffentliches Verkehrsmittel nicht zur Verfügung steht und der kein eigenes Fahrzeug hat. Eine Vorabinformation an den Vorsitzenden des Spruchkörpers vermeidet unnötige Diskussionen.

(e) Beginnt die Anreise zum Gericht **von einem anderen Ort** als dem Wohnort, werden die Fahrtkosten ersetzt, die vom Wohnort aus entstanden wären. Sind die Kosten von dem anderen Ort jedoch niedriger, werden nur die tatsächlich aufgewendeten niedrigeren Kosten erstattet. Mehrkosten von dem anderen Ort können erstattet werden, wenn besondere Umstände dies erfordern, z. B. wenn ein Schöffe aus einer Kur oder dem Urlaub anreisen muss. Ein am Ort des Gerichts beschäftigter, aber nicht dort wohnender Schöffe hat keinen Anspruch auf Erstattung von Fahrtkosten zwischen Wohn- und Arbeitsort, wenn er am Sitzungstag seiner regelmäßigen Arbeit nachgegangen wäre. Er ist durch die Teilnahme an der Sitzung nicht stärker belastet, sodass ein Anspruch auf Erstattung der Anreise vom Wohnort nicht entsteht. Beabsichtigt der Schöffe, von einem anderen Ort anzureisen oder ein teureres Verkehrsmittel zu benutzen, empfiehlt es sich, den Vorsitzenden vorher zu informieren und eine Entscheidung herbeizuführen.

4 Entschädigung für Nachteile bei der Haushaltsführung

(a) Kernpunkt der Vorschrift ist, dass Hausarbeit wie Berufstätigkeit zu würdigen ist. Eine qualitative Wertung, eine bestimmte Arbeit sei weniger „entschädigungswürdig" als die andere, ist unzulässig. Die Tätigkeit des Haushaltsführenden ist für die gesamte Zeit der Heranziehung zum Gericht zu entschädigen.[22]

Nicht erwerbstätige Schöffen, die einen eigenen Haushalt für mehrere Personen führen, haben einen Anspruch auf eine Entschädigung für Nachteile bei der Haushaltsführung in Höhe von **14,00 € pro Stunde**. „Mehrere Personen" bedeutet, dass sich in dem Haushalt mindestens zwei Personen befinden müssen: der Schöffe und eine weitere Person – Ehegatte, Kind, Verwandter oder Lebensgefährte. Das Gesetz verlangt eine **Haushaltsgemeinschaft** mit der weiteren Person. Der Schöffe selbst darf nicht (vollzeit-)erwerbstätig sein. Die Entschädigung wird zusätzlich zur Entschädigung für Zeitversäumnis gezahlt. Sind in einem Haushalt mehrere Personen als ehrenamtliche Richter tätig, steht die Entschädigung für Nachteile bei der Haushaltsführung nur der Person zu, die tatsächlich den Haushalt führt. Teilen sich mehrere Personen die Haushaltsführung, ist derjenige anspruchsberechtigt, der den Haushalt überwiegend führt. Ist ein Haushaltsangehöriger nicht erwerbstätig, ein anderer voll- oder teilzeitbeschäftigt, wird vermutet, dass der Nichterwerbstätige den Haushalt führt. Diese Vermutung ist aber wider-

---

[22] LSG Sachsen, Beschluss vom 15.02.2011, Az.: L 6 SF 47/09 ERI, RohR 2012, S. 20.

legbar. Das könnte z. B. der Fall sein, wenn der Nichterwerbstätige behindert ist, sodass er zur Haushaltsführung nicht in der Lage ist.

Der vollzeitbeschäftigte Schöffe ist von der Entschädigung für Nachteile bei der Haushaltsführung immer ausgeschlossen, auch wenn er für den behinderten Partner den Haushalt führt. Eine Erhöhung der Entschädigung für Nachteile bei der Haushaltsführung entsprechend § 18 Satz 2 und 3 JVEG nach dem 21. oder 51. Verhandlungstag findet nicht statt.

BEISPIEL

Eine Hausfrau wird als Schöffin von 9.00 bis 12.00 Uhr herangezogen. Für An- und Rückreise benötigt sie jeweils eine Stunde. Ihr werden als Entschädigung gewährt:

1. Entschädigung für Zeitversäumnis	5 Std. à 6,00 €	30,00 €
2. Entschädigung für Nachteile bei der Haushaltsführung	5 Std. à 14,00 €	70,00 €
insgesamt		100,00 €

(b) Die lange Zeit streitige Frage, wie Personen zu behandeln sind, die ein sog. **Erwerbsersatzeinkommen** haben, z. B. Rentner und Pensionäre, Bezieher von Arbeitslosengeld usw. (vgl. die Definition in § 18a Abs. 1 Satz 1 Nr. 2 SGB IV sowie den Katalog in Abs. 3), ist vom Gesetzgeber inzwischen mit der Änderung des JVEG zum 01.08.2013 entschieden worden.[23] Diese Personen sind nunmehr ausdrücklich den berufstätigen Schöffen gleichgestellt, d. h. sie haben keinen Anspruch auf Entschädigung für Nachteile bei der Haushaltsführung. Dass ein ehrenamtlicher Richter eine **Erwerbsminderungsrente**[24] bezieht, schließt nach der Auffassung des LG Göttingen auch nach der Gesetzesänderung den Anspruch auf Entschädigung für Nachteile bei der Haushaltsführung gemäß § 17 JVEG nicht aus, sondern führt lediglich dazu, dass der Antragsteller einem Teilzeitbeschäftigten gleichgestellt wird, wobei die Höhe der Erwerbsminderung der fiktiven Teilzeitbeschäftigung entspricht. Ist eine Rente nur Äquivalent eines Teiles der Arbeitskraft, wie dies namentlich bei einer Erwerbs*minderungs*rente der Fall ist, gebieten weder Wortlaut noch

---

23 JVEG geändert durch Artikel 7 des Gesetzes vom 23.07.2013, BGBl I S. 2586.
24 Eine Erwerbsminderungsrente bezieht jemand, der in Folge von Krankheit oder Unfall nicht mehr in der Lage ist, mehr als sechs Stunden am Tag zu arbeiten.

Regelungszweck des § 17 Satz 2 JVEG den völligen Ausschluss der Entschädigung.[25]

5 Entschädigung für Teilzeitbeschäftigte

Teilzeitbeschäftigte, die noch einen Haushalt für sich und eine weitere Person führen, werden für die Dauer des Sitzungsdienstes, der in die Arbeitszeit fällt, für den Verdienstausfall entschädigt. Soweit sie außerhalb ihrer vertraglichen regelmäßigen Arbeitszeit zum Schöffendienst herangezogen werden, werden sie wie nicht erwerbstätige Hausfrauen oder -männer entschädigt. Wann sich die Teilzeitkraft in der Arbeitszeit befindet und wann in ihrer „Haushaltszeit", richtet sich nach dem Arbeitsvertrag.

Vereinzelt wurde die Auffassung vertreten, dass ein Erwerbstätiger, der mehr als 50 % der „Normalarbeitszeit" beschäftigt ist, keine Teilzeitarbeit verrichtet. Eine solche Interpretation des Gesetzes findet weder im Wortlaut noch in der Historie des Gesetzes eine Stütze. Entscheidend für den Entschädigungsanspruch nach § 17 JVEG ist nicht, wie viele Stunden der Schöffe für die gemeinsame Haushaltsführung zur Verfügung hat, sondern allein, dass er zu einem Zeitpunkt zu der richterlichen Tätigkeit herangezogen worden ist, den er für die gemeinsame Haushaltsführung vorgesehen und deswegen auf eine berufliche Tätigkeit verzichtet hat. Wann, wie und mit wie vielen Stunden er die gemeinsame Haushaltsführung durchführt, obliegt ausschließlich ihm. Teilzeitbeschäftigung ist jede Arbeit, die nicht Vollzeitbeschäftigung ist. Der Umfang der Teilzeitarbeit spielt keine Rolle. Entscheidend ist nur der Zeitpunkt der Heranziehung. Erfolgt sie während der regulären regelmäßigen Dienstzeit, richtet sich die Entschädigung nach § 18 JVEG; erfolgt sie während der Zeit, die von der Teilzeit betroffen ist, richtet sich die Entschädigung nach § 17 JVEG.[26]

> **BEISPIEL**
> Ein Schöffe wird von 8.45 (Vorbesprechung bis 9.00 Uhr) bis 15.00 Uhr zur Hauptverhandlung herangezogen. Von 9.00 bis 13.00 Uhr wäre er seiner Teilzeitarbeit nachgegangen. Die Entschädigung für Nachteile bei der Haushaltsführung steht ihm für 3 Stunden zu (die letzte Stunde wird aufgerundet); für die 4 Stunden Arbeitszeitversäumnis hat er den Anspruch auf Entschädigung des Verdienstausfalls.

---

25 LG Göttingen, Beschluss vom 05.05.2014, Az.: KLs 1/07, RohR 2014, S. 60; ebenso LG Lüneburg, Beschluss vom 22.05.2015, Az.: 110 AR 2/15, juris; a.A. ohne weitere Begründung mit dem Hinweis auf die Gesetzesänderung LSG Thüringen, Beschluss vom 26.02.2014, Az.: L 6 SF 21/14 E, juris; BayLSG, Beschluss vom 11.11.2016, Az.: L 15 RF 26/16, juris.
26 OLG Frankfurt/M., Beschluss vom 19.04.2018, Az.: 2 Ws 14/18, RohR 2018, S. 142.

Der Beschäftigte kann nicht gezwungen werden, in Abwandlung seiner arbeitsvertraglichen Vereinbarung die Arbeitszeit mit „Freizeit" zu tauschen, damit die Schöffentätigkeit nicht in die Arbeitszeit fällt. Teilzeitbeschäftigt ist, wer eine Wochenarbeitszeit hat, die kürzer ist als bei vergleichbaren Vollzeitbeschäftigten. Was „regelmäßige Wochenarbeitszeit" und „vergleichbare Vollzeitbeschäftigte" sind, erklärt § 2 des Teilzeit- und Befristungsgesetzes. Danach fällt auch geringfügige Beschäftigung unter die Teilzeitarbeit. Im Übrigen gelten die Voraussetzungen wie bei der Haushaltsführungsentschädigung.

Die Regelung des § 17 JVEG setzt nicht voraus, dass die anspruchsberechtigte Person Arbeitnehmer sein muss. Auch in Teilzeit arbeitende Selbstständige und Freiberufler haben den Anspruch nach § 17 JVEG. Das ergibt sich bereits aus dem Gesetzeswortlaut, der von „Teilzeitbeschäftigten" und nicht von „teilzeitbeschäftigten Arbeitnehmern" spricht. Der Entschädigungsanspruch steht teilzeitbeschäftigten Erwerbstätigen unabhängig davon zu, ob sie jeden Arbeitstag stundenweise berufstätig sind oder ihre Teilzeitarbeit auf einzelne Tage im Monat oder in der Woche verteilen und die übrige Zeit für ihre Haushaltsführung vorsehen; es wird nur vorausgesetzt, dass der ehrenamtliche Richter außerhalb einer Zeit herangezogen wird, in der er regelmäßig einer entgeltlichen Arbeit nachgeht.[27] Empfänger von Erwerbsersatzeinkommen gelten auch dann nicht als Teilzeitbeschäftigte, wenn sie einer erlaubten weiteren Tätigkeit nachgehen.

Dem teilzeitbeschäftigten Schöffen steht eine Entschädigung nach § 17 JVEG auch dann zu, wenn er sich mit einer anderen Person die Haushaltsführung **teilt.** Die berufliche Stellung der anderen Person (Vollzeit-, Teilzeit- oder keine Beschäftigung) ist dafür unerheblich[28], soweit der Schöffe überwiegend den Haushalt führt.[29]

Auch die Teilzeitkraft verliert ihren Anspruch auf die Haushaltsführungsentschädigung, soweit ihr die Kosten für eine **notwendige Vertretung** erstattet werden. Die Vertretung schließt den Anspruch nur insoweit aus, als sie zur Entlastung von der Hausarbeit dient. Soweit die Vertretung erst die Anwesenheit des Schöffen bei Gericht ermöglicht, sind die Vertretungskosten neben der Entschädigung für Haushaltsführung zu erstatten, ggf. nur anteilig.

Die – begrüßenswerte und dem Geist des JVEG entsprechende – Rechtsprechung des OLG Frankfurt steht im Widerstreit mit der Rechtsprechung des BAG zu Arbeitnehmern, die im Gleitzeitsystem arbeiten. Die Gerichtszeit eines Haushaltsführenden, der teilzeitbeschäftigt ist, ist immer entweder entschädigungspflichtige Hausarbeitszeit oder Arbeitszeit, für die der Verdienstausfall entschä-

---

27 KG, Beschluss vom 26.01.2016, Az.: 1 Ws 33.38/14, RohR 2016, S. 24; Beschluss vom 15.01.2014, Az.: 1 Ws 17/12, juris; OLG München, Beschluss vom 19.12.2013, Az.: 4c Ws 1/13, RohR 2014, S. 27; LG München I, Beschluss vom 24.10.2013, Az.: 9 KLs 369 Js 116751/13, RohR 2013, S. 149.

28 LG Bonn, Beschluss vom 26.10.2015, Az.: 29 KLs 410 Js 511/10 1/14, RohR 2016, S. 26.

29 OLG Köln, Beschluss vom 29.12.2015, Az.: 2 Ws 797/15, BeckRS 2016, 17398.

digt wird. Der vollzeitbeschäftigte Schöffe ist hingegen nach der Entscheidung des BAG[30] aus 2009 gezwungen, für die Gerichtszeit, die in die Gleitzeit fällt, Freizeit in Anspruch zu nehmen. Für diese erhält er weder einen Verdienstausfall noch (entgegen § 45 Abs. 1a DRiG) eine Zeitgutschrift. Eine solche Ungleichbehandlung verstößt gegen Art. 3 Abs. 1 GG.

6 Entschädigung für Aufwand

Der Schöffe, der nicht innerhalb der Gemeinde, in der die Hauptverhandlung stattfindet, wohnt oder arbeitet (sog. auswärtiger Schöffe), erhält für die Zeit der Abwesenheit von seiner Wohnung bzw. seinem Arbeitsplatz ein **Tagegeld**, das sich nach § 6 Bundesreisekostengesetz in Verbindung mit § 9 Abs. 4a EStG bemisst. Bei einer eintägigen Abwesenheit von mehr als 8 Stunden erhält der Schöffe 12,00 €. Eine mehrtägige Abwesenheit wird mit 24,00 € für den ganzen Tag und je 12,00 € für An- und Abreise entschädigt.

7 Entschädigung für sonstige Aufwendungen

Andere **bare Auslagen**, die nicht Fahrt- und Parkkosten oder Tagegeld sind, werden ebenfalls ersetzt. Erstattungsfähig sind z. B. ein ärztliches Attest zur Entbindung von einem einzelnen Sitzungstag oder Reiserücktrittskosten, weil wegen einer Fortsetzung der Hauptverhandlung Urlaub storniert werden musste. Die Auslagen müssen notwendig gewesen sein und sind sowohl dem Grunde als auch der Höhe nach darzulegen. Ein konkreter Nachweis ist nur dann erforderlich, wenn die Erteilung von Quittungen und Belegen einer allgemeinen Übung entspricht.

Zwei Fälle notwendiger sonstiger Aufwendungen nennt das Gesetz ausdrücklich: die Vertretung und die Begleitperson.

(a) Vertretung ist nicht im zivilrechtlichen, sondern in einem natürlichen Sinne zu verstehen. Dazu zählt z. B. die Beschäftigung einer Hilfskraft, wenn der Schöffe sein Geschäft ohne eine solche Vertretung nicht geöffnet halten kann. Eine Mutter kann sich in der Betreuung eines Kleinkindes vertreten lassen, wenn ein Aufenthalt des Kindes in Krippe, Kindergarten oder Hort nicht möglich ist und ein anderes Familienmitglied nicht zur Verfügung steht. Nicht erstattungsfähig ist die Bezahlung einer Vertretung, wenn die Mutter berufstätig ist und ohnehin eine Beaufsichtigung für das Kind erforderlich gewesen wäre. Die Beaufsichtigung einer pflegebedürftigen Person im Haushalt des Schöffen durch einen Dritten, der nicht zur Familie gehört, ist ein Fall der notwendigen Vertretung. Dies ergibt sich

---

30 BAG, Urteil vom 22.01.2009, Az.: 6 AZR 78/08, RohR 2009, S. 47.

schon aus § 35 Nr. 5 GVG, wonach die Betreuung einer pflegebedürftigen Person bereits zur Ablehnung des Ehrenamtes berechtigt. Wenn das Amt sogar abgelehnt werden kann, kann im Fall der Ausübung auch die Erstattung der Auslagen hierfür verlangt werden. Neben dem Ausgleich der Vertretungskosten kommt eine Entschädigung für Verdienstausfall nicht in Betracht, da dieser durch die Vertretung vermieden wird. Nur in Ausnahmefällen, wenn etwa nachgewiesen wird, dass der Schöffe als Selbstständiger einen höheren Verdienst erzielt hätte als der Vertreter, wird eine Erstattung der Differenz in Betracht kommen. Entstehen einem Schöffen für die Mitwirkung an einem anberaumten Gerichtstermin **besonders hohe Entschädigungskosten** für eine notwendige berufliche Vertretung, ist er verpflichtet, das Gericht im Voraus unverzüglich über diese Umstände zu unterrichten. Solche Vertretungskosten können, wenn sie aus dem Rahmen fallen – etwa mehrere Hundert Euro betragen –, die **Verhinderung** des Schöffen begründen.[31]

(b) Der behinderte Schöffe darf sich von einer **Begleitperson** zum Gericht bringen, ggf. dort betreuen und wieder abholen lassen, wenn dies notwendig ist. Bei der Behinderung oder Gebrechlichkeit muss es sich nicht um eine permanente Beeinträchtigung handeln. Entscheidend können auch die jeweiligen äußeren Umstände sein. Ein einseitig Oberschenkelamputierter kann bei normaler Witterung allein zurechtkommen, bei Glatteis aber einer Begleitperson bedürfen. Auch ein Beinbruch kann zeitweilig eine Begleitung erforderlich machen.

(c) Begleitung oder Vertretung sind dann nicht „notwendig", wenn die zugrunde liegende Leistung in Erfüllung einer rechtlichen Pflicht erfolgt. Ein Schöffe erhält z. B. keine Erstattung für Leistungen, die er seinen Kindern für Aushilfstätigkeiten in seinem Geschäft zahlt für die Zeit, in der er seinen Sitzungsdienst leistet. Nach § 1619 BGB sind Kinder, die dem elterlichen Hausstand angehören und von den Eltern unterhalten werden, verpflichtet, ihnen unentgeltlich Dienste zu leisten.

8 Zeitliche Beschränkung der Entschädigung, Rundung

(a) Nach § 15 Abs. 2 JVEG wird jede Entschädigung, die nach Stunden bemessen ist (Zeitversäumnis, Verdienstausfall, Haushaltsführung und Teilzeitarbeit), für die gesamte Dauer der Heranziehung einschließlich notwendiger Reise- und Wartezeiten gewährt, jedoch für nicht mehr als **10 Stunden pro Tag**. Als „Tag" im Sinne dieser Vorschrift gilt der Kalendertag, nicht der Sitzungstag. Die letzte Stunde, die nur angefangen ist, wird auf eine volle Stunde aufgerundet.

---

31 So im Falle eines ehrenamtlichen Verwaltungsrichters: OVG Hamburg, Beschluss vom 18.01.2006, Az.: 3 So 67/05, NVwZ-RR 2006, S. 446.

BEISPIEL: RUNDUNG
Der Termin incl. An- und Abreise dauert 3 ½ Stunden. Die Arbeit kann danach wieder aufgenommen werden. Entschädigt wird (aufgerundet) Verdienstausfall für 4 Stunden, auch wenn darin 30 Minuten enthalten sind, in denen ein Verdienstausfall nicht entstanden ist. Das ist eine Folge der Rundungsregelung, die der Gesetzgeber aus Vereinfachungsgründen in Kauf genommen hat.

BEISPIEL: DECKELUNG
Der ehrenamtliche Richter wird von 7.30 (Verlassen der Wohnung) bis 18.45 Uhr (Ankunft in der Wohnung) herangezogen. Die tatsächliche Heranziehung dauert 11 Stunden und 15 Minuten. Die Zeitversäumnis kann nur für 10 Stunden gewährt werden. In dieser Zeit entsteht ein Verdienstausfall von 10 ½ Stunden. Auch hier sind nur die in § 15 Abs. 2 JVEG gedeckelten 10 Stunden zu erstatten, auch wenn für 30 Minuten keine Entschädigung erfolgt. Der Gesetzgeber hat insoweit materielle Nachteile des Schöffen in Kauf genommen, die dieser aber gemäß § 616 BGB bei seinem Arbeitgeber geltend machen kann.

(b) Bei mehrtägigen Hauptverhandlungen ist die Aufrundung der letzten Stunde für jeden Hauptverhandlungstag gesondert vorzunehmen.[32] Eine frühere Praxis, die Stunden aller Verhandlungstage zu addieren und die dann entstehende letzte Stunde aufzurunden, ist unzulässig.

BEISPIEL: MEHRERE VERHANDLUNGSTAGE
Der erste Termin einer Hauptverhandlung dauert 8 Std. 40 Min., der Fortsetzungstermin 7 Std. 15 Min., die zweite Fortsetzung 4 Std. 20 Min. Jeder Tag wird gesondert aufgerundet auf insgesamt 9 + 8 + 5 = 22 Stunden.[33]

(c) Arbeitnehmern, denen gemäß § 4 Satz 3 ArbZG bei einer täglichen Arbeitszeit von mehr als sechs Stunden eine unbezahlte **Pause** von mindestens 30 Minuten am Tag zusteht, haben in dieser Zeit durch die Dienstleistung beim Gericht keinen Verdienstausfall, folglich auch keinen Erstattungsanspruch. Wird dagegen die Hauptverhandlung durch Pausen unterbrochen, erhalten sie eine Ver-

---

32 LG Bonn, Beschluss vom 26.10.2015, Az.: 29 KLs 410 Js 511/10 1/14, RohR 2016, S. 26.
33 *Meyer/Höver/Bach/Oberlack/Jahnke*, JVEG, 27. Aufl., Köln 2018, § 15 Rn. 2 vertreten die Auffassung, dass zunächst die Stunden aller Verhandlungstage addiert und erst dann ein entstehender Bruchteil einer Stunde aufgerundet wird; diese Auffassung wird von der Rechtsprechung nicht geteilt; vgl. insoweit auch *Hagen Schneider*, JVEG, 3. Aufl., München 2018, § 15 Rn. 26.

dienstausfallentschädigung, wenn sie in der betreffenden Zeit am Arbeitsplatz üblicherweise keine Pausen machen. Bei der Betrachtung der entschädigungspflichtigen Zeit ist stets auf die Situation am Arbeitsplatz abzustellen.

Selbstständige und Freiberufler unterliegen nicht der Regelung des Arbeitszeitgesetzes, das insoweit keinen allgemeinen Rechtsgedanken enthält, es sei vernunftwidrig, unüblich oder gar unmöglich, sechs Stunden oder mehr ohne Ruhepause zu arbeiten. Ein Selbstständiger, der für die gesamte Sitzungszeit Entschädigung beantragt, erklärt stillschweigend, in der fraglichen Zeit üblicherweise keine Pause zu machen.[34]

Leitende Angestellte sind eher Selbstständigen gleichzustellen. Auch für den Zeitraum, in dem der Sitzungstag durch Pausen unterbrochen wird, bekommen sie die Verdienstausfallentschädigung. Anderes gilt dann, wenn sie vertraglich geregelt oder – nach ihren Angaben – faktisch arbeitstäglich Mittags- oder sonstige Ruhepausen haben, in denen sie keinen Verdienst erzielen, sodass sie insoweit auch keinen Ausfall erleiden, der zu entschädigen wäre.[35]

---

[34] KG, Beschluss vom 12.12.2011, Az.: 1 Ws 121/10, juris.
[35] KG, Beschluss vom 13.12.2017, Az.: 1 Ws 56/17, RohR 2018, S. 65.

TEIL F

KAPITEL 3

Geltendmachung des Entschädigungsanspruchs

1 Antrag

Die Entschädigung wird nur auf Antrag gewährt. Er kann schriftlich, mündlich oder zu Protokoll des Urkundsbeamten der Geschäftsstelle, ggf. auch bei der für die Anweisung zuständigen Stelle angebracht werden. Der Antrag betrifft nur das „Ob" der Entschädigung, muss daher nicht der Höhe nach beziffert werden. Es obliegt der Anweisungsstelle, die genaue Höhe zu berechnen. Der Schöffe hat die Tatsachen zu benennen, nach denen die Entschädigung berechnet wird (Zeitpunkt des Reisebeginns und -endes, Wegstrecke, benutztes Beförderungsmittel, bare Auslagen, Einstellung einer Vertretung usw.). Soweit ein Nachweis erforderlich ist (Brutto-Verdienst), hat er diesen zu erbringen, ansonsten den Anspruch glaubhaft zu machen. Die Entschädigung kann auch über eine vom Schöffen gestellte Forderung hinausgehen. Der Grundsatz „nicht über das Geforderte hinaus" (ne ultra petita) hat im Rahmen der Festsetzung durch die Justizverwaltung keine Geltung. Will die Anweisungsstelle die Entschädigung niedriger ansetzen als beantragt, hat sie den Schöffen darüber in Kenntnis zu setzen und die Kürzung zu begründen. Dieser hat dann die Möglichkeit, den Antrag auf gerichtliche Festsetzung zu stellen. Unstreitige Beträge sind vorab zu überweisen.

TIPP
Schöffen sollten sich eine detaillierte Aufstellung der einzelnen Entschädigungsarten von der Anweisungsstelle aushändigen lassen. Die Gesamtsumme ist wenig aussagekräftig. Zum einen wird diese Aufschlüsselung für das Finanzamt benötigt, da die Entschädigung für den Bruttoverdienstausfall Einkommensteuer enthält, die im Rahmen der Steuererklärung abzuführen ist. Soweit der Schöffe den Anspruch an den Arbeitgeber abgetreten hat, benötigt er ebenfalls den spezifizierten Nachweis. Für den Fall, dass die gerichtliche Entscheidung beantragt oder Beschwerde eingelegt wird, ist die präzise Darlegung der Entschädigung hilfreich (insbesondere auch bei einer juristischen Beratung).

2 Gerichtliche Festsetzung

(a) Hat der Urkundsbeamte die Entschädigung festgesetzt, kann dagegen die gerichtliche Entscheidung beantragt werden (§ 4 Abs. 1 JVEG). Die gerichtliche Festsetzung zählt als erstmalige Entscheidung. Das Gericht hat alle vom Antragsteller geltend gemachten Positionen zu überprüfen, unabhängig davon, ob sie zwischen dem Schöffen und der Staatskasse strittig sind. Das Gericht wird **auf Antrag** des Berechtigten oder der Staatskasse (Bezirksrevisor) tätig, ggf. auch einer Person, an die der Schöffe seinen Anspruch abgetreten hat (z. B. den Ersatz des Verdienstausfalls an seinen Arbeitgeber[36]). Der Antrag ist formlos schriftlich oder zu Protokoll des Urkundsbeamten, ebenso in elektronischer Form zulässig. Er kann auch mündlich gestellt werden; allerdings empfiehlt sich aus Beweisgründen eine dokumentierte Antragstellung. Jede Einwendung des Schöffen gegen die Festsetzung des Anweisungsbeamten ist – auch ohne ausdrückliche Formulierung – als Antrag auf gerichtliche Entscheidung aufzufassen. Der Schöffe kann allerdings nicht verlangen, dass sein Antrag in das Sitzungsprotokoll aufgenommen wird, da die Abwicklung der Entschädigung nicht zur Hauptverhandlung gehört. Der Antrag auf gerichtliche Festsetzung ist an **keine besondere Frist** gebunden; er kann bis zum Erlöschen des Anspruchs (§ 2 Abs. 1 JVEG) oder bis zum Eintritt der Verjährung (§ 2 Abs. 3 JVEG) gestellt werden. **Zuständig** für die Festsetzung ist der durch die Geschäftsverteilung des Gerichts bestimmte Spruchkörper.

(b) Im gerichtlichen Verfahren ist der Antrag genau zu bezeichnen. Das Gericht darf nicht über das vom Schöffen Begehrte hinausgehen. Insofern gilt im gerichtlichen Verfahren (eingeschränkt) der Grundsatz, nicht über das Geforderte des Antragstellers hinauszugehen. Das bedeutet jedoch nicht, dass der Schöffe einen genauen Betrag errechnen und geltend machen muss; es reicht aus, dass er alle tatsächlichen Umstände benennt, die für die Berechnung des Entschädigungsbetrages erforderlich sind (Stundensatz, Wegstrecke, Dauer von Sitzung und Reise, Haushaltstätigkeit usw.). Deshalb muss der Antragsteller so genau wie möglich konkretisieren, welche Entschädigung aufgrund welcher Tatsachen festgesetzt werden soll. Im Rahmen dieser dargelegten Tatsachen kann das Gericht auch Beträge festsetzen, die von der Anweisungsstelle abgelehnt, von dem Schöffen in seinem Antrag aber nicht gerügt worden sind.[37] Hat der Schöffe einen Gesamtbetrag geltend gemacht, ist das Gericht an diese Obergrenze gebunden, kann aber in Einzelpositionen nach oben und unten abweichen.[38] Kommt der Antragsteller einer Aufforderung des Gerichts zur Nachbesserung seines Antrages nicht nach, kann der Antrag als unzulässig zurückgewiesen werden.

---

36 OLG Hamm, Beschluss vom 13.02.1962, Az.: 3 Ws 532/61, Rpfleger 1962, S. 229.
37 *Meyer/Höver/Bach/Oberlack/Jahnke*, JVEG, 27. Aufl., Köln 2018, § 4 Rn. 12 (b).
38 *Hagen Schneider*, JVEG, 3. Aufl., München 2018, § 4 Rn. 48 m. w. N.

(c) Der Antrag auf gerichtliche Entscheidung ist kein förmlicher Rechtsbehelf. Daher gilt an dieser Stelle nicht das **Verschlechterungsverbot** (sog. Verbot der reformatio in peius). Das Gericht ist bei einem Antrag des Schöffen nicht gehindert, die Festsetzung des Anweisungsbeamten zum Nachteil des Schöffen zu korrigieren.[39] Zuvor ist ihm rechtliches Gehör zu gewähren. Die Festsetzung erwächst nicht in Rechtskraft. Das Gericht kann seine Entscheidung nachträglich ändern, wenn ihm neue Tatsachen bekannt werden. Die Mitwirkung eines Anwalts ist nicht erforderlich, auch nicht in Instanzen, in denen in der Sache selbst Anwaltszwang besteht. Die gerichtliche Festsetzung ist kostenfrei. Kosten des Antragstellers werden vom Gericht nicht erstattet; wird ein Anwalt in Anspruch genommen, trägt der Antragsteller die Kosten hierfür in jedem Falle selbst.

(d) Musterschreiben: Antrag auf gerichtliche Entscheidung nach § 4 JVEG

An das
Amtsgericht Musterstadt

Schöffenentschädigung Gabriela von Recht
Geschäftszeichen: 423 Sam IIa/2014
Bescheid der Anweisungsstelle vom 17.6.2014

Antrag auf gerichtliche Entscheidung

In der oben bezeichneten Entschädigungssache
beantrage ich die Festsetzung der Entschädigung durch gerichtlichen Beschluss gemäß § 4 Abs. 1 JVEG hinsichtlich meiner Teilnahme an den Sitzungen des Schöffengerichts beim Amtsgericht Musterstadt am 29. Januar, 12. März, 23. April, 7. Mai und 4. Juni 2014.

Begründung: Ich bin als Schöffin beim Amtsgericht Musterstadt an den o. g. Terminen zur Dienstleistung herangezogen worden. Ich bin teilzeitbeschäftigt mit einer regelmäßigen arbeitsvertraglichen Arbeitszeit von fünf Stunden an fünf Tagen der Woche. Normalerweise wird die Arbeitsleistung von Montag bis Freitag in der Zeit von 8.30 bis 13.30 Uhr erbracht. An den Tagen, an denen ich vom Gericht zur Dienstleistung herangezogen werde, erbringe ich meine Arbeitsleistung am darauffolgenden Samstag. Ich führe den Haushalt für drei Personen, nämlich für meinen Ehemann und mich sowie die im Haushalt befindliche minderjährige Tochter.
Gegenstand meines Antrages ist der Bescheid der Entschädigungsstelle des Amtsgerichts vom 17.6.2014. Mit diesem Bescheid verweigert die Stelle die

---

39 Ganz herrschende Meinung; vgl. die Rechtsprechung bei *Meyer/Höver/Bach/Oberlack/Jahnke*, JVEG, 27. Aufl., Köln 2018, § 4 Rn. 12 (Fn. 29).

Entschädigung für Nachteile bei der Haushaltsführung gemäß § 17 JVEG. Der schriftliche Bescheid bezieht sich nur auf die Entschädigung für die Sitzung vom 04.06.2014. Ich habe für die anderen Sitzungstage in diesem Jahr keine Abrechnung erhalten, sodass ich die Überprüfung der Entschädigung auch für die übrigen Sitzungstage beantrage.
Ausweislich des Bescheides vom 17.06.2014 sind bei der Festsetzung der Entschädigung die Zeitversäumnis gemäß § 16 JVEG und der Fahrtkostenersatz gemäß § 5 JVEG berücksichtigt worden. Daraus ergeben sich die nachfolgenden bisher gezahlten Entschädigungen:

	Sitzungstag	Beginn	Ende	Fahrzeit	Entschädigung
1	29.01.2014	09.00 Uhr	14.00 Uhr	1,5 Std.	57,00 €
2	12.03.2014	12.00 Uhr	14.00 Uhr	1,5 Std.	33,00 €
3	23.04.2014	09.15 Uhr	13.15 Uhr	1,5 Std.	50,40 €
4	07.05.2014	13.30 Uhr	15.52 Uhr	1,5 Std.	156,80 €
5	04.06.2014	09.15 Uhr	10.46 Uhr	1,5 Std.	nicht überwiesen

Mir steht neben der Entschädigung für Zeitversäumnis und dem Fahrtkostenersatz nach meiner Auffassung auch die Entschädigung für Nachteile bei der Haushaltsführung gemäß § 17 JVEG zu. Als Teilzeitbeschäftigte, die einen Haushalt für mindestens zwei Personen führt, bin ich gemäß § 17 JVEG anspruchsberechtigt. Dem Anspruch steht nicht entgegen, dass ich in den Sitzungswochen des Schöffengerichts die Arbeitszeit von Mittwoch auf Samstag verlegen muss.
Es kommt bei der Bemessung der Entschädigung für Nachteile bei der Haushaltsführung lediglich darauf an, ob die Dienstleistung beim Amtsgericht in die Arbeitszeit oder in die Zeit der Haushaltstätigkeit fällt. Wenn es nach dem Arbeitsvertrag zur regelmäßigen Erfüllung meiner Arbeitspflicht zulässig ist, anstatt mittwochs die Arbeitsleistung samstags zu erbringen, ist diese Regelung einer Bewertung durch die Entschädigungsstelle nicht zugänglich. Für die gesamte Zeit der Heranziehung einschließlich der Wegezeiten ist daher der Stundensatz von 14,00 € zu erstatten.

Gabriela von Recht

KAPITEL 4

Beschwerde gegen die gerichtliche Festsetzung

1 Zulässigkeit der Beschwerde

Zur Einlegung der Beschwerde sind sowohl der Schöffe als auch der Vertreter der Staatskasse (Bezirksrevisor) befugt. Gegen die Festsetzung durch das Gericht ist die Beschwerde nur zulässig, wenn der Wert von 200,00 € überschritten wird oder wenn das erkennende Gericht in der Entscheidung die Beschwerde ausdrücklich zulässt. Der **Wert der Beschwerde** berechnet sich aus der Differenz dessen, was der Beschwerdeführer begehrt und dem, was ihm durch die gerichtliche Festsetzung zugesprochen wurde. Für den Beschwerdewert ist auf jede einzelne Heranziehung abzustellen, d.h. auf jedes einzelne (mehrtägige) Verfahren bzw. jeden Sitzungstag mit einem oder mehreren Verfahren.[40] Ist der Antrag auf gerichtliche Entscheidung teilweise erfolgreich, kommt es für das weitere Verfahren nur noch auf den Restbetrag zur Bestimmung des Beschwerdewertes an.[41]

Unterhalb des Beschwerdewertes von 200,00 € ist die Beschwerde zulässig, wenn das erkennende Gericht die Beschwerde wegen der **grundsätzlichen Bedeutung** der zu entscheidenden Frage zulässt. Eine solche grundsätzliche Bedeutung ist anzunehmen, wenn die Entscheidung der Einheitlichkeit der Rechtsprechung oder der Rechtsfortbildung dient[42], die zu klärende Frage in einer Vielzahl von Verfahren vorkommt oder zukünftig zu erwarten ist.[43] Wenn das erkennende Gericht die Beschwerde nicht zulässt, ist diese Entscheidung nicht anfechtbar.

Das Beschwerdeverfahren ist kostenfrei. Eine Erstattung der Auslagen (z.B. für einen Rechtsanwalt) findet nicht statt.

2 Form und Frist der Beschwerde

Die Beschwerde muss bei dem Gericht eingelegt werden, das über die Festsetzung entschieden hat. Das kann schriftlich oder zu Protokoll der Geschäftsstelle geschehen (§ 4 Abs. 6 JVEG). An eine Frist zur Einlegung ist der Beschwerde-

---

[40] *Hagen Schneider,* JVEG, 3. Aufl., München 2018, § 4 Rn. 60 m.w.N.; so wohl auch *Meyer/Höver/Bach/Oberlack/Jahnke,* JVEG, 27. Aufl., Köln 2018, § 4 Rn. 15 (a).
[41] *Hagen Schneider,* JVEG, 3. Aufl., München 2018, § 4 Rn. 61.
[42] *Meyer/Höver/Bach/Oberlack/Jahnke,* JVEG, 27. Aufl., Köln 2018, § 4 Rn. 15 (e).
[43] *Hagen Schneider,* JVEG, 3. Aufl., München 2018, § 4 Rn. 62.

führer nicht gebunden, solange die Forderung nicht verjährt ist. Das erkennende Gericht kann auf eine zulässige Beschwerde hin selbst seine Entscheidung abändern. Tut es dies nicht, entscheidet das nächsthöhere Gericht. Das Beschwerdegericht nimmt eine umfassende Prüfung der Festsetzung vor, nicht nur derjenigen Punkte, die durch die Beschwerde angegriffen werden. Die Beschwerde hat keinen beschränkenden Charakter.

3 Verschlechterungsverbot

Umstritten ist, ob das Beschwerdegericht die Entschädigung zum Nachteil des Beschwerdeführers abändern darf.[44] Die Schutzfunktion des Verschlechterungsverbotes wird dem Schöffen zum Teil mit der Begründung verweigert, er sei selbst Mitglied des Gerichts und lasse nur die Rechtmäßigkeit der Entschädigung überprüfen. Wenn das Beschwerdegericht feststelle, dass die Vorinstanz in einem Punkt geirrt habe, habe der Schöffe diese Auffassung gegen sich gelten zu lassen und eine niedrigere Entschädigung hinzunehmen, selbst in einem Punkt, der nicht von ihm angegriffen wurde. Diese Auffassung verkennt, dass der Schöffe in einer Reihe von entschädigungsrechtlichen Fragen, wie etwa beim Verdienstausfall oder der Erstattung für eine Vertretung, in Positionen des Eigentums oder der Berufsausübung als Träger von Individualrechten betroffen ist. Von der Verfolgung dieser Rechte darf er nicht durch eine Besorgnis der Verschlechterung abgehalten werden.

4 Weitere Beschwerde

Gegen die Beschwerdeentscheidung eines Landgerichts ist die weitere Beschwerde zulässig, wenn es diese wegen der Bedeutung der zu entscheidenden Frage ausdrücklich zugelassen hat. Eine **Zulassung** erfolgt, wenn eine Rechtsfrage obergerichtlich noch nicht entschieden wurde, das Landgericht von der Entscheidung eines anderen Gerichts abgewichen ist oder bereits widersprechende Entscheidungen existieren. Die Nichtzulassung kann vom Beschwerdeführer nicht angefochten werden; an die Zulassung der Beschwerde ist das Beschwerdegericht gebunden. Die weitere Beschwerde kann nur darauf gestützt werden, dass die angefochtene Entscheidung geltendes Recht verletzt. Der Beschwerdeführer muss darlegen, welche Rechtsnorm verletzt wird und dass die Entscheidung auf dieser fehlerhaften Anwendung beruht; die angefochtene Entscheidung müsste bei richtiger Anwendung des Rechts für ihn günstiger ausgefallen sein.

---

44 *Hagen Schneider,* JVEG, 3. Aufl., München 2018, § 4 Rn. 60 mit einer Übersicht über den Streitstand in Rechtsprechung und Literatur.

TEIL F

KAPITEL 5

Verlust des Anspruchs auf Entschädigung; Rückforderung

Der Anspruch des Schöffen auf Entschädigung kann erlöschen und verjähren.

1 Erlöschen

Ein Anspruch erlischt, wenn der Schöffe bis zum Ablauf der Frist keinen Antrag auf Auszahlung der Entschädigung gestellt hat. Die Frist des Erlöschens beginnt für alle Ansprüche mit der Beendigung der Amtsperiode und endet drei Monate später. Soweit ein Verfahren über das Ende der regulären Amtszeit dauert, verlängert sich die Amtsperiode mit der Folge, dass die Drei-Monats-Frist erst mit dem Ende der Dienstleistung in diesem Verfahren beginnt. Ist ein Anspruch fristgerecht geltend gemacht worden, kann er nicht mehr erlöschen, aber noch verjähren.

2 Verjährung

(a) Die regelmäßige Verjährung beträgt drei Jahre (§ 195 BGB). Sie beginnt mit dem Ablauf des Kalenderjahres der Amtsperiode (§ 2 Abs. 1 Satz 2 Nr. 4 JVEG), und endet drei Jahre später. Während der Amtszeit des Schöffen können seine Entschädigungsansprüche also nicht verjähren. Erst der Ablauf der Amtsperiode setzt die Verjährungsfrist in Gang.

> **BEISPIEL**
> Die Amtszeit der zum 01.01.2014 gewählten Schöffen endet am 31.12.2018. Bis dahin nicht geltend gemachte Ansprüche erlöschen am 31.3.2019 um 24.00 Uhr. Die Verjährungsfrist geltend gemachter Ansprüche beginnt am 01.01.2019 und endet mit Ablauf des 31.12.2021.

(b) Der Antrag auf gerichtliche Festsetzung und die Erhebung der (weiteren) Beschwerde (§ 4 JVEG) führen zur **Hemmung der Verjährung.** Diese bewirkt gemäß § 209 BGB, dass der Zeitraum, in dem die Verjährung gehemmt ist, nicht in die Verjährungsfrist eingerechnet wird. Es wird sozusagen „die Uhr angehalten". Nach Beendigung des hemmenden Ereignisses läuft die Verjährungsfrist weiter. Die Hemmung durch Klageerhebung endet sechs Monate nach der Beendigung des eingeleiteten Verfahrens (§ 204 BGB). Das Beschwerdeverfahren nach § 4 JVEG steht dem Klageverfahren gleich, hemmt also gleichfalls die Verjährung.

3 Rückforderung gezahlter Entschädigung

Für die Rückforderung der Staatskasse wegen zu viel gezahlter Entschädigungen gilt das über die Verjährungsfristen Ausgeführte im Wesentlichen entsprechend. Die Verjährung beginnt jedoch bereits mit dem Ablauf des Jahres, in dem die zu viel gezahlte Entschädigung ausgezahlt wurde, und endet mit dem Ablauf des darauf folgenden dritten Jahres.

Fraglich ist, ob ein Schöffe als Empfänger einer „ohne Rechtsgrund erbrachten" (z.B. wegen eines Rechenfehlers überhöhten) Leistung gegen den Rückforderungsanspruch der Staatskasse den **Wegfall der Bereicherung** mit der Begründung geltend machen kann, er habe im Vertrauen auf die Richtigkeit der Abrechnung die Mittel für die allgemeine Lebensführung bereits verbraucht. Im allgemeinen Zivilrecht steht dem gutgläubigen Empfänger insoweit ein **Vertrauensschutz** zur Verfügung (§ 818 Abs. 3 BGB). Eine besondere Regelung im JVEG besteht nicht.

Die Rechtsprechung lehnt eine Anwendbarkeit des § 818 Abs. 3 BGB im Entschädigungsverfahren überwiegend ab.[45] In der Literatur wird ein Vertrauensschutz vor Ablauf der Verjährungsfrist im Wesentlichen verneint mit der Folge, dass eine Rückforderung bis dahin uneingeschränkt zulässig ist.[46]

Das OLG Zweibrücken[47] will die Rückforderung überzahlter Entschädigung wie die **Rücknahme eines rechtswidrigen begünstigenden Verwaltungsakts** (§ 48 Abs. 2 Satz 1 VwVfG) behandeln. Danach darf eine Leistung nicht zurückgenommen werden, wenn der Begünstigte auf den Bestand eines Verwaltungsaktes vertraut hat und sein Vertrauen unter Abwägung mit dem öffentlichen Interesse schutzwürdig ist. Das ist insbesondere dann der Fall, wenn der Begünstigte die gewährte Leistung verbraucht hat. Auch wenn die Verwaltungsverfahrensgesetze nicht unmittelbar für die Justizkosten gälten, sei aus ihnen – so das OLG – dennoch ein allgemeiner Rechtsgedanke zu ziehen, dass das Vertrauen in die Rechtmäßigkeit der Auszahlung geschützt sei.

---

[45] OVG Hamburg, Beschluss vom 24.06.2010, Az.: 3 So 146/09, NVwZ-RR 2010, S. 1000.
[46] *Meyer/Höver/Bach/Oberlack/Jahnke,* JVEG, 27. Aufl., Köln 2018, § 2 Rn. 10 m.w.H. auf die Rechtsprechung (Fn. 38); ebenso *Hagen Schneider,* JVEG, 3. Aufl., München 2018, § 4 Rn. 76, der die frühere Rechtsprechung durch die Verjährungsfrist des § 2 Abs. 4 JVEG für überholt hält.
[47] OLG Zweibrücken, Beschluss vom 03.09.1990, Az.: 5 WF 52/88, Rpfleger 1991, S. 84 m.w.N.

KAPITEL 6

Besteuerung der Entschädigung

Die Besteuerung der Entschädigungen richtet sich nach § 3 Nr. 12 EStG. Das bedeutet für die einzelnen Entschädigungsarten:

(a) Eine Entschädigung für **Verdienstausfall** gemäß § 18 JVEG ist nach § 19 Abs. 1 Satz 1 Nr. 1, § 24 Nr. 1 Buchstabe a EStG zu versteuern, wenn sie als Ersatz für entgangene Einnahmen aus einer nichtselbstständigen Tätigkeit gezahlt wird.[48] Die Sozialabgaben sind für die Versteuerung aus diesem Betrag herauszurechnen. Die Angaben hierzu erhält der Schöffe von seinem Arbeitgeber.

(b) Die Entschädigung für **Nachteile bei der Haushaltsführung** ist als Einkommen aus sonstiger selbstständiger Tätigkeit zu versteuern. Für die Teilzeitbeschäftigung gilt, dass der Teil der Entschädigung für den Verdienstausfall wie das Einkommen, die Haushaltsführungsentschädigung wie sonstiges Einkommen aus selbstständiger Tätigkeit versteuert werden muss.

(c) Die Entschädigung für **Zeitversäumnis** ist steuerfrei. Sie stellt keine Entschädigung im Sinne des § 19 Abs. 1 Satz 1 Nr. 1, § 24 Nr. 1 Buchstabe a EStG dar, da sie nicht an die Stelle entgangener Einnahmen aus nichtselbstständiger Arbeit tritt. Auch eine Steuerbarkeit nach § 22 Nr. 3 EStG liegt nicht vor. Nach dieser Vorschrift sind „sonstige Einkünfte" (§ 2 Abs. 1 Satz 1 Nr. 7 EStG) Einkünfte für jedes Tun, Unterlassen oder Dulden, das Gegenstand eines entgeltlichen Vertrages sein kann und wegen des Entgelts erbracht wird. Zwar können auch Einnahmen aus einer ehrenamtlichen Tätigkeit Einkünfte aus Leistungen im Sinne des § 22 Nr. 3 EStG sein. Voraussetzung dafür ist, dass die Zahlungen durch die ehrenamtliche Tätigkeit ausgelöst werden und die Tätigkeit nach dem Gesamtbild ein auf Leistungsaustausch gerichtetes Verhalten darstellt. Die Tätigkeit als ehrenamtlicher Richter und die Entschädigungszahlung nach § 16 JVEG stehen jedoch nicht in einem solchen Gegenseitigkeitsverhältnis. Vielmehr soll der ehrenamtliche Richter nur pauschal für die entstandene Zeitversäumnis entschädigt werden.[49]

---

[48] BFH, Urteil vom 31.01.2017, Az.: IX R 10/16, RohR 2017, S. 67, der das anderslautende Urteil des FG Baden-Württemberg vom 10.02.2016, Az.: 12 K 1205/14, RohR 2016, S. 103 aufgehoben hat.
[49] BFH, Urteil vom 31.01.2017, Az.: IX R 10/16, RohR 2017, S. 67.

(d) Entschädigungen, denen ein entsprechender tatsächlicher **Aufwand** gegenübersteht, sind nicht zu versteuern, wie etwa der Ersatz der Fahrtkosten oder die tatsächlichen Kosten einer Vertretung.

(e) Können Schöffen Aufwendungen bei ihrem Finanzamt als **Werbungskosten oder Betriebsausgaben** geltend machen, z. B. Kosten für Fortbildungen oder Bücher, die sie bezahlen, um sich in ihrem Ehrenamt fit zu machen? Nach § 3 Nr. 12 EStG Abs. 4 Satz 3 der Lohnsteuer-Richtlinien 2015 zu § 3 Nr. 12 EStG sind bei ehrenamtlich tätigen Personen grundsätzlich alle durch die Tätigkeit veranlassten Aufwendungen dadurch abgedeckt, dass sie eine steuerfreie Aufwandsentschädigung erhalten. Sie können aber gegenüber dem Finanzamt einen höheren steuerlich abziehbaren Aufwand glaubhaft machen, wenn dieser die Aufwandsentschädigung übersteigt. Diesen können sie als Werbungskosten oder Betriebsausgaben steuerlich geltend machen. Die Entschädigung für Zeitversäumnis deckt die Nachteile ab, die durch die reine zeitliche Abwesenheit vom Arbeitsplatz oder von zuhause entsteht. Aufwendungen für Fortbildungen sind damit nicht abgedeckt. Bildet sich der Schöffe durch Seminare oder Fachliteratur fort, ist dies ein zusätzlicher Aufwand, der durch die Pauschale von 6,00 €/Std. nicht abgedeckt ist. Diese Kosten können demgemäß mit der Jahressteuererklärung geltend gemacht werden. Die Praxis der Finanzämter ist aber bundesweit höchst unterschiedlich. Die Schöffen sollten auf jeden Fall mit ihrer Steuererklärung dem Finanzamt entsprechende Belege vorlegen.

Glossar

A

Abstimmung. Entscheidungen des Gerichts erfolgen mit der gesetzlich geregelten Mehrheit. Im Strafverfahren stimmt das Gericht über den Nachweis der Schuld des Angeklagten und die Rechtsfolgen der Tat mit Zwei-Drittel-Mehrheit ab, alle anderen Fragen (Verfahrensfragen) mit der absoluten Mehrheit.

Adhäsionsverfahren. Besonderes Verfahren nach der StPO, in dem der von einer Straftat Geschädigte seine zivilrechtlichen Ansprüche bereits im Strafverfahren gegen den Angeklagten geltend machen kann.

Akteneinsicht. Recht von Verfahrensbeteiligten und Mitgliedern des Gerichts, sich über Stand und Verlauf des Verfahrens durch Einsicht in die vom Gericht zusammengefassten Schriftstücke (Akte) Kenntnis zu verschaffen. Schöffen haben im Verlauf des Verfahrens die Möglichkeit, Teile des Akteninhalts zur Kenntnis zu nehmen, wenn dies für die Entscheidung erforderlich ist.

Amtsenthebung. Ein Schöffe ist seines Amtes zu entheben, wenn er seine Amtspflichten gröblich verletzt hat. Solche Pflichtverletzungen sind z. B. Bestrebungen, die verfassungsmäßige Ordnung zu bekämpfen, oder die beharrliche Weigerung, an der Hauptverhandlung teilzunehmen. Die Entscheidung trifft ein Strafsenat des Oberlandesgerichts.

Amtsgericht. Gericht der ordentlichen Gerichtsbarkeit, das in Strafverfahren erstinstanzlich für die Aburteilung leichter bis mittelschwerer Kriminalität zuständig ist. Die höchste Strafe, die beim Amtsgericht verhängt werden kann, beträgt vier Jahre Freiheitsstrafe oder fünf Jahre Jugendstrafe, bei Verbrechen bis zu zehn Jahren Jugendstrafe.

Angeklagter. Der einer Straftat Verdächtige, gegen den die öffentliche Klage der Staatsanwaltschaft vom Gericht zur Hauptverhandlung zugelassen und das Hauptverfahren eröffnet wurde. Im Ermittlungsverfahren wird er als Beschuldigter, nach Anklageerhebung als Angeschuldigter bezeichnet.

Anklage wird von der Staatsanwaltschaft vor dem zuständigen Gericht erhoben, wenn ein hinreichender Tatverdacht gegen den Beschuldigten besteht, in der Regel durch Einreichung einer Anklageschrift sowie der Vorlage der Akten. Die Anklage begrenzt den vom Gericht zu verhandelnden Sachverhalt. Im Laufe der Hauptverhandlung können weitere Straftaten des Angeklagten im Wege der Nachtragsanklage einbezogen werden.

Anklagesatz. Teil der Anklageschrift, der die Person des Angeklagten, die ihm zur Last gelegte Tat, Zeit und Ort ihrer Begehung, die gesetzlichen Merkmale der Straftat sowie die verletzten Strafvorschriften beinhaltet.

Anklageschrift. Besteht aus dem Anklagesatz und dem „wesentlichen Ergebnis der Ermittlungen".

Antragsdelikt. Strafbare Handlung, deren Verfolgung von einem Strafantrag des Verletzten oder einem sonstigen Berechtigten (z. B. Angehörigen) abhängig ist (absolutes Antragsdelikt) oder nur bei Vorliegen eines besonderen öffentlichen Interesses von der Staatsanwaltschaft ohne Antrag verfolgt werden kann (relatives Antragsdelikt).

Auflagen. (a) Bei einer Strafaussetzung zur Bewährung können dem Verurteilten Auflagen erteilt werden, die der Genugtuung für ergangenes Unrecht dienen, z. B. Wiedergutmachung des verursachten Schadens, Zahlung eines Geldbetrages an eine gemeinnützige Einrichtung. Einen Katalog von Auflagen sieht das StGB auch bei einer Verwarnung mit Strafvorbehalt vor. (b) Bei einer Einstellung des Verfahrens nach § 153a StPO kann mit einer Auflage das öffentliche Interesse an der Strafverfolgung beseitigt werden. (c) Auflagen nach dem JGG zählen zu den Zuchtmitteln.

Auskunftsverweigerungsrecht. Recht des Zeugen, die Auskunft über solche Fragen zu verweigern, mit deren Beantwortung er sich selbst oder einen Angehörigen der Gefahr strafrechtlicher Verfolgung aussetzen würde; nicht zu verwechseln mit dem Zeugnisverweigerungsrecht, das zum völligen Schweigen berechtigt.

Aussage. Mitteilung eines Zeugen oder Sachverständigen zu einem Sachverhalt, der mit der angeklagten Tat in Verbindung steht. In bestimmten Fällen (z. B. Ehe, Verwandtschaft) verfügt der Zeuge über ein Aussageverweigerungsrecht. Sprachlich unterscheidet man die „Aussage" des Zeugen von dem „Gutachten" des Sachverständigen und der „Einlassung" des Angeklagten.

Ausschließung von Gerichtspersonen. In bestimmten Fällen sind (ehrenamtliche wie hauptberufliche) Richter gesetzlich von der Mitwirkung an einem Strafverfahren ausgeschlossen, z. B. bei enger Lebensbeziehung zum Angeklagten oder Verletzten, einer früheren Mitwirkung in demselben Verfahren oder persönlicher Betroffenheit von der angeklagten Tat.

Aussetzung der Hauptverhandlung. Unterbrechung der Hauptverhandlung für einen längeren Zeitraum, nach dem die Hauptverhandlung erneut beginnen muss.

B

Befangenheit. Voreingenommenheit, die aufgrund bestimmter Tatsachen Zweifel an der Objektivität insbesondere von Mitgliedern des Gerichts begründet. Die Tatsachen können sich aus der Person des Abgelehnten sowie aus dessen Verhalten oder Äußerungen ergeben. Bereits die Besorgnis der Befangenheit stellt einen Grund zum Ausschluss aus dem Verfahren dar.

Beratung. Nichtöffentliche Willensbildung des Gerichts über das Urteil oder notwendige Entscheidungen im Laufe der Hauptverhandlung.

Beratungsgeheimnis. Pflicht der Mitglieder des Gerichts, über den Hergang von Beratung und Abstimmung zu schweigen. Das Beratungsgeheimnis soll die Unabhängigkeit des Gerichts schützen.

Berichterstatter. Berufsrichter in einem Kollegialgericht, der die Hauptverhandlung aufgrund seiner Aktenkenntnis zusammen mit dem Vorsitzenden vorbereitet und nach Urteilsverkündung den Entwurf der schriftlichen Gründe fertigt.

Berufsrichter ist, wer das Richteramt mit seiner ganzen Arbeitskraft im Hauptamt oder zu einem Teil im Nebenamt (z. B. Rechtsprofessoren) ausübt.

Berufung. Rechtsmittel gegen Urteile des Amtsgerichts, mit dem in allgemeinen Strafsachen (gegen Erwachsene) durch die Kleine Strafkammer des Landgerichts das erstinstanzliche Urteil in tatsächlicher und rechtlicher Hinsicht überprüft wird. In Jugendstrafsachen ist für die Berufung gegen Urteile des Jugendrichters die Kleine Jugendkammer, gegen Urteile des Jugendschöffengerichtes die Große Jugendkammer zuständig.

Beschluss. (a) Gerichtliche Entscheidung ohne mündliche Verhandlung; (b) Entscheidung während einer Verhandlung über Verfahrensfragen.

Besetzungsrüge. Die mit der Revision geltend gemachte Rüge, das erkennende Gericht sei nicht ordnungsgemäß, d. h. nicht in der gesetzlich beschriebenen Weise besetzt gewesen.

Besonders schwerer Fall. Den Strafrahmen einer Straftat erhöhender Strafschärfungsgrund.

Beweis. Begründung für eine aufgestellte Behauptung. Ein Beweis ist erbracht, wenn für die Annahme der Behauptung (Anklage) aufgrund bestimmter Tatsachen eine so hohe Wahrscheinlichkeit besteht, dass für vernünftige Zweifel kein Raum bleibt.

Beweisantrag. Antrag des Sitzungsvertreters der Staatsanwaltschaft, des Nebenklägers bzw. seines Beistandes oder des Angeklagten bzw. seines Verteidigers, das Gericht solle über eine bestimmte Tatsache durch ein bestimmtes Beweismittel Beweis erheben.

Beweisaufnahme. Kernstück der Hauptverhandlung mit dem Ziel zu klären, ob die angeklagte Tat dem Angeklagten nachzuweisen ist.

Beweismittel. Jeder für den Nachweis der Straftat bzw. die Art und Höhe der Strafe wichtige Umstand muss durch ein Beweismittel (Zeuge, Sachverständiger, Urkunde, richterlicher Augenschein) nachgewiesen werden.

Beweisverbot. Unzulässigkeit, einen Beweis zu erheben (Beweiserhebungsverbot) oder einen erhobenen Beweis zu verwerten (Beweisverwertungsverbot).

Beweiswürdigung. Überzeugungsbildung des Gerichts von der Wahrheit oder Unwahrheit einer Tatsache aufgrund der Beweisaufnahme. Nach dem Grundsatz der freien Beweiswürdigung ist der Richter nicht an zwingende Beweisregeln gebunden, eine Behauptung oder Tatsache für bewiesen zu halten.

Bundesgerichtshof. Oberstes Bundesgericht in Angelegenheiten der ordentlichen Gerichtsbarkeit. In Strafsachen entscheidet er über Revisionen gegen Urteile der Land- und Oberlandesgerichte.

D

Delikt. Durch Gesetz verbotene Handlung, an die eine Sanktion geknüpft ist.

E

Ehrenamtlicher Richter. Mit dem Berufsrichter gleichberechtigt an der Rechtsprechung teilnehmender Richter, der aber nicht in einem Dienstverhältnis zur Justiz steht. Umfasst als Oberbegriff auch die Schöffen in der Strafgerichtsbarkeit und die Handelsrichter in den Kammern für Handelssachen.
Einlassung. Äußerungen des Angeklagten zur Sache.
Einstellung des Verfahrens. Beendigung eines Verfahrens, zumeist ohne Urteil.
Einziehung. Durch das Urteil angeordnete Wegnahme der durch eine Straftat hervorgebrachten Tatprodukte (z. B. Falschgeld) oder bei der Begehung benutzten Gegenstände (Tatmittel, z. B. Tatwerkzeuge) sowie die Einziehung von Taterträgen.
Erfolg. Eintritt des (erstrebten) Zwecks einer Straftat.
Erfolgsqualifiziertes Delikt. Bezeichnung für eine Straftat, bei der das Gesetz an den Eintritt eines bestimmten Erfolges eine höhere Strafandrohung knüpft.
Ergänzungsschöffe. Hilfsschöffe, der bei Hauptverhandlungen von längerer Dauer von Beginn an zusätzlich herangezogen wird für den Fall, dass ein Hauptschöffe wegen Krankheit, Besorgnis der Befangenheit oder aus sonstigen Gründen aus dem Spruchkörper ausscheidet.

Ermittlungsverfahren. Erste Stufe eines Strafverfahrens, in dem die Staatsanwaltschaft das Vorliegen eines für die Anklage erforderlichen hinreichenden Tatverdachtes aufgrund der durch sie ermittelten Beweise prüft.
Erziehungsmaßregeln sind im Jugendstrafrecht die Erteilung von Weisungen und die Anordnung, Hilfe zur Erziehung anzunehmen.
Ethisches Verhalten. Grundsätze, die die Mitwirkung ehrenamtlicher Richter prägen, das Bewusstsein über die Verantwortung des Amtes schärfen und dazu befähigen, Verhalten und Entscheidungen selbstkritisch zu reflektieren. Maßstab des ethischen Verhaltens ehrenamtlicher Richter ist die Garantie für ein faires Verfahren.

F

Faires Verfahren. Prozessgrundsatz als Ausprägung des Rechtsstaates, der beinhaltet, dass der Angeklagte nicht nur Objekt des Verfahrens ist, sondern auf das Verfahren Einfluss nehmen kann, z. B. durch Gewährung des rechtlichen Gehörs. In der EMRK Art. 6 explizit aufgeführt.
Fragerecht. Der Vorsitzende hat den Schöffen auf Verlangen zu gestatten, Fragen an Angeklagte, Zeugen und Sachverständige zu stellen. Ausnahme: Zeugen unter 18 Jahren werden allein vom Vorsitzenden vernommen.
Freibeweis. Nachweis einer Tatsache, zumeist in Verfahrensfragen, ohne die in der StPO genannten Beweismittel.
Freie Beweiswürdigung. Das Gericht wertet in der Hauptverhandlung die

erhobenen Beweise, ohne an feste Beweisregeln gebunden zu sein.

Freiheitsstrafe ist entweder zeitlich begrenzt oder lebenslang. Das Höchstmaß der zeitigen Freiheitsstrafe beträgt 15 Jahre, das Mindestmaß einen Monat. Für besonders schwere Straftaten wie Mord, Totschlag in besonders schwerem Fall oder Raub mit Todesfolge kann eine lebenslange Freiheitsstrafe verhängt werden.

Freispruch erfolgt, wenn sich die Unschuld des Angeklagten erweist oder begründete Zweifel an seiner Schuld bestehen. Die nicht erwiesene Schuld aufgrund von Zweifeln an der Täterschaft des Angeklagten ist der häufigste Fall des Freispruchs.

G

Geldstrafe wird nach dem sog. Tagessatzsystem festgesetzt. Die Anzahl der Tagessätze bemisst sich nach der Schuld des Angeklagten; die Höhe des Tagessatzes errechnet sich nach den persönlichen und wirtschaftlichen Verhältnissen (Nettoeinkommen) des Angeklagten.

Generalprävention. Die angedrohte oder verhängte Strafe soll die Allgemeinheit von der Begehung von Straftaten abschrecken.

Gericht. Der Begriff wird in mehrfacher Bedeutung verwendet: (a) der zur Entscheidung einer Rechtssache berufene Spruchkörper; (b) die nach der Gerichtsverfassung örtlich und sachlich zuständige Behörde (z. B. Amts- oder Landgericht); (c) Kurzbezeichnung für das Gerichtsgebäude.

Gerichtssprache. Die Gerichtssprache ist deutsch, in den Heimatkreisen der sorbischen Bevölkerung zusätzlich sorbisch (§ 184 GVG).

Geschäftsstelle. Verwaltungseinheit des Gerichts, die die Akten führt und andere Verwaltungsgeschäfte erledigt. Die Schöffengeschäftsstelle führt auch die Schöffenlisten, nach denen die Ladung der Haupt- und Hilfsschöffen erfolgt, und ist erster organisatorischer Ansprechpartner für die Schöffen.

Geschäftsverteilung. Regelt vor Beginn eines jeden Geschäftsjahres die personelle Zusammensetzung und Zuständigkeit eines Spruchkörpers im nächsten Jahr, bestimmt damit den gesetzlichen Richter.

Gesetzlicher Richter. Der verfassungsrechtliche Grundsatz bestimmt, dass die Zuständigkeit eines Richters für jedes Verfahren vorweg abstrakt geregelt sein muss (Art. 101 Abs. 1 Satz 2 GG: „Niemand darf seinem gesetzlichen Richter entzogen werden"). Fehler in der Besetzung können mit der Revision angefochten werden (sog. Besetzungsrüge).

Geständnis bezeichnet das Einräumen des Angeklagten, die vorgeworfene Straftat begangen zu haben. Auch ein Geständnis muss vom Gericht daraufhin geprüft werden, ob es möglicherweise falsch ist.

Glaubhaftigkeit betrifft den Wahrheitsgehalt einer Aussage an sich anhand der Schlüssigkeit ihres Inhalts.

Glaubwürdigkeit betrifft die Einschätzung des Gerichts, ob bezüglich der persönlichen Merkmale (Auftreten, Interesse am Ausgang des Verfahrens usw.) eines Angeklagten oder Zeugen auf eine wahrheitsgemäße Aussage geschlossen werden kann.

H

Haftbefehl. Richterliche Anordnung der vorläufigen Freiheitsentziehung eines Tatverdächtigen zur Sicherung des Verfahrens gegen Flucht oder Verdunkelung.

Hauptschöffen sind diejenigen Schöffen, die für jedes Geschäftsjahr im Voraus auf die Sitzungstage eines Gerichts ausgelost werden.

Hauptstrafe (Freiheitsstrafe, Geldstrafe, Jugendstrafe) kann als solche allein verhängt werden.

Hauptverhandlung. Mündliche Verhandlung, die der Beweisaufnahme und Entscheidung über Schuld und Strafe des Angeklagten dient.

Heranwachsender ist, wer das 18., aber noch nicht das 21. Lebensjahr vollendet hat.

Hilfsschöffen werden zu Hauptverhandlungen herangezogen, wenn ein Hauptschöffe verhindert ist, im Laufe des Jahres ein neuer Spruchkörper gebildet wird, außerordentliche Sitzungen anberaumt oder Ergänzungsschöffen benötigt werden.

I

Im Namen des Volkes. Urteilsformel, die symbolisiert, dass im demokratischen Staat alle Staatsgewalt vom Volke ausgeht (Art. 20 Abs. 2 GG).

Im Zweifel für den Angeklagten. Rechtsstaatlicher Grundsatz im Strafverfahren, der insbesondere besagt, dass der Angeklagte freizusprechen ist, wenn nach der Beweisaufnahme begründete Zweifel an seiner Schuld bestehen.

Indiz. Im Strafprozess der Beweis einer strafbaren Handlung aufgrund von Tatsachen, die nicht unmittelbar die vorgeworfene Straftat beweisen, aber Rückschlüsse auf diese zulassen.

Irrtum. Widerspruch zwischen Vorstellung und Wirklichkeit; mögliche Fehlerquelle im Rahmen von Zeugenaussagen.

J

Jugendgerichte entscheiden über die Verfehlungen Jugendlicher und Heranwachsender. Als Jugendgerichte fungieren beim Amtsgericht der Jugendrichter als Einzelrichter und das Jugendschöffengericht, beim Landgericht die Kleine und Große Jugendkammer.

Jugendgerichtshilfe. Teil des Jugendamtes der Gemeinde oder des Kreises, der nach dem SGB VIII in Verfahren nach dem JGG als Hilfe für das Gericht und den jugendlichen Beschuldigten mitwirkt.

Jugendlicher im strafrechtlichen Sinn ist, wer zur Zeit der Tat 14, aber noch nicht 18 Jahre alt ist.

Jugendstrafe. Freiheitsentziehende Strafe nach dem JGG in einer Jugendstrafanstalt.

Jugendstrafrecht ist das bei Straftaten Jugendlicher und Heranwachsender anzuwendende Recht, das bei Verfehlungen Erziehungsmaßregeln, Zuchtmittel und Jugendstrafe vorsieht.

Justizgrundrechte. Prinzipien im gerichtlichen Verfahren, die ein solches Gewicht haben, dass sie von der Verfassung garantiert werden oder wegen ihrer Bedeutung verfassungsgleichen Status haben.

K

Kammer. Spruchkörper des Landgerichts.
Kammergericht. Das Oberlandesgericht des Landes Berlin; ältestes noch bestehendes Gericht in Deutschland aus dem Jahre 1468.
Kapitaldelikt (lat. Caput = Haupt). Bezeichnung für besonders schwere Straftaten wie Mord und Totschlag, die früher mit der Todesstrafe bedroht waren.
Kollegialgericht. Gerichtlicher Spruchkörper mit mehr als einem (Berufs- oder ehrenamtlichen) Richter.
Konfliktverteidigung. Prozessstrategie eines Strafverteidigers, mit der unter extensiver Ausnutzung der Verfahrensrechte die Durchführung des Verfahrens verzögert oder erschwert wird.
Kriminalität ist abweichendes Verhalten gegen Gesetze, die ein bestimmtes Handeln oder Unterlassen mit Strafe bedrohen.

L

Ladung. Aufforderung, zu einem gerichtlichen Termin zu erscheinen.
Landgericht. Gericht der ordentlichen Gerichtsbarkeit, das in Strafsachen in erster Instanz (Große Strafkammer) für Verfahren wegen schwerer Kriminalität oder besonderer Bedeutung und in zweiter Instanz (Kleine Strafkammer) für Berufungen gegen Urteile des Amtsgerichts zuständig ist.
Letztes Wort. Steht dem Angeklagten zwingend nach dem Schluss der Beweisaufnahme und den Plädoyers der Staatsanwaltschaft und des Verteidigers zu.

M

Maßregeln der Besserung und Sicherung. Neben oder anstelle der Strafe können Maßregeln der Besserung und Sicherung verhängt werden: Unterbringung in psychiatrischem Krankenhaus oder Entziehungsanstalt, Sicherungsverwahrung, Führungsaufsicht, Entziehung der Fahrerlaubnis und Berufsverbot.
Mündlichkeitsgrundsatz. Prozessgrundsatz, der besagt, dass nur diejenigen Tatsachen einer Entscheidung zugrunde gelegt werden dürfen, die in der Hauptverhandlung erörtert wurden.

N

Nebenfolge ist eine Rechtsfolge, die nur in Verbindung mit einer Hauptstrafe verhängt werden kann, wie der Verlust der Amtsfähigkeit, der Wählbarkeit und des Stimmrechts.
Nebenklage: Verletzte bzw. Opfer bestimmter Straftaten können in der Hauptverhandlung neben der Staatsanwaltschaft als Nebenkläger auftreten und haben dazu eigene Rechte im Verfahren.
Nebenstrafe kann nur zusätzlich neben einer Hauptstrafe verhängt werden; ausdrücklich nennt das StGB nur das Fahrverbot.

O

Oberlandesgericht. Gericht der ordentlichen Gerichtsbarkeit (in Berlin Kammergericht). In Strafsachen zuständig für die Revision gegen

Urteile des Amtsgerichts und Berufungsurteile des Landgerichts; in erster Instanz zuständig für schwere Staatsschutzdelikte wie Bildung einer terroristischen Vereinigung oder Hoch- und Landesverrat.

Obliegenheit. Für den Schöffen eine Pflicht, der er nachkommen muss, und deren Verletzung ggf. durch ein Ordnungsgeld sanktioniert ist.

Öffentlichkeit der Hauptverhandlung. Prozessgrundsatz, der jedem den Zugang zu den Gerichtsverhandlungen gewährt und der Kontrolle der Rechtsprechung dient. Strafverfahren gegen Jugendliche finden grundsätzlich nichtöffentlich statt, weil der Schutz des Jugendlichen einen höheren Stellenwert einnimmt.

Ordentliche Gerichtsbarkeit. Klassischer Gerichtszweig für zivilrechtliche und strafrechtliche Verfahren und Angelegenheiten der freiwilligen Gerichtsbarkeit in Abgrenzung zu den später entstandenen Fachgerichtsbarkeiten.

Ordnungsmittel. Ahndungsmöglichkeit des Gerichts (Ordnungsgeld, Ordnungshaft) zur Aufrechterhaltung der Ordnung bei ungebührlichem Verhalten oder Verletzung prozessualer Pflichten.

P

Plädoyer. Schlussvortrag des Staatsanwaltes und des Verteidigers am Ende der Beweisaufnahme. Das Plädoyer des Angeklagten wird als „Letztes Wort" bezeichnet.

Protokoll. Niederschrift über den förmlichen Ablauf der Hauptverhandlung (beim Amtsgericht auch wesentlicher Inhalt der Zeugenaussagen).

Prozessgrundsätze. Grundprinzipien, die einen rechtsstaatlichen Prozess und ein faires Verfahren, Waffengleichheit und Vorhersehbarkeit staatlichen Handelns garantieren sollen.

R

Rechtsfolgen der Tat. Die vom Gesetz vorgesehenen Konsequenzen (Strafe, Maßregeln der Besserung und Sicherung, Nebenfolgen), wenn das Gericht die Begehung einer Straftat des Angeklagten festgestellt hat.

Rechtsgut ist ein durch die Rechtsordnung geschütztes Gut oder Interesse. Geschützte Rechtsgüter sind insbesondere das Leben, die Gesundheit, Freiheit und Eigentum. Der Schutz der Rechtsgüter ist Aufgabe des Strafrechts. Konkurrieren Rechtsgüter miteinander, hat das überwiegende Rechtsgut strafbeschränkende Wirkung.

Rechtsmittel sind Beschwerde, Berufung oder Revision, mit denen die Entscheidung eines Gerichts mit dem Ziel angefochten werden kann, dass diese durch ein Gericht höherer Ordnung überprüft wird.

Rechtsprechung. Tätigkeit der Gerichte, die in der Feststellung eines streitigen Sachverhaltes und dessen rechtlicher Beurteilung besteht, ggf. in mehreren Instanzen. Sie ist nach Art. 92 GG den (Berufs- und ehrenamtlichen) Richtern anvertraut.

Rechtsstaatsprinzip bedeutet im Strafverfahren, dass der Angeklagte im Rahmen der geltenden Gesetze abgeurteilt und – wenn er der Tat überführt ist – einer gerechten und schuldangemessenen Strafe zugeführt wird.

Revision. Rechtsmittel, mit dem ein Urteil durch ein Gericht höherer Instanz ausschließlich auf rechtliche Fehler überprüft wird.

S

Sanktionensystem. Katalog der im StGB vorgesehenen Strafen, Maßregeln der Besserung und Sicherung sowie Nebenfolgen, der in der StPO aufgeführten Weisungen und Auflagen bei einer Einstellung des Verfahrens und der Sanktionen gegen Jugendliche und ggf. Heranwachsende im JGG.

Schöffen. Bezeichnung für die ehrenamtlichen Richter in der Strafgerichtsbarkeit.

Schöffengericht. (a) Spruchkörper im Amtsgericht; (b) Oberbegriff für alle mit Schöffen besetzten Gerichte, im Gegensatz zum klassischen Schwurgericht.

Schuld. Element der Straftat, das die individuelle Vorwerfbarkeit der strafbaren Handlung bezeichnet; nicht Schuldfähige können nicht bestraft werden.

Schuldunfähigkeit. Fehlende strafrechtliche Verantwortung aufgrund rechtlicher (z. B. Person unter 14 Jahre) oder tatsächlicher Umstände (z. B. Krankheit).

Schweigerecht. Recht des Angeklagten, zu den in der Anklage gemachten Vorwürfen keine Angaben zu machen.

Schwurgericht. Im klassischen Schwurgericht entscheidet eine Jury von (zumeist 10 oder 12) Geschworenen über die Frage, ob sich der Angeklagte im Sinne der Anklage schuldig gemacht hat, während der Richter die Verhandlung leitet und über das Strafmaß entscheidet. In der deutschen Gerichtsverfassung heute die Bezeichnung für eine mit Schöffen besetzte Große Strafkammer des Landgerichts, die für Kapitaldelikte zuständig ist.

Selbstleseverfahren. Einschränkung des Öffentlichkeitsgrundsatzes, indem Urkunden oder andere schriftliche Unterlagen als Beweismittel nicht in der Hauptverhandlung verlesen werden, sondern die Mitglieder des Gerichts und die anderen Beteiligten außerhalb der Hauptverhandlung Kenntnis nehmen.

Spezialprävention. Die verhängte Sanktion soll speziell den Verurteilten von der Begehung weiterer Straftaten abhalten.

Spruchkörper. Bezeichnung für das jeweilige zur Entscheidung berufene Gericht.

Staatsanwaltschaft. Ermittlungs-, Anklage- und Vollstreckungsbehörde im Strafverfahren. Sie ist die „Herrin" des Ermittlungsverfahrens; in der Hauptverhandlung vertritt sie die Anklage; nach dem Urteil sorgt sie für dessen Vollstreckung.

Strafaussetzung zur Bewährung. Aufschub der Vollstreckung einer Freiheitsstrafe, die nach erfolgreicher Bewährung erlassen wird.

Strafe. Durch Gesetz angedrohte Zufügung eines (schuldangemessenen) Übels als Ausgleich für eine begangene Straftat. Das StGB unterscheidet Hauptstrafen, Nebenstrafen und Nebenfolgen.

Strafgerichtsbarkeit. Teil der ordentlichen Gerichtsbarkeit, der für das Strafverfahren zuständig ist.

Strafgewalt. Im weiteren Sinne die Befugnis des Staates, Straftaten zu ahnden; im engeren Sinne der Rahmen, innerhalb dessen ein Gericht Strafen verhängen darf (Strafbann).

Strafkammer. Spruchkörper des Landgerichts, der als Kleine Strafkammer in Berufungsverfahren gegen Urteile des Amtsgerichts, erstinstanzlich als Große Strafkammer zuständig ist.

Strafmaß. Vom Gericht festgesetzte Höhe der Strafe.

Strafmündigkeit. Personen unter 14 Jahren sind nicht strafmündig und damit schuldunfähig.

Strafprozess. Gesetzlich geordnetes gerichtliches Verfahren, in dem über das Vorliegen einer Straftat sowie die Rechtsfolgen entschieden wird.

Strafrahmen. Im Gesetz vorgesehener Bereich der jeweiligen Strafe durch Angabe einer Mindest- und Höchststrafe.

Strafrecht. Gesamtheit aller Rechtsvorschriften, die die staatliche Befugnis nach Inhalt und Umfang regeln, welche Handlung einer Person mit Strafe bedroht ist (materielles Strafrecht) und in welcher Art und Weise das Verfahren durchzuführen ist (formelles Strafrecht).

Straftat. Tatbestandsmäßige, rechtswidrige und schuldhafte Handlung, die vom Gesetz unter Strafe gestellt wird.

Strafverteidiger. Selbstständiges Organ der Rechtspflege und Beistand des Angeklagten im Strafverfahren.

Strafzumessung. Festsetzung der Strafe nach der Schuld des Täters und dem gesetzlichen Strafrahmen.

Streichung von der Schöffenliste. Synonym für Beendigung des Schöffenamtes entweder von Amts wegen oder auf Antrag des Schöffen.

Strengbeweis. Beweisführung mit den förmlichen Beweismitteln der StPO (Zeuge, Sachverständiger, Urkunde, richterlicher Augenschein).

Subsumtion. Rechtliche Prüfung, ob eine konkrete Handlung des Täters den Merkmalen eines Strafgesetzes zugeordnet werden kann.

Sühne. Strafzweck, nach dem die Schuld des Täters durch eine Ausgleichsleistung (Wiedergutmachung oder Strafe) aufgehoben oder gemindert werden soll.

T

Tatbestand. Beschreibung der gesetzlich festgelegten Voraussetzungen der Strafbarkeit.

Tatsachengericht. Gericht, das einen Rechtsstreit in tatsächlicher und rechtlicher Hinsicht aufklärt. In Strafverfahren sind die Amts- und Landgerichte Tatsachengerichte, die Oberlandesgerichte nur insoweit, wie sie in besonderen Strafverfahren erstinstanzlich tätig werden.

U

Umfangsverfahren. Verfahren, das wegen einer großen Zahl von Angeklagten oder eines komplizierten Sachverhaltes eine zeitlich intensive Beweisaufnahme erfordert, z.B. bei Kapital- und Wirtschaftsdelikten. Hauptverhandlungen in Umfangsverfahren können meh-

rere Monate, in Einzelfällen sogar mehrere Jahre dauern.
Unabhängigkeit der Richter. Die Richter sind persönlich und sachlich unabhängig und nur dem Gesetz unterworfen (Art. 97 Abs. 2 Satz 1 GG).
Unschuldsvermutung. Bis zum Nachweis der Schuld durch ein rechtskräftiges Urteil ist von der Unschuld eines Angeklagten auszugehen.
Unterbrechung der Hauptverhandlung. Zeit zwischen zwei Hauptverhandlungstagen, nach der diese fortgesetzt wird. Hiervon zu unterscheiden ist die Vertagung bzw. Aussetzung der Hauptverhandlung von mehr als 21 Tagen, die in der Regel zu einem Neubeginn der Hauptverhandlung führt.
Urteil. Förmliche, die Instanz beendende Entscheidung eines Gerichts aufgrund einer Hauptverhandlung. Das Urteil wird in der Hauptverhandlung durch Verlesung der Urteilsformel verkündet und mündlich begründet.

V

Verbrechen. Straftat, die im Mindestmaß mit einem Jahr Freiheitsstrafe bedroht ist.
Vereidigung des Schöffen. Förmliche Verpflichtung vor dem ersten Einsatz des Schöffen in öffentlicher Sitzung des Gerichts auf seine Amtspflichten.
Vergehen. Straftat, die nicht Verbrechen ist.
Vergeltung. Ausgleich für erlittenes Unrecht des Geschädigten, als Strafzweck umstritten.
Verständigung. In der Regel Ablegung eines (Teil-)Geständnisses gegen Zusage einer Strafmilderung, vor allem in Verfahren mit umfangreicher und schwieriger Beweisaufnahme.
Vertagung der Hauptverhandlung. Gleichbedeutend mit der Aussetzung der Hauptverhandlung.
Verwarnung mit Strafvorbehalt. Aufschiebend bedingter Strafausspruch, d. h. eine Geldstrafe wird der Höhe nach festgesetzt mit der Maßgabe, dass ihre Vollstreckung nur erfolgt, wenn der Verurteilte innerhalb der Bewährungszeit erneut straffällig wird.
Vorsitzender. Leitet Verhandlung, Vernehmung des Angeklagten und Beweisaufnahme.

W

Wahrheit. Im Strafprozess die Übereinstimmung der Feststellungen des Gerichts mit dem tatsächlichen Geschehen. Das Gericht ist von Amts wegen verpflichtet, die für den Verhandlungsstoff relevante prozessuale (oder forensische) Wahrheit zu ermitteln.
Weisungen. (a) Für die Dauer der Bewährungszeit können dem Verurteilten Weisungen erteilt werden, um seine Lebensführung in Hinblick auf die Gefahr erneuter Straffälligkeit günstig zu beeinflussen. (b) Weisungen nach dem JGG zählen zu den Erziehungsmaßregeln.
Wesentliches Ergebnis der Ermittlungen. Teil der Anklageschrift, in dem der Staatsanwalt den Gang der Ermittlungen und seine Beweisführung zur mutmaßlichen Täterschaft darlegt.

Z

Zuchtmittel nach dem JGG sind die Verwarnung, die Erteilung von Auflagen und der Jugendarrest.

Zwischenverfahren. Verfahren nach der Anklageerhebung, in dem das Gericht darüber entscheidet, ob das Hauptverfahren eröffnet und die Anklage zur Hauptverhandlung zugelassen wird.

Links zu weiteren Informationen
(Stand: November 2018)

Verbände

Bundesverband ehrenamtlicher Richterinnen und Richter
(mit Verlinkung auf die Landesverbände): www.schoeffen.de

Bundesverband der Richter in Handelssachen: www.handelsrichter.de

Ehrenamtliche Richter

Informationen über Wahl und Berufung, Ausschluss und Ablehnung, Einsatz und Amtsentbindung bzw. -enthebung ehrenamtlicher Richter in allen Gerichtsbarkeiten: www.parijus.eu/partizipation-in-der-justiz/ehrenamtliche-in-der-justiz

Informationen über die Schöffenwahl: www.schoeffenwahl.de

Artikel aus „Richter ohne Robe": www.richter-ohne-robe.de

Rechtsvorschriften

Gesetze im Internet: www.gesetze-im-internet.de

Bundesgesetzblatt: www.bundesgesetzblatt.de

Gemeinnützige Gesellschaft zur Förderung zivilgesellschaftlicher Teilhabe mbH
www.parijus.eu

Partizipation in der Justiz (PariJus)

Die Kenntnisse über Wirkung und Einfluss der ehrenamtlichen Richterinnen und Richter sowie der weiteren ehrenamtlich in der Justiz Tätigen sind in Wissenschaft, Rechtspolitik, Medien und Rechtskunde wenig ausgeprägt.

PariJus wurde im August 2016 gegründet mit dem Zweck,

1. Wissenschaft und Forschung über die Teilhabe der Zivilgesellschaft an Rechtsprechung und Streitschlichtung zu fördern durch

   – Unterstützung rechtstatsächlicher Untersuchungen zum Mitwirkungs- und Entscheidungsverhalten ehrenamtlicher Richterinnen und Richter sowie von Schiedspersonen,
   – Forschung über eine erweiterte und verbesserte Mitwirkung ehrenamtlicher Richterinnen und Richter,
   – Beratung der gesetzgebenden Organe,
   – Aufbau einer Literatur- und Rechtsprechungsdatenbank zur Unterstützung der Arbeit wissenschaftlicher Institutionen.

2. Beratung und Fortbildung von Multiplikatoren in Bildung und Erziehung, kommunalen Verwaltungen und gesellschaftlichen Organisationen sowie der Medienverbände zu fördern durch

   – Unterstützung von Bildungsträgern bei der Konzeption und Planung von Seminaren,
   – Seminarangebote für Referenten, Lehrer und Journalisten.

3. gemeinnützige gesellschaftliche sowie öffentlich-rechtliche Körperschaften in Wissenschaft, Justiz und Politik für eine Zusammenarbeit zu gewinnen.

4. die Partizipation in der Justiz zu stärken und auszuweiten, insbesondere durch

   – Öffentlichkeitsarbeit,
   – Auslobung eines Preises für wissenschaftliche und allgemeinbildende Publikationen, Initiativen auf dem Gebiet bürgerschaftlicher Teilhabe in der Justiz sowie Personen, die sich um den Gedanken der Partizipation in besonderer Weise verdient gemacht haben.

Sachverzeichnis

A

Ablehnung des Schöffenamtes 165
Abstimmung 63, 145
Abtretung der Entschädigung 177
Akteneinsicht 124
Altersgrenze 163
Ämterhäufung 45
Amtsenthebung 96, 167
Amtsgericht 46
Amtspflichtverletzung 167
Amtszeit 43
Ankereffekt 145
Anklagesatz 127
Anklageschrift 128
Antrag auf Entschädigung 193
Antrag auf gerichtliche Festsetzung 194
Antrag auf Streichung 164
Arbeitsaufnahme vor/nach Heranziehung 179
Arbeitsunfähigkeitsbescheinigung 88
Ärztliches Attest 88, 189
Auferlegung der Kosten 95
Aufrundung der letzten Stunde 176, 190, 191
Aufwandsentschädigung 189
Aufzeichnungen 120
Ausbleiben des Schöffen 95
Auslegung von Gesetzen 62
Auslosung 82
Ausschluss vom Verfahren 153
Außerordentliche Kündigung 75
Außerordentliche Sitzung 82, 86
Aussetzung der Hauptverhandlung 120
Auswärtige Kammer 161

B

BahnCard 184
Bauer, Fritz 7
Beanstandung von Fragen 134
Befangenheit 105, 107, 109, 121, 125, 132, 154
Befreiung von einzelnen Sitzungstagen 81, 87
Beginn der Hauptverhandlung 119
Begleitperson 190
Behinderter Schöffe 190
Benachrichtigung über Termine 83
Benachteiligungsverbot 74
Beratung 100, 122, 134, 144
Beratungsgeheimnis 73, 103
Beruf 157, 163
Berufliche Verpflichtung 89
Berufsrichter 14
Berufung 46
Beschwerde 98, 197
Beschwerdewert 197
Besetzung des Gerichts 46, 81
Bestechlichkeit 71
Beteuerung 100
Beweisanregung 137
Beweisantrag 137
Beweisaufnahme 131
Beweisverbote 135
Beweiswürdigung 144

SACHVERZEICHNIS

Bezeichnung der ehrenamtlichen Richter 16
Bindung an Gesetz und Recht 110
Birthler, Marianne 3
Bohley, Bärbel 3

D

Dauer der Hauptverhandlung 44, 119
Deutschkenntnisse 162
Dienstgeheimnis 72
Digitales Gerät 121, 156

E

Ehrenamtlicher Richter 14
Einsatz der Schöffen 44, 82, 85
Einstellung des Verfahrens 140
Einzelrichter 46
Emminger, Erich 35
Entfernungsberechnung 184
Entschädigung 34, 176
Entschädigungszeit 179
Ergänzungsschöffe 86
Ergänzungswahl 87
Erhöhter Verdienstausfall 178
Erlöschen des Entschädigungsanspruchs 199
Erreichbarkeit 94, 101
Erwerbsersatzeinkommen 186
Ethisches Verhalten 69

F

Fahrrad 184
Fahrtkosten 184, 202
Fehlurteil 55
Fehlverhalten des Schöffen 96, 168
Fehlzeiten 75
Femegericht 30
Fortbildung 70

Fortsetzungsverhandlung 84
Fragerecht 122, 132
Frau (Zulassung zum Schöffenamt) 34
Freiberufler 182
Freibeweis 129
Freistellung von der Arbeit 75
Fußweg 184

G

Geheimhaltung 105
Gelöbnis 100
Gepäckbeförderung 184
Gerechtigkeit 8
Gericht 17
Gerichtliche Festsetzung 194
Geschichte der Schöffen 28
Geschworener 17
Gesetzlicher Richter 61, 81
Gesetz und Recht 11
Gesunder Menschenverstand 58
Gewaltmonopol 12
Gewissensgründe 101
Glaubhaftmachung der Entschädigung 184
Gleitende Arbeitszeit 75, 180
Grenzregion 76
Große Jugendkammer 47, 48
Große Strafkammer 48

H

Hauptschöffe 44, 82, 94
Hauptverhandlung 117
Haushaltsführungsentschädigung 185, 201
Heranwachsender 47
Hilfsschöffe 44, 85, 94
Hilfsschöffenliste 85, 87
Hilfsstrafkammer 86

I

ICE 184
Indizien 135
Information der Schöffen 70, 117, 143
Inquisitionsprozess 31
Insolvenz 163
Instanzenzug 46
Internet 122

J

Jugendhilfsschöffenliste 85
Jugendlicher 47
Jugendrichter 47
Jugendschöffe 43, 85
Jugendschöffengericht 47
Jugendschutzgericht 47
Jugendschutzkammer 48
Justizreform 36

K

Karl der Große 29
Kleidung 156
Kleine Jugendkammer 47
Kleine Strafkammer 47
Korruptionsprävention 70
Kraftfahrzeug 184
Krankengeld 173
Krankenversicherung 173
Krankheit 88
Kündigung 75

L

Ladung 84
Laienrichter 17
Landesverfassung 14, 36, 75
Landgericht 48
Legitimation 12

Lohnfortzahlung 177

M

Medien 105
Medienberichterstattung 106, 157
Mitwirkung der Schöffen 64, 101
Mutterschutz 92

N

Nachtdienst 180
Nachträgliche Entschuldigung 96
Nachweis der Verhinderung 88
Nachweis des Verdienstausfalls 183
Naturrecht 6
Nebeneinkünfte 177
Netzkarte 184
Neuer Spruchkörper 86
Neutralität 109, 156
Notizen 120

O

Oberlandesgericht 48
Obliegenheitspflichten 99, 168
Ordentliche Sitzung 82, 88
Ordnung in der Sitzung 141
Ordnungsgeld 95, 96, 99
Ortsabwesenheit 102

P

Parken von Schöffen 83
Parkgebühren 184
Pausenzeit 119, 191
Pflichten der Schöffen 81
Plädoyer 143
Platzreservierung 184
Privates Wissen 158

R

Rachinburgen 29
Radbruch, Gustav 7, 10, 11
Recht 3
Recht und Gerechtigkeit 10
Rechtliches Gehör 160
Rechtsbeugung 71
Rechtsfolgen der Tat 146
Rechtsfragen 56
Rechtsgespräch 67
Rechtsordnung 8
Rechtspositivismus 6
Rechtsquelle 6
Rechtssprache 118
Rechtsstaat 11
Rechtsstellung der Schöffen 60
Reichsbürger 167
Reiserücktrittskosten 189
Reisezeit 190
Religiöses Symbol 156
Rentenversicherung 174
Repgow, Eike von 30
Reserveschöffe 85
Revision 46
Richter 14
Richterlicher Augenschein 135
Rückforderung der Entschädigung 200

S

Sachleitung 65
Sachsenspiegel 30
Sachverständiger 134
Schöffenbarfreier 30
Schöffengericht 47
Schöffenstuhl 30
Schöffenwahl 42
Schöffenwahlausschuss 42
Schuld 146
Schutzrechte 74
Schwangerschaft 92

Schweigepflicht 103
Schwurgericht 17, 33, 34, 48
Selbstleseverfahren 129
Selbstständiger 182
Sitzungsleitung 64, 141
Sozialabgaben 173, 174, 176, 177, 201
Soziale Medien 168
Sozialversicherung 173
Spruchkörper 17
Spruchrichterprivileg 61
Steuerrecht 201
Stimmengleichheit 64
Strafbarkeit der Schöffen 71
Strafgerichtsbarkeit 45
Strafrichter 47
Strafzumessung 145
Streichung von der Schöffenliste 161
Stundenbegrenzung 190
Subsumtion 55

T

Tagegeld 189
Tatsachenfeststellung 55
Tatsachengericht 45
Taxikosten 185
Teilnahme an der Sitzung 81
Teilzeitbeschäftigte 187
Thing 28
Topitsch, Ernst 8
Tucholsky, Kurt 34

U

Umfangsverfahren 86, 178
Unabhängigkeit der Richter 61
Unfähigkeit zum Schöffenamt 161
Unfall 88, 174
Unfallversicherung 174
Ungebühr 141
Ungeeignetheit zum Schöffenamt 162

Unmutsäußerung 155
Unparteilichkeit 109, 154
Unterbrechung der Hauptverhandlung 84, 119, 122
Unzumutbarkeit des Sitzungsdienstes 89
Urkunde 134
Urlaub 84, 91, 182

V

Verantwortung des Schöffen 69
Verdienstausfall 176, 201
Vereidigung 100
Verfahrensfragen 64, 145
Verfassungstreue 167
Verfolgung Unschuldiger 72
Verhalten des Schöffen 107, 156
Verhinderung 88, 190
Verjährung des Entschädigungsanspruchs 199
Verlegung des Sitzungstages 86, 88
Vernehmung 131
Vernehmung zur Person 123
Verschlechterungsverbot 195, 198
Verspätung 95
Verständigung 138
Vertagung der Hauptverhandlung 120

Vertrauensschutz 200
Vertretungskosten 183, 188, 189, 202
Volksgericht 28
Vorschlagsliste 42
Vorteilsannahme 72

W

Wahlrechtsmittel 47
Wartezeit 190
Weitere Beschwerde 198
Wesentliches Ergebnis der Ermittlungen 128
Widerruf der Befreiung 93
Wiederwahl 43
Wohnsitz 163, 165

Z

Zeitkarte 184
Zeitversäumnis 176, 201
Zurückweisung von Fragen 133
Zusammenarbeit mit den Berufsrichtern 66
Zuschlagpflichtiger Zug 184
Zwei-Drittel-Mehrheit 63, 145

Hasso Lieber, Ursula Sens
Fit fürs Schöffenamt
Handbuch für ehrenamtliche Richterinnen und Richter in der Strafgerichtsbarkeit
2. überarb. Auflage

Band 2: Das Strafverfahren – Grundlagen, Beweisaufnahme, Strafen

Ausgehend vom Informationsbedarf der Schöffinnen und Schöffen, die aktiv an der Hauptverhandlung teilnehmen und ihrer Rolle im Strafverfahren gerecht werden wollen, führen die Autoren in die gesetzlichen Voraussetzungen der Straftat, die Rechtsfolgen strafbaren Verhaltens sowie Grundsätze und Ablauf des Strafverfahrens ein. Beweisaufnahme, Beratung und Urteilsfindung erläutern sie unter dem Aspekt der Mitwirkung von Schöffinnen und Schöffen. Neben allgemeinen staatsbürgerlichen Kenntnissen wie Unschuldsvermutung, Anklageprinzip, Zulässigkeit der Verwertung von Beweisen oder Voraussetzung der Sicherungsverwahrung vermittelt das Handbuch auch die Grundsätze für ein rechtsstaatliches und faires Verfahren, des Beweisrechts, der Fragetechnik, des Sanktionssystems und einer schuldangemessenen Strafe sowie die Besonderheiten des Jugendstraf- und Berufungsverfahrens oder den Ausnahmecharakter einer Verständigung. Praktische Beispielsfälle und Tipps sollen den „Mut zum Richten" stärken.

i. Vb. 2. überarb. Aufl. 2019,
19,90 €, 978-3-8305-3854-7
`eBook PDF` 19,90 €, 978-3-8305-4024-3

DIE AUTORINNEN UND AUTOREN

Hasso Lieber, Rechtsanwalt und geschäftsführender Gesellschafter der PariJus gGmbH, ehem. Vorsitzender Richter am Landgericht Bochum, Staatssekretär für Justiz a. D., Gründer und bis 2017 Vorsitzender des Bundesverbandes ehrenamtlicher Richterinnen und Richter e. V., Gründer und erster Präsident des Europäischen Netzwerkes der Vereinigungen Ehrenamtlicher Richter (European Network of Associations of Lay Judges, ENALJ), seit 1989 Redaktionsleiter der Zeitschrift „Richter ohne Robe".

Ursula Sens, Diplom-Bibliothekarin, Geschäftsführerin der PariJus gGmbH, von 1994–2018 Vorsitzende der Deutschen Vereinigung der Schöffinnen und Schöffen – Bund ehrenamtlicher Richterinnen und Richter – Landesverband Nordrhein-Westfalen e. V., seit 1995 Mitarbeit in der Redaktion der Zeitschrift „Richter ohne Robe".

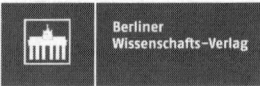

Berliner Wissenschafts-Verlag | Markgrafenstr. 12–14 | 10969 Berlin
Tel. 030 84 17 70-0 | Fax 030 84 17 70-21
www.bwv-verlag.de | bwv@bwv-verlag.de